非遗观察

（第一辑）

■李 韧◎主编

保护与传播
非遗
是我们
对于历史的
态度

知识产权出版社
全国百佳图书出版单位
——北京——

图书在版编目（CIP）数据

非遗观察. 第一辑/李韧主编. —北京：知识产权出版社，2022.7
ISBN 978-7-5130-8161-0

Ⅰ.①非… Ⅱ.①李… Ⅲ.①非物质文化遗产—研究—中国 Ⅳ.①G122

中国版本图书馆 CIP 数据核字（2022）第 076289 号

责任编辑：栾晓航	责任校对：潘凤越
封面设计：杨杨工作室·张冀	责任印制：孙婷婷

非遗观察（第一辑）

李　韧　主编

出版发行：知识产权出版社 有限责任公司	网　　址：http://www.ipph.cn
社　　址：北京市海淀区气象路 50 号院	邮　　编：100081
责编电话：010-82000860 转 8382	责编邮箱：luanxiaohang@cnipr.com
发行电话：010-82000860 转 8101/8102	发行传真：010-82000893/82005070/82000270
印　　刷：三河市国英印务有限公司	经　　销：新华书店、各大网上书店及相关专业书店
开　　本：720mm×1000mm　1/16	印　　张：19
版　　次：2022 年 7 月第 1 版	印　　次：2022 年 7 月第 1 次印刷
字　　数：320 千字	定　　价：98.00 元
ISBN 978-7-5130-8161-0	

出版权专有　侵权必究
如有印装质量问题，本社负责调换。

序

保护与传播非遗是我们对于历史的态度

  2003年6月，三峡工程二期竣工，开始蓄水发电。当时还在新华社重庆分社任职的我和同事一道，接受任务前往库区做前期采访，为这一历史性时刻的报道做准备。在巫山，有1700多年历史、长江三峡唯一保存完整的大昌古镇，将在三峡工程三期竣工后，随水位的抬升而永远沉寂江底，原样搬迁、异地复建的工作正在紧张进行。当地文保部门的工作人员介绍，为了便于古镇的保护和管理，古镇内的居民不会随古镇一起搬迁至新址，而是移民他乡。采访中，有居民感叹，没有了居民的大昌，还会是古镇吗？

  2010年，还是巫山，野猪肆虐毁田伤人的新闻见诸报端。就在不少人赞叹库区生态保护成效颇好的时候，一位北京媒体界的老友反问："生态再好，如果人自己的生存都受到影响，保护又是为了什么？"

  两件不相干的事，却有着相同的忧虑。于前者，没有了生于斯长于斯的原住民，古镇谈何生机？于后者，人若不能生存，生态保护又有何意义？

  做记者的人，总是想要搞几个大新闻的，所谓"国家不幸诗家幸"，碰上大事件，记者就会亢奋。但大事件并不是天天有，发生了也未必就能碰上。所以新闻业，除了关注大事件，更多的则应当是关注普普通通的人，以及他们的那些普普通通的事。人的存在和命运，才是记者应有的人文关怀和新闻业持久发展的动力。

  2012年5月，我和我的团队发起社区新闻项目，专注于身边的人和事。2016年10月，我们又发起非遗与传播项目（前期叫"非遗保护"）。两个项目目标迥异，但关注的都是普通人的喜怒哀乐，记录的都是小众群体的酸甜苦辣。

  参加这些新闻实践教学项目的主要成员，大多数是西南政法大学新闻传播学院的本科生和研究生，间或有四川外国语大学、四川美术学院的非遗爱好者加入。尽管来自不同的地方，但大家都抱着几乎相同的信念：保护和传播非遗是我们这些高校师生对历史应有的态度。这历史，活在传承人的手上，活在普通民众的日常，活在传播者的笔墨之间。我们的责任，是讲好每一个非遗项目的故事，讲好每一个非遗项目传承人的故事，挖掘并传播每一个非遗项目的价值，让读者以立体的方式认识并传习我们这个民族千百年来传承下来的优秀传统文化。

现在，我们创办《非遗观察》，旨在更加系统、更加深入、更加持续地加大非物质文化遗产传播的普及力度，鼓励更多的非遗传承人、非遗研究者、非遗爱好者和非遗传播人加入讲述非遗故事的队伍。

本辑收录的文字和图像，可能还略显稚嫩，但在探索和观察非遗的行动中，年轻的作者们已经展示出今天国内新闻学教育普遍缺失却无比珍贵的品质——激情，作为优秀新闻人不可或缺的激情。正如哥伦比亚作家加夫列尔·马尔克斯所说："新闻工作需要一种永不枯竭的激情，这种激情只有通过直接面对现实，才会生发并升华为人文精神。"

让我们在非遗故事的传播里捕捉激情吧！

李韧

于西南政法大学渝北校区

2021 年 9 月 26 日

目 录

―― 非 遗 篇 ――

1. 川江号子 ················· 003
2. 重庆剪纸 ················· 012
3. 小河锣鼓 ················· 019
4. 吊脚楼 ··················· 027
5. 丘二馆炖鸡汤 ············· 034
6. 刘氏刺熨疗法 ············· 040
7. 巴渝木偶 ················· 047
8. 川剧 ····················· 053
9. 走马镇民间故事 ··········· 059
10. 车灯 ···················· 065
11. 蜀绣 ···················· 071
12. 糖画 ···················· 078
13. 木洞山歌 ················ 085
14. 烙画 ···················· 092
15. 泥泥狗 ·················· 098
16. 赵氏武术 ················ 104
17. 易拉罐画 ················ 110
18. 重庆渝味晓宇火锅 ········ 114
19. 北泉水磨手工面制作技艺 ·· 120
20. 南山古琴 ················ 126
21. 刘氏根雕 ················ 132
22. 周氏古船模型 ············ 139

i

23. 应月斋二胡传统制作技艺 ········· 145
24. 重庆漆器髹饰技艺 ········· 153

——————— 研 究 篇 ———————

25. 木洞山歌的传播实践 ········· 163
26. 荣昌夏布的品牌传播 ········· 189
27. 重庆市非遗传承人的媒介素养 ········· 203
28. 2020 年中国非遗概况 ········· 228
29. 2020 年国内非遗微信公众号研究报告 ········· 249

——————— 一 家 谈 ———————

30. 非物质文化遗产手工艺
    ——一个更需要"扶贫"的群体 ········· 257
31. 铁火丹心
    ——论远古纹饰木胎漆盘纹的烙画制作 ········· 260

——————— 非遗要闻 ———————

32. 2020 年全球非遗大事记 ········· 267
33. 2020 年中国非遗十大新闻 ········· 276
34. 2020 年成渝双城经济圈非遗十大新闻 ········· 283

附录：作者简介 ········· 289
约稿函 ········· 295

非遗篇

1. 川江号子

[非遗档案]

类别：传统音乐
级别：国家级非物质文化遗产代表性项目名录
所属地区：重庆市、四川省
收录时间：2006（第一批）❶
简介：川江号子是长江川江段船工们为统一动作和节奏，由号工领唱，众船工帮腔、合唱的一种——领众和式的民间歌唱形式，主要发源于重庆和四川东部。20世纪50年代以前，水路是四川与外界联系的重要通道，是商业贸易、经济发展的主要咽喉。尤其在金沙江、长江及其支流岷江、沱江、嘉陵江、乌江和大宁河等流域，这一带部分航道曲折，山势险峻，水急滩多，船工们举步维艰，为鼓舞船工士气，川江号子便在这种特殊的地理环境下应运而生。

传承人名录：
国家级代表性传承人：曹光裕
市级代表性传承人：谭学发、李德清、吴秀兰

重庆中国三峡博物馆里的川江号子雕像 | 张永燕

---

❶ 资料来源：中国非物质文化遗产网，www.ihchina.cn/project_details/12451/，最后浏览时间：2021-06-08。

川江号子（节选）

你碎裂人心的呼号，
来自万丈断崖下，
来自飞箭般的船上。
你悲歌的回声在震荡，
从悬岩到悬岩，
从漩涡到漩涡。
你一阵吆喝，一声长啸，
有如生命最凶猛的浪潮
向我流来，流来。

——蔡其矫[1]

当了八年船工的他，唱着号子登上德国音乐大厅最高领奖台

17岁，本应该是在校园中书写诗意人生的青葱岁月，他却把汗水挥洒在了滚滚长江中。从少不更事的毛头小伙到挑起传承重担的稳重男子，从普通船工到国家级非物质文化遗产"川江号子"代表性传承人，他用了35年。拉船为生、下岗失业、舞厅驻唱，他始终将传承川江号子的接力棒紧握手中。

他就是我们今天的主人公：曹光裕。

我们船工的生活真悲惨，风里来雨里去牛马一般。
拉激流走遍了悬崖陡坎，老板打老板骂血汗吸干。
衣无领裤无裆难把人见，生了病无人管死在沙滩。

——摘自《川江号子·落魂腔》

这是一个小型舞台，舞台正前方，一位穿着红色T恤、黑色短裤的中年男子背对着一块长约80厘米、宽约60厘米的白板，用力挥动双臂。

"吆哦吆哦嗨，吆哦吆哦嗨，吆哦吆哎"，跟着他的节拍，舞台对面围坐一圈的女人们齐声唱了起来。

紧接着，"太阳出来照山坡哟"，男子浑厚的歌声响起。

---

[1] 节选自蔡其矫诗歌《川江号子》，原载《收获》1958年第3期。

1. 川江号子

这是位于重庆市江北区塔坪社区的川江号子传习所，国家级非物质文化遗产川江号子的代表性传承人曹光裕和传习所成员正在为即将到来的中国民歌大赛排练，这次演出的曲目是《川江号子——船到码头把酒喝》。

早在 2006 年，川江号子被评为首批国家级非物质文化遗产，得到了保护和延承，曹光裕是最具代表性的川江号子传承人。

6 月的重庆骄阳似火，早上 9 点，即便开着空调，曹光裕的衣服还是被汗液浸透，紧紧地贴着后背。

一个小时后，"大家先休息十分钟，喝点儿水，一会儿接着练。"曹光裕一边抹着额头上的汗水，一边放下手中的记号笔。

这是曹光裕日常排练中的一幕。

结缘：青年离家拉纤绳，从此号子伴一生

"17 岁那年，从来没有近距离看过大轮船的我，带着一种好奇和对大轮船的憧憬来到了川江大码头——朝天门开始做船工，那会儿干活的时候就会吼两句。"曹光裕当年报到上班的单位是重庆市轮渡公司朝天门站，这是一家国企，经营重庆至长寿顺江航线。

说起最初学习号子，曹光裕还有一段故事。"上班还没多久，突然有一天，在清一色的农民乘客中，出现了三位穿着时髦的城里姑娘，我当时眼前一亮，后来知道她们是码头信息台的工作人员，更激动了。这意味着以后我可以经常看到她们。"

三位姑娘里有一位叫周幺妹，曹光裕对她一见钟情，"当时有人说我是'癞蛤蟆想吃天鹅肉'，我回了他一句'谁说船工没人爱'。"此后，经过多方打听，曹光裕得知这位姑娘很喜欢听号子，"也就是从那时起，我第一次萌生了学习川江号子的念头。"

五年后，曹光裕从位于御临河与长江交汇处的太洪岗码头调到了朝天门 62 趸，随着曹光裕的离开，这段爱情故事无疾而终。临行前，曹光裕见了心爱的女子，"她说她妈妈是绝对不会同意她嫁给一个船工的。"

如果说那次因爱而生的学习是一场美丽的邂逅，后来拜陈邦贵为师的学习则是一生的缘分。

来到 62 趸，正是因为要和陈老先生系统地学习川江号子。陈老先生是川江号子的第一代传承人，是第九届中国民间文艺山花奖终身成就奖的获得者，也是曹光裕的师傅。

拜师那年，陈邦贵71岁，曹光裕23岁。

"当年师傅主动找上我。我那时候年轻，对长期学习号子兴趣不大，更喜欢流行歌曲。"回忆起二十多年前拜师的情景，52岁的曹光裕眼中泪光闪动，"记得那是一个秋天，师傅第二次来趸船找我，他没有直接上趸船，而是站在江边，神情沮丧地望着大江深处。"

"老人家！你又来了。我还是叫你一声'师傅'吧！你可千万不要想不开呀！"见老人眼眶湿润，曹光裕说他的心里满是酸楚。

曹光裕回忆，当他说完要叫他师傅那一瞬间，陈邦贵老泪纵横。他说："我现在71岁了，能活多久我也不知道，就怕我眼睛一闭，这个民间艺术就没了，后世人问起，哪个去回答嘛！如果都不知道，那就只能去问这条大江了。所以，我今天就只能在这里教大江唱号子了。哎，我都老糊涂了，哪里是我教大江哟，是大江教我呀！大江教我呀！"

一句"大江教我"道出了川江号子的核心。都道"蜀道之难，难于上青天"，位于四川境内的长江川江河道，是长江水运最险处，到处是险滩、激流和漩涡，行船十分危险。船工们为了协调步调并给自己壮胆鼓气，显示大无畏的气概，久而久之形成了许多不朽的船工号子，成为飘荡在峡江上的艺术绝唱，也是川江号子的核心部分。

"桡号子，雄壮、有力，用于把船从岸边推至江心。"

"橹号子，悠扬、欢快，用于船行下水的平静水势。"

"懒大桡号子，铿锵、有力，用于闯滩前的预热准备。"

"起伏桡号子，高昂、激越，用于闯滩时鼓舞士气。"

"鸡啄米号子，高亢、有力，用于闯险滩。"

"交夹号子，高亢、紧张、激越，用于闯险滩的最关键时刻……"

"师傅当时讲了一大堆关于川江号子的专业知识，滔滔不绝，一时间我没法消化，只能在一旁不停地点头。"曹光裕说。

随后的几年里，陈邦贵老人都按时来到大江边上，望着大江深处，触景生情地讲着、唱着、比画着。曹光裕说："我都不忍心提问而打扰他的思绪，只能从他苍老的唱腔和深邃的眼眸中去窥见那段苦难的船工历史。"

"一个常年弯着腰，却用他不屈的精神拉直了浸透汗水的纤带的人；一个仅靠微薄退休金生活，却承担起了传承国家级非物质文化遗产重任的人；一个从未接受过系统音乐教育，却用他毕生精力和生命演绎了一首享誉海外、流芳百世的千古绝唱的人。他就是我的恩师——陈邦贵。"2012年陈邦贵辞世，这是曹光裕当时写下的回忆文字。

坚守：舞厅驻唱为生计，号子深入骨髓里

时光飞逝，转眼来到了 2000 年。当全世界人民都怀揣梦想、满怀憧憬跨入新世纪的时候，曹光裕却经历了国企改革的阵痛。减员增效、下岗分流成了国企扭亏为盈的标准模式。"之前就传说进入 21 世纪需要两把钥匙，一是电脑操作，二是汽车驾驶，实在不行，保底也要学个会计、电工什么的吧。可我当时啥也不会，所以只能下岗了。"

"下岗了，都下岗了，昔日五千多职工的企业就剩两百多人了。没有文凭、没有技术，并且年龄还偏大的我是四处求职八方碰壁。我除了会唱号子还能做什么呢？生活的压力就像这条大江的江水一浪高过一浪地向我袭来。"

这是曹光裕当时写下的一段文字。

"爸，现在你下岗了，没有收入了，钢琴我就不学了吧。"曹光裕向笔者转述儿子曹羽的话，他的内心满是伤痛。"我知道他从小就有音乐天赋，但我下岗了，确实负担不起钢琴学费了，最后就让他在家跟爸爸学川江号子吧。"

"我的家当时是厂里分给我爱人的母子宿舍，总共 16 平方米，一家三口挤在一张床上，17 寸的熊猫彩电还套着防护布罩，是贵重的家用电器！哎！我欠这个家太多太多了。"曹光裕的回忆中带着几分心酸。

为了给家里人希望，曹光裕在自家墙上留下一段话：

"一个在温饱线上徘徊的家庭，原本不应该很幸福，生存与发展始终困扰着她。然而，无数的精神财富却支撑着这个家庭的幸福，使家庭的每个成员都有理由相信明天会更好。就让我们坚定这个信念，注重这一过程并从中得到快乐的体验吧！"

写下这段话的第二天，曹光裕去了酒吧应聘驻唱。"我站在舞厅门口，从下午一直等到晚上，肚子饿得咕咕叫，但兜里这点钱只够坐车，不够吃饭。"

曹光裕回忆道："当时酒吧是乐队负责，乐队队长因为师傅把号子唱到国际舞台上心生嫉妒，不想要我。我当时求了半天，他才让我试唱。"

最终曹光裕得到了这个工作机会。"我一回家就开心地告诉儿子，'去跟你妈说，爸爸现在找到工作了，一天能赚 40 元'。"

曹光裕为了能让舞厅的人接受川江号子，对其进行了改版。为此，陈邦贵老先生责备他不忠于原生态，师徒二人不欢而散。

"大概过了段时间，师傅的女儿找到我，她说师傅躺在床上不起来，非得让我们来找你。"就是那天，曹光裕再次看到了师傅的眼泪。"那天，师傅流着泪说，'昨天还能唱，今天就不能唱了；昨天还能说，今天就不能说了。'"原来，陈邦贵之前还收了两个徒弟，但出于种种原因，他们最终选择了放弃。

也就是这个时候，曹光裕意识到自己肩上扛着的担子，责任重大。

"为了让师傅省心，同时为了避免嗓子过度疲劳和损伤，确保川江号子的延续，我决定放弃舞厅歌手这份收入颇丰的工作。"曹光裕说。

"在舞厅待了快四年，之后为维持生计，干过很多事。我做过汽车推销员，还到过一家房地产公司策划川江号子旅游景点，后来又推销 GPS 卫星定位产品，直到 2011 年去了重庆通卡公司担任党群工作部副部长，我的生活才算稳定下来。"但是，自从离开舞厅后，曹光裕就再没有动过放弃川江号子的念头。"经历多年，我渐渐发现，在那些疲于奔命的日子里，师傅教我唱的川江号子深深地融入了我的骨髓里。"

"父亲对川江号子始终抱有一种强烈的责任感，近乎于执拗。"曹光裕的儿子曹羽说，一方面，代表性传承人这样的称号赋予了父亲传承川江号子的责任与义务；另一方面，川江号子也给予了父亲精神上的鼓励，陪伴父亲走过人生的低谷。

传承：老船工们挑重担，娃娃成了后备军

2006 年，川江号子成为重庆市首批国家级非物质文化遗产。此后，对川江号子的保护和传承被提到了史无前例的高度。如何将川江号子发扬光大，让更多人了解和欣赏到这一由长江孕育出来的天籁之音，成为摆在国家和市级非物质遗产保护部门面前的难题，也成了曹光裕的当务之急。

让老船工们踏上新的征程，是曹光裕的坚持。"虽然我已经在通卡公司了，但是帮我伴唱的演员都是以前轮渡公司的兄弟。"他们中，有的是船工，有的做过舵手，还有人是当年船上的厨师。"有这种生活阅历的人更能体会号子的作用和美感，也更加明白川江号子的精髓。"

61 岁的张翠田是"山腰号子哥"的成员，1978 年在黔江支农结束后来到轮渡公司当炊事员。"父亲十几岁就当船工，他因病去世比较早，但我也听妈妈说过不少船工们的故事。有一次，一艘船遇到凶滩恶水，不幸沉船。我的母亲和帮忙的姨夫都在船上。最终姨夫遇难，母亲幸存。"张翠田回忆道，"正是因为我深知川江上行船的不易，所以当我有机会学唱川江号子时，我才会如此珍惜。"

1. 川江号子

曹光裕每次有演出任务却又遇到人数不够的困难时，张翠田都会跟单位主动请假，"有时候演出会影响工作，单位不同意我去。我就说，你要开除我都可以！不管怎样，我都要支持川江号子！"

就是这样一支草根队伍，参加过世界大河歌会、中央电视台中国民族歌舞乐盛典、"唱响中华"文艺晚会、上海世界博览会等重要演出，足迹遍及北京、上海、澳门、香港等20多个城市。2013年7月，这支队伍登上了第八届勃拉姆斯国际合唱比赛的最高领奖台。

"这才是川江号子走向国际的一次真正检阅，能否符合国际审美？能否让国际认可川江号子的艺术价值？欧洲人民是否喜欢？"曹光裕说，接到参赛邀请时，他的心里既欢喜又担忧。

曹光裕回忆道："比赛结束后，在德国观众用热烈的、有节奏的掌声欢送我退场时，我心里有底了。也就是说不管专家、评委怎样评价川江号子的艺术价值，至少普通观众是认可了这来自东方的一领众和的无伴奏歌唱形式，川江号子震撼和征服了现场观众。"

"一种非常愉悦的情感，通常情况下，我作为评委在听中国合唱团演出的时候，感觉中国的音乐作品都是比较柔美的那种歌曲，比如像《茉莉花》《梁祝》等，我都可以弹钢琴伴奏。但像今天这样带给我震撼的作品，我还是第一次听到。"当时丹麦籍评委、哥本哈根皇家音乐学院指挥家斯蒂恩教授的点评，令曹光裕记忆犹新。

最终，曹光裕带领的这支队伍获得了此次大赛民歌组金奖和大赛唯一的最佳民族特色奖。

除了演出，曹光裕还致力于"川江号子"历史和内涵的探索。"我收集和整理了师傅留下来的26种曲牌，并且对每一种曲牌的由来、内容和意义进行研究。要让川江号子代代流传，探寻它的精神价值是必修的功课。"

此外，每周五14点，曹光裕都会出现在渝中区人民路小学课堂上。在那里有一个川江号子传承班，班上的学生都是从三年级到六年级的学生中面试选拔出来的。"这是一所农民工子弟学校，这里的孩子并没有太多接触艺术的机会。"

周君雄是川江号子传承班的学生，9月份升入六年级，一家三口人租住在一间不到10平方米的屋子里。走进周君雄的家，映入笔者眼帘的是一台电视机、一个空调、一张桌子、一张床和一个地铺。

三年级从合川转学到人民路小学时，周君雄看到墙上介绍川江号子的海报还不明白是什么意思，以为"非物质文化遗产"指的是"不是文化遗产"。后来，音乐老师来到周君雄的班上介绍川江号子，周君雄还是兴奋地举手报名了，"因为老师当时说，练得好就可以当主唱，可以有露脸的机会，可以去北京！"

周爸爸一直有些担心儿子太投入唱川江号子会影响他的学习。2014 年 7 月，周君雄随曹光裕一起参加中国蒲公英大赛，周君雄所在的团队得了金奖。得知儿子得了金奖，周爸爸内心是抑制不住的喜悦。"从北京回来后，原本内向的孩子也变得更加开朗自信，"自那以后，周爸爸更加支持孩子学习川江号子，"只要对娃娃好，我们哪怕吃清淡点儿、穿破点儿都不重要。"

曹光裕说："孩子们都还小，或许还不能真正理解号子的意义，但是只要我好好引导，加上他们中很多都生活在经济条件不大好的家庭里，应该更能体会劳动的艰辛，更能理解号子的精神。川江号子的传承要从娃娃抓起。"

发扬：传习所里谈传承，长寿湖畔飘音律

早在 1955 年，川江号子就在世界青年联欢节上一炮走红，夺得金奖，成为我国文艺方面最早取得国际金奖的作品之一。1987 年，陈邦贵老先生和队友在法国组织的世界大河歌会上吼唱川江号子，震撼了世界歌坛，媒体评价川江号子可与世界著名歌曲《伏尔加河船夫曲》媲美。

为了让更多人领略到川江号子的魅力，曹光裕创办了川江号子传习所。"我的传习所现在已经有固定成员约 40 人，没有意外情况，每周六我们都会在这里排练。我会和他们讨论唱法，跟他们讲川江号子的故事和历史。只有为更多的人提供了解和学习的机会，才能维系川江号子的良性发展。"

走进传习所，首先映入笔者眼帘的，是一个小型舞台。舞台的墙上悬挂着一幅逼真的三峡巨照做背景，两座假山分别立于舞台两侧。站立其间，令人仿佛置身三峡中。角落里，草鞋、纤绳等船工用品静静躺着。一张造型独特的船形茶几和谐地摆放在舞台前。茶几旁边的墙上，各种川江号子的演出照和荣誉证书琳琅满目。

今年 63 岁的平安艺术团团长张泰康是川江号子传习所成员之一。

张泰康告诉笔者，他从小就爱去嘉陵江边上游泳，看见纤夫们费力地拉着过往的船只，听着纤夫们齐声高唱川江号子，自己偶尔也会跟着哼几句，"也就是从那时起，我和号子结上了不解之缘。"

2009 年，张泰康组建了平安艺术团，不久，团队开始编排名为《三峡情》的特色舞蹈，用舞蹈诠释三峡的险峻环境和船工的真实生活。

2014年前后，曹光裕看到《三峡情》舞蹈剧照，认为这种表演艺术十分符合川江号子的基调。"当时他通过一个朋友联系到了我。后来，我们就开始了漫长的合作。"张泰康说，"我们用舞蹈跳出重庆的文化，他们用歌声唱出川江的历史。"

相比曹光裕以前的合作团队，平安艺术团具有更强的艺术表现力。张泰康表示，在没有与艺术团合作之前，曹光裕的伴唱与伴舞都是一些在职或退休的船工，虽然船工们唱得十分有力，具有原始性，但其舞台表现力不强，观众看起来比较枯燥，整体效果也就大打折扣。

2016年6月，作为传习所成员的艺术团成员收到了由中央电视台举办的"中国民歌大会的邀请函"，张团长说："这是艺术团目前为止收到的规格最高、最大型的一次表演邀请。能够上央视，大伙儿都干劲十足。"

通过多年实践，曹光裕还对川江号子进行了改编和加工。"完全原生态的号子，有时候一个曲牌就要唱上一个多小时，如果放在舞台上演出，并不具有观赏性。改编后的号子融入了现代音乐的元素，一首号子中往往会加入多个曲牌，这就让号子在舞台上表现得更加淋漓尽致。这种改编既保留了原始曲牌的底蕴，又能将曲牌更好地运用于舞台表演。我们之前去德国参加比赛，用的就是改编后的号子。"

曹光裕的案头摆放着一本关于川江号子的"传记"，这是央视一栏目组导演留给他的"作业"。"我要把没有详细文字记载的川江号子的起源、流传、曲牌和故事统统写进这本书里，为以后拍摄川江号子纪录片做准备。"曹光裕说，"这是留给自己和后人的纪念。"

为发扬光大川江号子，曹光裕个人出资在长寿湖修建的"川江号子音乐博物馆"现已进入装修阶段，在2016年对外开放。

"正月里来把龙灯耍，二月里来把风筝扎，三月清明把坟飘挂，四月里秧子满天插，五月里来龙船下河坝，六月里来花扇手中拿……"

未来，长寿湖畔，将不只有优美湖景沁人心脾，更有川江号子涤荡心灵。

文/黑山老幺
编辑/硕枫

（原文2016年10月3日刊载于"非遗保护"❶微信公众号）

---

❶ 2016年10月创办，2018年4月停更并迁移至新号"非遗与传播"。

2. 重庆剪纸

[非遗档案]

类别：传统美术

级别：联合国教科文组织《人类非物质文化遗产代表性名录》（"中国剪纸"中包括重庆堰兴剪纸）

重庆市级非物质文化遗产代表性项目名录（包括九龙坡剪纸、北碚剪纸等）

所属地区：重庆市

收录时间：2011（第三批）[1]

简介：剪纸，是我国劳动人民在农耕社会民俗生活中创造并流传至今的一种民间艺术，已有一千六百多年历史。剪纸民间艺术的主题样式，具有浓厚的乡土气息，反映着广大民众的生活状况和审美情趣。重庆剪纸，主要以本土化题材为主，其中以堰兴剪纸、九龙坡剪纸、北碚剪纸等为代表。

传承人名录：

堰兴剪纸　　市级代表性传承人：周定洲、黄继琳

九龙坡剪纸　市级代表性传承人：冯俊、蒋祯轩

北碚剪纸　　市级代表性传承人：梁素

宋文秀与其作品《奔梦路上 不畏艰难》｜ 许然

---

[1] 资料来源：https://mp.weixin.qq.com/s/XC041sMJj47i26zvgc4epg，最后浏览时间：2021-06-11。

2. 重庆剪纸

剪纸情缘（节选）

谁手拿小剪阳光里站
剪的春花寒冬里艳
一辈子没走出一座山
剪匹骏马飞九天

谁让一树结百果
谁让龙凤舞翩翩
唱一支小曲化春风
春风剪柳剪不了情

泪汪汪剪
喜盈盈剪
剪一个酸甜苦辣咸
急火火剪
静悠悠剪
剪一生悲欢离合怨

——安舍❶

世界非遗重庆剪纸，精剪细刻之下的巴渝文化

剪纸，又称剪花、窗花、刻纸，是中华民族源远流长的民间工艺。我国民间剪纸来源于生活之中，艺术构思巧妙，是剪纸人无限想象力与创意的体现。

重庆剪纸，主要以本土化题材为主，其中以堰兴剪纸、北碚剪纸和九龙坡剪纸为代表。堰兴剪纸吸收了国画、版画、烙画、布贴、工艺品等诸多表现手法，造型设计疏密有致，刀工细致入微，点染绚丽多彩，以周定洲、张

---

❶ 资料来源：中国诗歌网，https://www.zgshige.com/c/2021-06-07/18164629.shtml，最后浏览时间：2021-06-25。

明志为主要代表人物；北碚剪纸，则秀丽柔美，图案精巧，技法写实，画面丰富饱满，主要以黄继琳为代表人物；而九龙坡剪纸细腻婉约，唯美抽象，以杨艺为代表人物。

"纵观重庆剪纸发展史，其实并无多少可以考证的悠久历史。在20世纪60年代以后才出现了一些逐渐被社会认可和大众接受的艺术家。如郭峰、黄钢、孙念倩、庞书麟等；随后又出现了晓桑、周定洲、梁素、杨艺、张明志、黄继琳、梁世惠等艺术家。在多年的实践中，他们对推动重庆剪纸的发展起到了重要的作用。"重庆剪纸大师黄继琳在《重庆剪纸发展之我见》一文中这样谈道。

然而，正是这"并无多少可以考证的悠久历史"的重庆剪纸，作为中国剪纸的一个重要组成部分，于2010年被列入联合国教科文组织《人类非物质文化遗产代表性名录》。

为一探重庆剪纸发展全貌，非遗保护小组近期走访了重庆多个剪纸大师及剪纸公司，力图为大家呈现一幅完整的重庆剪纸图景，展示精剪细刻下的巴渝文化。

堰兴剪纸崭露头角

堰兴，重庆大渡口区跃进村街道下辖的一个普通社区，社区居民有2049户6841人。这里没有什么风景名胜，也没有出过什么名人，唯一让人提起的，是社区里占总人口近三成的重庆钢铁厂的下岗职工与农转非失业人员。

谁也没有想到，一次普通的社区活动，既为他们带来了再就业机会，也催生了重庆剪纸的一方代表——堰兴剪纸。

2004年3月，堰兴社区举办了"首届文化艺术节"，当地居民们对漂亮的民间剪纸艺术作品产生了浓厚的兴趣和学习愿望。

"当时看到展示的几幅扇面剪纸，觉得特别精致、漂亮，就动了学剪纸的心，向社区提建议，希望能办个培训班。"社区的下岗职工孙宗莉说。

跃进村街道党工委书记贾云杰顺水推舟，经过一番组织筹划，只花了一个月的时间就正式成立了堰兴剪纸培训班。培训班特意聘请重庆剪纸艺术大师周定洲、黄钢、黄继琳等人担任首席讲师，对跃进村街道的下岗失业人员进行免费培训。

"当时有七八十人前来报名，其中三十多人是下岗女工。"孙宗莉回忆说。那段时间，她对剪纸几乎到了痴迷状态，做完家务，就找来任何可以剪的纸张练习。剪纸解决了部分下岗失业人员、残疾人、低保户、农民工的就业和再就业问题，帮助他们走上再就业之路。

2005年，第五届亚太市长峰会在重庆召开，堰兴剪纸果断抓住了这个亮相国际的契机，通过多方协调，成功在重庆中国三峡博物馆展览，迈出了国际化的重要一步。峰会结束后，堰兴剪纸被作为礼品赠送给前来参会的来自世界各地的市长们。"这次亮相后，来自美国、法国、德国等地的订单纷至沓来。"堰兴剪纸艺术中心原负责人孙玲说。

堰兴剪纸并没有满足现状，而是审时度势，寻求各种机会，期望有更好的发展。2009年，堰兴剪纸做出了一个大胆的决定：代表重庆剪纸，联合甘肃、山西、陕西、河北、辽宁、吉林、山东、江苏、浙江、上海、福建、湖北、广东、云南等省市的剪纸，以中国剪纸的名义申报世界非物质文化遗产。

这在当时还存在争议，有人认为很难成功，结果却令人十分满意。堰兴剪纸于2011年9月成功列入联合国教科文组织《人类非物质文化遗产代表性名录》。其中有代表性的12幅精美作品分别被中国剪纸博物馆、重庆中国三峡博物馆永久性收藏。

堰兴剪纸成功的背后，离不开卓越剪纸大师的强力支撑。周定洲是堰兴剪纸的代表人物。他自小师从母亲学习剪纸，在母亲的言传身教之下，周定洲剪纸技艺渐入佳境。1996年，周定洲开始对外发表作品，多次参加市内外的各种剪纸活动。现在，周定洲有重庆市非物质文化遗产项目传承人、重庆市民间工艺大师、重庆市工艺美术大师等诸多头衔，已成一派大师。

从2004年开始，周定洲每年都会到堰兴剪纸开设的免费培训班，教授社区居民剪纸艺术，十多年来从未间断。截至2014年，他为堰兴剪纸培养了多达4000名后继者，有20个学员做了职业剪纸人。

剪出重庆剪纸新天地

几乎就在堰兴剪纸崭露头角的同一时期，不同派别的剪纸技艺也悄然发展，重庆各地陆续出现各具特色的剪纸公司。一把剪刀，一张彩纸，剪出重庆剪纸新天地。

在重庆渝北，一群血友病患者和残疾人士以独创的"平面多层次三维立体表现手法"为重庆剪纸增添了新技法。

剪爱公司最初只是一个不大的剪纸艺术工作室。为参加2008年世界银行组织筹办的第二届"中国发展市场"大赛，工作室创作了代表性作品《舞韵》。最终，《舞韵》从300件参赛作品中脱颖而出，为工作室赢得一笔15万元的启动资金，公司随后成立。这件作品还凭借其独创地在一张纸上做出多层次景象的剪纸设计制作技术，于2010年申请专利，简称为"平面多层次三维立体表现手法"。

公司设计主任、血友病患者任健康说到，公司创立的初衷就是为了帮助这些社会弱势群体。"这些作品都是由血友病患者与残疾人士所创作与剪刻，每根线条、每张图案都凝结着大家的心血。"

与堰兴剪纸和剪爱公司主打高端路线创作不同，位于南岸区的祥昊剪纸公司则主张"剪纸大众化"，通过相对低廉的价格，让更多的人来购买剪纸。

"我们早在2000年就注册了重庆首家剪纸公司，并且最早将剪纸推向重庆市场。"祥昊剪纸公司经理黄涛说，在成立之初，公司以重庆风光为主的特色剪纸产品打开了市场。伴随着市场的扩大，祥昊剪纸公司逐渐完善推广方式，电话营销与网络推广相结合，在大众化的康庄大道上越走越远。

近年来，新兴的剪纸企业如雨后春笋般将这座山城剪刻得更为精致。重庆市大足区未希剪纸艺术有限公司就是其中一家。作为大足剪纸第四代传承人，"90后"青年粟未希给这门根植于大足石刻文化沃土中的艺术带来了新的活力与希望。

昨日繁华市场渐成明日黄花？

"堰兴剪纸的牌子立起来了，它不会倒，但如今却是止步不前。"作为当初与堰兴剪纸合作的剪纸大师之一，张明志接受采访时颇为感慨。福祸相依，堰兴剪纸因政策兴，也因政策调整渐显颓势。由于政府逐步减少对堰兴剪纸的采购，销量日渐滑坡。这使得堰兴剪纸的发展如同失去一个支点后在原地打转，不知道下一个出口究竟在哪儿。

据堰兴剪纸工作人员透露，截至2016年11月，公司的年营业总额不足6万元，比2012年的30余万元，减少了五分之四。先后与堰兴剪纸有过合作的杨艺、张明志等剪纸大师，早在几年前便选择了退出。一位与堰兴剪纸持续合作七八年的刘女士表示，以前每个月会为堰兴剪十几幅作品，现在已经大半年没有接到订单了。

剪爱剪纸同样陷入困境。任健康有些尴尬地对"非遗保护"说："由于销售环节的薄弱，现在每月的平均销售额只有两三万元，除去职工的工资与日常开销，就所剩无几了。"

与堰兴和剪爱的沉寂形成鲜明对比的，是如今已逐渐壮大的祥昊剪纸。近年来，这家公司不断拓展业务，开辟市场渠道，目前已占据重庆市场的半壁江山，甚至还将业务拓展到其他省市。

祥昊工艺品公司负责人之一吴蓓指着堆在角落的画册说："你看呀，南坪中学马上要搞六十周年校庆了，我们正在快马加鞭地赶做他们订购的三千多套书签。"

吴蓓说："璧山政府两个月前还订了六百本剪纸画册，等书签的活忙完了，得继续做画册了。还有桌上重庆市教委定的几份卷轴，还没来得及给送过去。"据她介绍，目前公司有大量的订单要交货，还有些外地客户通过公司的宣传网站主动找上门来订货。

"现在还时常接到一些外地订单，其中不乏成都、贵阳、昆明的客户。我们正打算在外地建立一批办事处。"另一位负责人黄涛铿锵有力的话语中露出自信。

尽管剪纸市场的发展陷入低迷，打造本土文化的剪纸传承人们仍一如既往地奔波于各社区教学点，参加展演，走进校园，不遗余力地推广重庆剪纸，希望让这门手艺遍地开花。

与周定洲四年来坚持为社区居民传授剪纸技艺一样，重庆市非物质文化遗产剪纸项目代表性传承人黄继琳，也通过授课的方式让更多人学到剪纸技艺。目前，她在西南大学为外国留学生和即将出国的学生上课，将重庆剪纸这一巴渝文化传播到世界各地。

重庆剪纸路在何方

"曾见北国之窗花，其味天真而浑厚。今见南方之剪纸，玲珑剔透得未有。一剪之巧夺神功，美在人间永不朽。"郭沫若所言的正是南北方不同的剪纸特征。

中国剪纸大体上可分为南、北两大派。北方剪纸浑厚、粗犷、天真、质朴，以陕西、山东为代表；南方剪纸灵秀、秀美、严谨、纤细，以江苏、浙江为代表。

"我们重庆的剪纸不论与北方还是南方相比，始终做得不够，发展面窄，社会影响力不大。"针对重庆剪纸在国内的低知名度，黄继琳忧虑地说。

"我的学生必须要创新。"在九龙坡区文化馆内，重庆市非物质文化遗产剪纸项目代表性传承人杨艺告诉"非遗保护"，她在肖家沟小学上剪纸课时，让学生设计猴子,最后每个孩子交上来的作品都不同。"我的目的就是要培养他们的创新思维,他们应该形成自己的风格。"

在她看来,尽管传承人不同的风格能赋予重庆剪纸更多样的审美价值,但创新能力的不足亦成为阻碍剪纸发展的绊脚石,而只有创新才能为剪纸持续注入活力。

是什么在阻碍重庆剪纸的发展?面对低迷的剪纸市场,面对剪纸艺人们提出的诸多问题,重庆剪纸的出路又在何方?

重庆三峡学院剪纸研究者李婷婷认为,重庆剪纸的发展困境是囿于其缺乏对市场的认识。目前,重庆的剪纸市场仅限制于政府部门采购,其他市场渠道很少涉及;而且销售方式也较单一,没有主动走出去推销,没有建立销售网络,缺乏订货和供货渠道,以致剪纸公司无法获取长期效益。

针对这些问题,黄继琳认为,重庆剪纸必须用不同于北方且异于南方的山城独有的地域特色来自我定位,实现异军突起。重庆的剪纸艺术要发展,要有生命力,就必须跟上时代的脉搏,将传统民间艺术融入现代社会,让它走进千家万户——这才是重庆剪纸的发展方向。

为此,黄继琳提出教学是提高年轻一代对非物质文化遗产及其保护意识的最好方式。其自身就在学生中间开展民间艺术教育,通过举办剪纸艺术培训班和讲座,培养现代孩子对民族文化、民族艺术的兴趣,以及培养他们的情感和审美能力。

"教育传承是民间剪纸可持续性发展的重要形式和必要手段。"重庆文理大学资深美术老师、剪纸专家曹国洪副教授亦对这一观点表示赞同。他认为,要实现重庆民间剪纸的"活态"传承,可以通过基础教育培养后备人才,同时将民间剪纸融入高校教育教学,依托高校科研、人才培养等方面的优势,传承并创新民间剪纸。

对于重庆剪纸市场的未来,曹国洪很有信心。"传统文化受到热捧是目前的趋势,再加上重庆剪纸已经被列入'非遗',只要剪纸厂家树立起品牌意识,有针对性地培育市场,打造出良好的信誉,再经过几年的沉淀,重庆的剪纸行业有望形成固定的产业链。"

文/栩然、荔莹、翩鸿
编辑/翩鸿

(原文2016年11月23日刊载于"非遗保护"微信公众号)

3. 小河锣鼓

[非遗档案]

类别：传统音乐

级别：国家级非物质文化遗产代表性项目名录

所属地区：重庆市

收录时间：2011（第三批）❶

简介：小河锣鼓是以盆鼓、更鼓、小钵、铛锣等乐器组合的一种纯打击乐，是巴渝地区独特的传统民间音乐样式。小河锣鼓的历史可上溯至明末清初。据传，1647年，蒋姓、唐姓两姓世居的旺族在两条小河交汇处修建大湾场，邀约当地蒋家、唐家、罗家的三支民间吹打乐班，齐聚一堂轮番朝贺，因而得名小河锣鼓。小河锣鼓曲目曲牌繁多，演奏形式多变，吹奏和敲击手法技艺高超，各种乐器巧妙搭配，复杂的节奏交替出现，表现特定的情绪，或激昂欢快或悲戚缓慢，给人以民间鼓乐美的感受。❷

传承人名录：

市级代表性传承人：冯俊、蒋祯轩

小河锣鼓20世纪演出图（翻拍）│ 褚启明

---

❶ 资料来源：http://www.ihchina.cn/project_details/12713/，最后浏览时间：2021-06-11。
❷ 资料来源：http://www.ihchina.cn/project_details/12713/，最后浏览时间：2021-06-11。

中国器乐（节选）

> 锣鼓声
> 锵锵
> 音乐的墙壁上所有的影子集合
> 去寻找一个人
> 一个善良的主人
> 锵锵
> 去寻找中国老百姓
> 泪水锵锵
> 中国器乐用泪水寻找中国老百姓
> 秦腔
> 今夜的闪电
> 一条条
> 跳入我怀中，跳入河中
>
> ——海子[1]

小河锣鼓的乡土悲歌

小河锣鼓，一种由大小唢呐、大锣、铛锣、钵锣、脚盆鼓等乐器组合而成的民间吹打乐。孕育于巴山渝水间的小河锣鼓，有着浓郁的川渝特色和独特的音乐风格，具有展现乡土风貌的艺术魅力。

从 20 世纪 90 年代开始，小河锣鼓走向衰落，民间艺人苦苦坚守。

2011 年，小河锣鼓的保护和传承迎来了转机：这项古老悠久的巴渝民间技艺跻身第三批国家级非物质文化遗产名录，抢救性保护工作力度加大。

但时至今日，小河锣鼓的保护和发展依然面临诸多问题。这项拥有 370 余年悠久历史的民间技艺究竟该何去何从？

辉煌过往

小河锣鼓主要分布于重庆市渝北区大湾镇一带。据传，小河锣鼓产生于

---

[1] 选自海子《中国器乐》，西川编《海子诗全编》，上海三联书店 1997 年版，第 50 页。

3. 小河锣鼓

大湾镇蒋、唐两家人的"斗富"情结。据渝北区文化馆的资料介绍，1647年，蒋姓、唐姓两姓旺族在两条小河交汇处修建大湾场，邀约三支民间吹打乐班，轮番吹奏十天十夜，因而得名"小河锣鼓"。自那以后，小河锣鼓开始在大湾镇盛行。

解放前，渝北作为大竹县、邻水县通往重庆的要道，人员流动频繁、场镇繁荣，小河锣鼓常与外来的各路戏班争奇斗艳。

改革开放后，小河锣鼓经历过一段辉煌时期。20世纪70年代末、80年代初，农村文娱生活贫乏，吹打乐便在农村人们的生活生产中占有重要地位。红白喜事、祝寿拜年、清明祭祖乃至赶庙会、岁时节令、店铺开张等，村民都会请来乐班坐堂吹奏。

曾经的民间乐手大部分是以务农为主，兼习小河锣鼓的农民。以乐班为组织形式，乐班成员一般是家族中的成年男性。历史较长的乐班已有五六代传人。

"台上一分钟，台下十年功。"小河锣鼓在当时被视为一门手艺，而要掌握手艺，必须经历艰辛的学艺历程。

晏祥仕是小河锣鼓晏家班第四代传承人，师从父亲晏远志。他说，父亲对自己很严格。晏祥仕拿着父亲写下的曲牌，每天清晨早早地就去山上读曲牌，背曲牌，然后练习敲打吹奏。如果没有在规定时间内学会，就会挨骂。

学唢呐最开始要练肺活量，晏祥仕记得，那时父亲端来一碗水，要求用唢呐的麦嘴把水吹出来。最开始是小碗，后来是大碗。晏祥仕经常练得两颊疼。"这是基本功。学这个不下苦功夫怎么行。"

学艺时下得了苦功夫，从艺后更要吃得了苦。

冯家乐班班主、市级代表性传承人冯俊早年从事小河锣鼓演出时，出行都靠双脚，最多时一天要走六七个小时，走到了演出现场，还要通宵演奏，有时演奏时间长达十一二个小时。

即便这么辛苦，当时还是有不少人愿意从事小河锣鼓演出，那时演一场的收入在农村还是相当可观的。小河锣鼓盛行时期，村子里基本每天都能看到"吹吹"。一般一场演出后，每位乐手会获得一到两元钱的收入。

"在没有其他经济来源的时候，可以算是主要收入了。那时农村比较穷，送礼才送两块钱。"周氏乐班第三代传承人周伟的父亲这样告诉"非遗保护"。

手艺人的付出除了获得物质上的回报，还有人们的尊重。"我们以前吹丧葬的时候，进门之前，主人家的男女老少都要出来在我们面前跪一排。"冯俊回忆道。67 岁的区级代表性传承人冉崇荣说："那时不管我们年龄多大，村民们都很尊重，'师傅、师傅'亲热地叫着。"

不仅如此，演出中的热闹氛围、乐班间友好又互相尊重的风气都让传承人们记忆犹新。

然而，好景不再，进入 20 世纪 90 年代，随着改革开放的深入，农村年轻劳动力逐渐流失到城市，传统风俗日渐受到现代文化的冲击。

默默苦守

1986 年，江北县（现渝北区）对小河锣鼓进行普查时，全县尚有民间乐班 114 个，民间乐手 657 人，20 岁以下的 137 人，女子乐手 11 人。

2013 年、2014 年，渝北区文化馆非遗保护中心再次普查时，全区仅余乐班 26 个，民间乐手 196 人，其中有 78 人为 60 岁以上的老艺人。历史上渝北 18 个镇街都有乐班乐手，如今只有 7 个镇尚存乐班。三十年间，小河锣鼓艺人数量锐减，乐班凋零。

周伟说："原来两个相邻生产队的四五百人里，大概有三四十人能演奏小河锣鼓，现在四五百人中能有四五个都不得了了！"

乐班能承接的演出活动也越来越少，有时一个月有一两次演出，有时则整月都无事可做。

有的艺人选择苦守祖宗留下的技艺，而不少人因看不到希望黯然离去。

刚进入 20 世纪 90 年代，18 岁的冯俊就想换个行当，"那时候我是想坚决放弃。"冯俊离开江北县，来到九龙坡石桥铺从事家具生意。他认为国家在发展，小河锣鼓的生存空间逐渐变窄，看着别人在"发财"，自己却还在原地踏步，"再说，后来老百姓有点儿瞧不起这个行业。别人给你介绍对象，人家一听说是做这个的，就不同意！"

有一次，一个师兄为了冯家乐班的传承，专程喊他回去。"没有了主心骨，离开了能干的人，那冯家乐班就只得解散了！"因为"江湖义气"，因为"家族荣誉"，冯俊坚持了下来，这一坚持就是二十多年。

而他也越来越坦然："我现在都四五十岁了，管别人怎么说呢！看不起我的，不一定有我能干。只能说各有所长，各有各的活法！"

同冯俊一样，在 2000 年前后，周伟也想过放弃，那是他正式学小河锣鼓的第四个年头。可每当动摇的时候，周伟一想到这是老一辈传下的东西，行业内的人如果都放弃了，那还有谁会来学呢？他不想看到这门手艺的失传，于是就咬咬牙坚持了下来。

收入不稳定，演出越来越少，不再务农的民间艺人们为了维持生计，不得不考虑自己的主业。可是，从小学习小河锣鼓的民间艺人们转行也面临尴尬境遇：文化水平不高，其他专业技能掌握不足，而且部分艺人年龄偏大。冉崇荣介绍，小河锣鼓不吃香后，很多人转行只能去做"丧葬一条龙"。

改良困惑

2011年，小河锣鼓的保护和传承迎来了转机：这项面临失传危机的巴渝民间技艺跻身第三批国家级非物质文化遗产名录，抢救性保护工作力度开始加大。

"如果没有被申报为国家级非物质文化遗产，如果没有政府的重视，小河锣鼓可能早就无人问津了。"周伟略带欣慰地说。

而有三百多年历史的小河锣鼓，想要获得"新生"，必须注入时代基因。

其实，早在20世纪90年代，小河锣鼓就曾漂洋过海。1988年，中央音乐学院打击乐教授李真贵先生回重庆探亲时，对小河锣鼓进行了实地采风，将收集到的小河锣鼓传统曲牌《冲天炮》进行加工，1991年1月将其搬上香港大会堂的舞台，后来又在新加坡演出，蜚声海外。

但当时这样的改变还仅停留在音乐专业领域，民间乐班依然固守传统。

"你们这个还是加点现代的东西进去嘛，好听点。"2006年，有人建议晏祥仕吹打一些现代乐曲。在那之前，晏家乐班的表演形式和以前相比没有大的改进，仍然以吹奏传统乐曲为主。

于是，晏家乐班开始有所改进，选择一些现代歌曲吹奏。遇到喜事，晏祥仕会吹《送妹》《篱笆墙》一类欢快的歌曲；而白事上，就吹《送别》一类的伤感歌曲。

但晏家乐班祖传的乐谱都不是用五线谱写成，而是用约定俗成的标记写成。由于不懂五线谱，晏祥仕只能用"土办法"学习吹奏现代歌曲。选好歌曲后，一遍遍反复听，把音调记住，然后再用唢呐摸索，直到吹奏出来的旋律和脑海中的音调合得上为止。

如今，乐手们基本都可以用小河锣鼓吹奏现代歌曲。

渝北区文化部门组织相关专家编排了《在希望的田野上》等新曲目，以歌舞的形式展现农村丰收的喜悦，用传统的民间乐器唢呐、大锣、钹锣、盆鼓演奏出了耳熟能详的现代歌曲。经常演出的《在希望的田野上》，3分多钟的表演将情景对话、舞蹈、歌唱与传统古老的小河锣鼓巧妙结合。

2012年，第八届中国（重庆）园林博览会区县文化活动周在园博园举行。大年初八、初九，大湾镇小河锣鼓的民间艺人们连续两天为各地游客献上《在希望的田野上》。

2013年1月9日，"渝北区小河锣鼓文化艺术节"在大湾镇举行。来自渝北区21个镇、街道的21支代表队，168名民间艺人及社区、学校学生等业余乐手参加了吹打乐展演。

"我们的未来，在希望的田野上，人们在明媚的阳光下生活，生活在人们的劳动里变样……"

1月的重庆，阴冷潮湿，但大湾镇代表队的民间艺人们身着单薄的传统乡村演出服，脸上挂着笑容，为村民们带来歌舞吹打节目《丰收》。

"又有小河锣鼓，又有表演的节目，看起才舒服。光是锣啊、铛啊，年轻人听不懂，不爱看。要发展、要创新。"在冉崇荣看来，加入现代元素，创新小河锣鼓的内容和形式，才能令其顺利发展。

但小河锣鼓的魅力之一是具有浓郁的乡土风情、巴渝特色，而这些，演奏现代歌曲是无法体现的。

周伟说："我个人非常喜欢小河锣鼓打击的曲调，时快时慢，时轻时重。它的声音是清爽明朗的，让人心情舒畅。与现在流行音乐相比，各有特点吧。"

有一次，一位顾客在巴渝文化展演中看中了小河锣鼓这种传统又新奇的艺术形式，请到冯家乐班为他的中式婚礼吹打小河锣鼓。冯俊觉得，在不到两公里长的路程上的吹奏表演，也足以重新唤醒人们对传统的向往："加上原始的东西，很多城市人会觉得十分新鲜，比坐宝马奔驰要有意思得多。"

但如今，为迎合市场，乐班演奏的传统曲目明显减少。晏祥仕认为，小河锣鼓的演奏要以传统曲牌为主，少加一点现代的东西，因为"小河锣鼓改进、创新的空间不大"。

而渝北区文化馆的工作人员对小河锣鼓的保护，也坚持"保持原汁原味"的原则。

困境重重

城市化的步伐越迈越大，小河锣鼓赖以生存的土壤日渐贫瘠。以大湾镇两岔湖村为例，据当地村干部介绍，2000人的村庄如今只剩下七八百人居住，基本都是老幼人口。

3. 小河锣鼓

除了缺乏传统受众，小河锣鼓的传承也面临严峻考验。

目前，小河锣鼓的主要传承方式依然是祖辈相传、师徒相传，造成传承面窄、传承"断代"等情况。

周伟说："如果有人来学，我肯定会毫无保留地传授技巧。"然而，他并没有收到徒弟。冯俊曾有两名徒弟也迫于生计离开了乐班。

让小河锣鼓进到校园里，似乎是一条行得通的路。

2011年，小河锣鼓成为国家级非遗项目，当年12月，大湾镇初级中学就开设了小河锣鼓课程。71岁的罗范平教锣鼓，61岁的冉崇荣教唢呐。

在2013年举办的小河锣鼓文化艺术节展演上，学生们没有让两位老人失望。《送客调》作为最后一个节目登台亮相，意气风发的少男少女排成四排，敲锣打鼓吹唢呐，铿锵有力，立刻给舞台带来不一样的感觉。令冉崇荣最得意的是参加演出的女生，因为按照民间传统，小河锣鼓艺人绝大多数都是男性。表演之后，有个老人跟他说："那些临水的女吹吹厉害！"

"哥啊，那不是临水的女吹吹，是我们教出来的学生，是大湾中学的。"

小河锣鼓似乎终于有了年轻一代的接力。

然而，2016年夏天，大湾镇初级中学小河锣鼓课程中止。

学校陈校长告诉"非遗保护"，学校因为校舍扩建，目前没有教室用于教学。而据冉崇荣说，中断教学是因为经费紧张。"好几万块的教材好像都由渝北区的专家编好了，校长说经费没有着落。可惜啊！"

2016年，晏祥仕曾找到一所小学，希望在学校开设一门小河锣鼓的兴趣课。但他没有收到学校的答复，最后不了了之。

在周伟看来，小河锣鼓遇到的最大瓶颈是商业价值没有被开发出来。目前，小河锣鼓表演主要存在于少量民间活动和政府组织的公益演出中，而现代商业演出几乎没有。

面对日趋没落的小河锣鼓，有人悲叹，认为总有一天会失传；也有人看得坦然。冉崇荣说，新旧交替是规律，自己从不失落。

编后记：

晏祥仕的儿子晏瑞锐今年27岁，8年前，晏祥仕开始向他传授小河锣鼓。但由于平时忙于工作，晏瑞锐并没有太多的时间可以练习。目前，晏瑞锐能用锣鼓完成几首曲牌的表演，但还不怎么会吹唢呐。晏祥仕希望今后儿子可以成为晏家班的第五代传人。

罗氏乐班第三代传承人罗范平如今有徒弟二十余人,其中陈港只有 20 岁。在大湾镇初级中学学习时,他喜欢上了小河锣鼓,初中毕业后,拜罗范平为师。

这些年轻人似乎让我们看到小河锣鼓传承的些许希望。但未来小河锣鼓的生存境遇又是如何?是否还仅依靠政府保护和少量商业活动存活?这些年轻人是否依旧像他们的父辈那样,苦苦坚守?或者说,他们还能否像他们的父辈那样坚守?

文/硕枫
编辑/燎原

(原文 2017 年 2 月 12 日刊载于"非遗保护"微信公众号)

4. 吊脚楼

[非遗档案]

类别：传统技艺

级别：国家级非物质文化遗产代表性项目名录（包括贵州省雷山县苗寨吊脚楼制造技艺、湖南永顺县土家族吊脚楼建造技艺、湖南咸丰县吊脚楼制造技艺、重庆市石柱土家族吊脚楼制造技艺等）

重庆市级非物质文化遗产代表性项目名录（包括重庆市石柱土家族吊脚楼制造技艺）

所属地区：重庆市

收录时间：2009（第二批）[1]

简介：吊脚楼，也叫"吊楼"，为苗族、壮族、布依族、侗族、水族、土家族等民族传统民居。2001年，重庆市渝中区人民政府宣布洪崖洞改造项目招标，正式开启了仿古吊脚楼的建设之门。2016年，重庆市南岸区房屋管理局正式下发房屋征收通知，下浩老街在被征收的范围之内。如今传统的干栏式吊脚楼在洪崖洞已无迹可寻，在用钢筋水泥搭建起的仿古吊脚楼里，兜售各种旅游小商品的店铺和小吃餐饮店鳞次栉比。

传承人名录：

国家级代表性传承人：刘成柏

市级代表性传承人：董经龙、周毅、刘成海

---

[1] 资料来源：重庆市人民政府关于公布重庆市第五批非物质文化遗产代表性项目名录的通知。

洪崖洞吊脚楼 | 张永燕

吊脚楼

生活从平坦处一退再退
　直到退无可退
　你不敢俯看的地方
　用来做了一半支撑

已经没有底部了
更低处是悬崖，是急流，是纤夫
　嵌入两肩的号子
岁月一直在对抗腐烂和摇曳

这么多年后，你立在河边的画框上
　木架构变得神奇
除了添加的船只，一切都还真实
　风景也源于你真实的仰视

——欧拉❶

---

❶　资料来源：中国诗歌网，https://www.zgshige.com/c/2018-08-31/7043885.shtml，最后浏览时间：2021-07-16。

4. 吊脚楼

风吹雨打吊脚楼

在这座老城
血肉是水泥
铁骨是钢筋
细胞是石头
盘根错节的道路
纵横着山城的经络

——摘自中国诗歌网❶

"重庆山坡多，出门就爬坡。上坡脚杆软，下坡脚打闪。"

独特的山城地形造就了独特的民居样式。据《华阳国志》记载，早在两千多年前的东汉时期，重庆人就因地制宜，开始建造并居住于吊脚楼。历经时间长河的吊脚楼，承载着重庆人最原始、最质朴的山城记忆。

然而，即将进入 21 世纪第三个十年的吊脚楼，今天却面临着雨打风吹般的生存困境，山城记忆正在慢慢消逝。

洪崖洞的改造之争

"洪崖洞的调研方案我一共写了 6 本多，大概有 20 万字，包括绘图、实测、文字等。"四川美术学院教授王林对"非遗保护"说。

1995 年，重庆市渝中区人民政府开始启动洪崖洞吊脚楼改造工作。王林是参与洪崖洞吊脚楼建筑群改造方案的专家学者之一，他希望洪崖洞能像湖广会馆一样，采取"整旧如旧"的模式被保护下来。

支持者还有洪崖洞项目的原设计者郝大鹏，他认为洪崖洞曾是重庆传统吊脚楼最集中的地方，这样完整的原生态山地建筑群在全国范围内都实属罕见。

郝大鹏支持的"整旧如旧"改造模式主要坚持三大原则：一是搬迁一部分，主要是危房，不能住人必须要拆除的；二是改造一部分，对原旧房进行加固；三是包装一部分，就是在对原旧房进行改造的基础上，增加公共基础设施建设，如建绿化带、改造地下管网、恢复老街老巷、铺设青石板路及条

---

❶ 资料来源：https://www.zgshige.com/c/2017-07-03/3736775.shtml，最后浏览时间：2021-07-14。

石路等。

与这个观点针锋相对的，则以重庆大学建筑学院李向北教授为代表。他主张将原有吊脚楼群全部拆除，用钢筋水泥建造仿古吊脚楼取而代之。

20世纪三四十年代，洪崖洞下临镇江寺和纸盐河街都是运货码头，商业活动频繁。做苦力的人为了节省居住成本，就在洪崖洞两侧的悬崖下建起一排排吊脚楼。

解放后，沿江码头逐渐衰落，洪崖洞吊脚楼建筑群经历了几十年风吹雨打后，渐渐成了危房。重庆吊脚楼传承人周毅说，每当夜幕降临，黄、赌、毒在这里蔓延，洪崖洞成了影响市容市貌的一颗毒瘤。

2007年，周毅成为重庆市渝中区吊脚楼营造技艺传承人。对于洪崖洞改造之争，周毅也曾是"局中人"。"我参与过洪崖洞改造的一些意见，二期改造方案是我提出的，但未实施。"

在改造方案还没敲定之前，他同郝大鹏的意见一样，希望能够保留原生态的吊脚楼景观，但也出现文化与商业两难取舍的难题。"建筑师们必须综合考虑各种因素，在不危及传统民居的前提下，设计出具有针对性的妥协方案。一旦房子落地建成了，就是开弓没有回头箭的事儿。"他说。

改造洪崖洞引发的争论从1995年开始，直到2001年渝中区政府正式宣布洪崖洞改造项目招标，才尘埃落定。重庆小天鹅投资控股有限公司夺标，开启了仿古吊脚楼的建设之门。

如今，传统的干栏式吊脚楼在洪崖洞已无迹可寻，在用钢筋水泥搭建起的仿古吊脚楼里，兜售各种旅游小商品的店铺和小吃餐饮店鳞次栉比。

渝中区南纪门房管所副所长涂大荣在接受《住宅产业》杂志记者采访时曾介绍，南纪门房管所辖区内有2万平方米的旧式吊脚楼民居。

改造过程中，一方面，旧城区巨大的生活、就业压力是个艰巨的系统工程；另一方面，传统风貌街区的断然消失，使得新的城市建设缺少了地域特色的合理借鉴，也使发展中的人们失去了对历史文脉的最好观照。

出于多方面考虑，南纪门采取了"整旧如旧"的改造模式，最大限度地保留了吊脚楼的原生态面貌。

"因为旧城区的居民大多是低保对象，改造资金只能由区政府和区房管局各出一半。所以，这个模式虽然社会效益好，但从经济效益角度来看是不划算的，没有搞房地产开发挣钱快。"涂大荣对媒体解释说。

"洪崖洞的改造方案之所以难以决断，在很大程度上是因为当地政府身兼保留历史风貌和开发旅游经济的双重任务,但却缺乏资金来主导建设,最终只得招标。而开发商拿到了项目,肯定按照商业逻辑来实现创收,于是就造成了无限扩增的容积率与密密麻麻的大小商铺。"周毅苦笑道。

他说:"李向北的方案更具可行性,而且从商业角度来说,取得了较大的成功,但这样无限扩增的建筑群落已然无法复原一个重庆山地民居的场景。"

"非遗保护"走访发现,今天的重庆主城区仅有下浩老街、石板坡和偏岩古镇能找到较为原生态的吊脚楼。其中的下浩老街和石板坡正进行拆迁改造工作,面临着十几年前洪崖洞吊脚楼曾经历的艰难抉择。

下浩老街拆与留

2016年11月7日,重庆市南岸区房屋管理局正式下发房屋征收通知,下浩老街在被征收的范围之内。面对这份通知,老街居民反应不一。

早已搬迁他处的,表示没多大影响;仍然居住的,虽然早有心理准备,但在看到正式通知时仍然心情沉重。

一位不愿透露姓名的下浩居民,在下浩米市街3号开了一间茶室并取名"下浩里"。当她得知这一消息后,便在自己的微信公众号里发了一篇名为《何处安放——我们和我们的"下浩里"》的推文。

推文里有段文字写道:"对我们而言,这里曾是我们寄予诸多美好愿望的安宁小窝,虽然最近几个月下浩异常热闹,门前拍照闲逛的人群络绎不绝。但每当夜幕来临人群散去,坐在窗边,沏一壶茶,或闲聊或静默或随意翻开一本书,都是我们想要的那种惬意。"

同样对下浩老街难以割舍的还有副食店老板高新德。"我在下浩生活了几十个年头,对这里的一砖一瓦都十分熟悉,特别是我住的吊脚楼,听我父亲讲是20世纪二三十年代建造的,80年代因为木头腐烂翻修过一次,不过住起来还是稳得很,马上就要搬走了,还是有点舍不得。"

问及吊脚楼的存废,高新德说:"这座吊脚楼应该是不会保留下来,这么多吊脚楼都拆了,只怕是后人很难再看到这样比较原始的吊脚楼了。"

但在下浩老街老居民张川耀看来,拆迁是必然。"过去的吊脚楼,代表着'穷人',普遍拥挤杂乱,环境差,建筑质量低劣,生活设施不配套。重庆吊脚楼曾经是做苦力的人居住的地方,是社会底层人的聚居地。"

改造之前的洪崖洞是重庆主城中最贫困、破烂的居民区之一。经过几十年甚至上百年的风吹日晒,吊脚楼已不复当初的盛况,摇摇欲坠,作为一种危房而存在，拆迁无可避免。"他解释说。

张川耀是土生土长的下浩人，曾任《现代工人报》社长。虽然年事已高，他对下浩老街和吊脚楼的感情却日渐加深。张川耀在不断考证、走访、核实和整理的基础上，不仅写出万字长文《记忆·乡愁·眷恋——下浩的前世今生》，还原老街的历史、发展变革与市井原貌，还特意写出《下浩——重庆特色独具的吊脚楼集聚》一文，介绍有关下浩吊脚楼建筑群的种种旧事。

"下浩吊脚楼把重庆地区吊脚楼的所有建筑风格、特色、功能、造型，一网打尽，无论你在山城何处所见的吊脚楼，在下浩你都能找到似曾相识的印象、模式和痕迹。"

张川耀在文中如此描述20世纪三四十年代下浩老街的吊脚楼，"对下浩的吊脚楼，我们休提常规建筑，举目一看、信步一走，老码头、望耳楼、彭家湾、米市街、狮子口、周家湾、董家桥、葡萄院、茶亭街，直扑你眼帘的有悬崖壁挂式、岩坎支撑式、高低借贷式、立柱架空式、过街楼房式、双挑单挑式、溪流跨越式等，从材质上分又有纯竹、竹木、土木、砖混等多种品类。"

现如今，下浩老街的吊脚楼只剩下五六座，其中又有三四座或由于户主早已搬走，渐渐成了废墟；或经过水泥砖墙的大面积改修，已经不再是原有意义上的吊脚楼。随着房屋征收通知的正式下发，这几座吊脚楼拆还是留，目前只能观望。

高新德推测下浩老街的拆迁与改造很可能会走洪崖洞的老路子，即通过仿古建筑加上商业店铺摇身一变成为新的旅游景点。"我还是喜欢现在的下浩，洪崖洞那样的吊脚楼其实一点都不古。"

吊脚楼的精神

"散发着古老气息的青石板，错落有致、层层叠叠的吊脚楼是我永远抹不去的儿时记忆，这些吊脚楼不仅是我创作的灵感源泉，更是精神世界的寄托。"渝中区美术家协会会员、吊脚楼山水画家周国富对"非遗保护"说。

周国富是土生土长的重庆人，从小生活在嘉陵江边，穿梭于鳞次栉比的吊脚楼中。从"满城皆是吊脚楼"到如今"寻遍山城影难觅"，周国富可谓是吊脚楼兴衰史的见证者之一。

追根溯源，吊脚楼是古代巴族人留下来的民居建筑，其历史距今已有两千四五百年。巴族是中国古代民族之一，建巴国于重庆。巴人的一个特殊文化习俗就是巢居。

据《华阳国志·南蛮传》记载:"南平僚东距智州,户四千余,多瘴疠,山有毒草、沙虱、蝮蛇,人楼居,梯而上,名曰干阑。"南平就是今天的南川、綦江一带。这种"干阑"式房屋也就是今天吊脚楼的"祖先"。

两千多年以来,吊脚楼可以说一直和重庆人民同呼吸、共命运。1992年开始,城市建设大发展,重庆主城区不断拆除破旧房屋,其中包括大量的吊脚楼。菜园坝、华一坡、临江门、朝天门等以往吊脚楼集中的地方,逐渐矗立起现代居民楼和商贸大厦。

接下来的几年时间内,整个重庆城区尚存的1万余栋吊脚楼大部分被拆除。磁器口、红岩村等最具特色的吊脚楼区,在维持原风貌的前提下进行改造。当时有拆有留的主要目的是实现路、水、电、气、闭路电视"五通",让住户生活得更安全舒适,又能有效保护这种充分体现重庆古城风貌和巴渝文化传统的建筑。这个思路在一定时期内发挥了积极的作用,遗憾的是没能贯穿吊脚楼改造始终。

"现实中的吊脚楼可以被拆迁、被毁坏,但我笔下的吊脚楼却永不消逝。"周国富笑谈,"依山而建、因地制宜的吊脚楼是艰苦环境中的一道风景线,我想将当时人们的生存状态、生活环境展现给后人,让他们更了解吊脚楼,了解老重庆。所以,我会一直画下去,将创作吊脚楼进行到底,因为对我来说,这是终生事业。"

在周国富眼里,画吊脚楼不只是一种谋生手段,更是一种精神世界的坚守,吊脚楼构成了自己全部的"精神家园"。与周国富所做工作不同的是,渝中区文化馆副研究馆员、非遗保护工作者卢延辉更多的是通过自己的工作来传承吊脚楼的内在精神。

"现在已经没有原生态的吊脚楼了,很多原材料变了,为了适应现在的商业和城市要求,就不能用木结构,要用水泥结构。"尽管如此,卢延辉认为,只要吊脚楼的建筑精神和建筑风格能被传承下来,重庆吊脚楼的保护工作就是有意义的。

文/翮鸿
编辑/翮鸿

(原文2017年3月29日刊载于"非遗保护"微信公众号)

5. 丘二馆炖鸡汤

[非遗档案]

类别：传统技艺

级别：重庆市级非物质文化遗产代表性项目名录

所属地区：重庆市

收录时间：2009（第二批）❶

简介：丘二馆炖鸡汤源于清朝皇宫，制作手艺在民间流传已逾百年。2009年，丘二馆炖鸡汤入选重庆市非物质文化遗产名录。经过多年的发展，丘二馆炖鸡汤已经成为重庆美食的一张名片。这其中，有着许多鲜为人知的故事。

传承人名录：

市级代表性传承人：韩德称、汪占魁、李旭东、罗志芳、康常荣、龚志平

丘二馆炖鸡汤　｜　褚启明

---

❶ 资料来源：重庆市人民政府关于公布重庆市第五批非物质文化遗产代表性项目名录的通知。

5. 丘二馆炖鸡汤

一碗鸡汤（节选）

人情来来往往
未料到换得这一碗鸡汤
心里左思右想
推却恐怕把那盛情伤
喝下应无妨
脚下会更有力量
也能甩开臂膀
坚定着信仰去奔忙
为诗，也为远方

——龙天❶

一碗鸡汤

  丘二馆炖鸡汤源于清宫，创始人为清宫御厨李劳三。李劳三流落民间后，多得其同乡韩德称的帮助，为表示感激，李劳三将炖汤技艺倾囊相授。1943年，韩德称在重庆新生广场（现解放碑美美时代百货附近）开了一家鸡汤馆，丘二馆炖鸡汤开始在重庆流传。

  2008年，因店面租金太贵，丘二馆炖鸡汤搬离了较场口，一些老厨师和老员工不愿意离开旧址，自掏腰包租下了原来的店面，将店名改为繁贵鸡汤馆继续经营。在八一路青年广场重新开张的新店召集了龚志平等川菜大师，在原来的基础上推出了丘二馆秘制鸡汤。2009年，丘二馆炖鸡汤成功入选重庆市第二批市级非物质文化遗产名录。

  鸡汤来了。
  一碗真正的鸡汤。
  一碗丘二馆炖鸡汤。
  凌晨6点，重庆市渝中区八一路青年广场2楼，老字号"丘二馆炖鸡汤"

---

❶ 资料来源：中国诗歌网，https://www.zgshige.com/c/2018-05-28/6284254.shtml，最后浏览时间：2021-07-14。

的员工开始忙碌起来，为新一天的营业做准备。

周慧是丘二馆的一名厨师，早上6点多，她从店里的冰柜中拿出已经宰杀好的整鸡，熟练地拔去鸡身上残余的绒毛，用清水冲洗掉鸡体内残留的血水。"我们用的鸡都养了至少9到12个月，而且必须是3斤重左右的土鸡。"周慧说。

清洗干净后，周慧将鸡肉放入锅中，大火煮了15分钟，然后将鸡肉捞出放入一旁的铁桶，加入姜、花椒等调料小火熬制。熬制过程中，她需要不定时地用漏勺捞清汤中的血泡，直到捞干净为止。

中午11点多，店里的食客陆续多了起来，经过四个小时慢火熬制的鸡汤被盛入印有"丘二馆秘制鸡汤"的器皿内，端上食客的餐桌。

历史：流落民间的宫廷美味

丘二馆炖鸡汤风味独特，深受大众喜爱，是渝中区传承已久的特色美食之一，但是它却并不是"土生土长"的重庆美食。

丘二馆炖鸡汤前身为清宫"御制铜炉炖鸡汤"，距今已有约300年历史，它的制作技艺在民间流传也有近百年了。

据公开报道显示，清宫"御制铜炉炖鸡汤"创始人是清宫御厨李劳三。1943年6月，李劳三的老乡韩德称在重庆新生广场（现解放碑美美时代百货附近）开了一家鸡汤馆，丘二馆炖鸡汤开始在重庆流传。

清末光绪年间，慈禧太后将李劳三赐予时任军机大臣张之洞。在张府，李劳三多得张府卫士、老乡韩德称的帮助，为表感恩，李劳三将鸡汤的制作技艺倾囊相授。

1900年，八国联军打到北京，慈禧带着一干大臣仓皇出逃，李劳三从此下落不明，韩德称成为鸡汤技艺的唯一传承人。后来，韩德称参加了国民革命军，并官至少将旅长。该部在抗战中遭遇惨败后，韩德称率部队撤退到重庆。蒋介石为排除异己，撤销了韩部所属部队的编制，韩德称只能退伍。

旧时称军人为"丘八"，丘八退五（伍）剩下三，故韩德称开的炖鸡汤馆取名为"丘三馆"，多少有点自我嘲讽的意思。

开店伊始，丘三馆座场虽然不大，但陈设雅致，餐具精美，气派十足，门前悬挂着"前清御厨"的牌子。

当时，丘三馆炖鸡汤定量供应。上午10点开门，不到1个小时即被抢购一空，晚上再卖一轮，亦复如此。顾客们争相购买，达官贵人、富绅商贾，明知其竹杠高悬，但能品尝宫廷风味，又觉身价倍增。

韩德称共收了六个徒弟，汪占魁是他最早的嫡传弟子，李旭东是最后的徒弟。

1949年，韩德称衣锦还乡。他的徒弟分为两拨，一拨由汪占魁带领，继续经营丘三馆。另一拨则以李旭东、赵绍武为首，在青年路旁边开了门店，取名丘二馆。店名既有打工仔（俗称"丘二"）的自嘲，也暗示其与丘三馆有传承渊源。

再往后，丘三馆先后迁至邹容路、民族路经营，丘二馆则吸收了"经济凉面店""鲁抄手"，并于"文革"期间更名为"全心食店"。到了1972年，丘三馆因建房撤店，并入"全心食店"。

至此，丘二馆、丘三馆在各自发展二十多年后，最终合二为一。1979年，重庆市渝中区饮食服务公司（现重庆饮食服务股份有限公司）恢复了丘二馆招牌。

在原有菜品的基础上，重庆市渝中区商业发展中心（现重庆渝中商业发展有限公司，以下简称"渝商发"）增加了棒棒鸡丝、麻辣鸡块、鸡汁抄手等品种，丰富了顾客的选择，生意更加红火，丘二馆成为当时知名度最高的老字号。

1994~1998年，五一路片区修建，丘二馆因此歇业，1999年才重新在小米市开张。2007年10月，渝商发将丘二馆搬到了八一路青年广场2楼。

记忆：一碗鸡汤温暖老重庆人的心

对于老重庆人来说，丘二馆炖鸡汤是舌尖上的记忆，它反映了巴渝市井风情，蕴涵着平民百姓人生的无穷乐趣，更寄托着怀旧的无限情思。

从1945年开业的丘三馆到一脉相承的丘二馆，其炖汤技法都源于"御制铜炉炖鸡法"，这种炖汤技法在重庆地方传承已有70多年历史。

在八一路丘二馆，每天前来就餐的顾客中有不少是慕名而来的游客，也有不少循着记忆中的味道前来的老顾客。"有个吉林的食客，每次来重庆都要来我们店里喝一碗鸡汤，走的时候还要给家人打包一份鸡丝凉面。"谈到店里的食客时，国家级烹饪大师、丘二馆炖鸡汤第四代传承人龚志平打开了话匣子。

龚志平出生在一个美食世家，父母都是渝中区饮食服务公司的职工。龚家共有3兄弟，现年60岁的龚志平在家中排行老二。20世纪70年代，弟弟龚志国顶替父亲进入饮食公司时，龚志平还在乡下当知青。

龚志平的父亲烧得一手好菜，小时候，龚志平最喜欢吃的菜就是父亲炒的回锅肉。"他炒的回锅肉简直是霸道，我现在都还记得那个味道，但是现在再也吃不到了。"龚志平的父亲去世已经十多年了，他说父亲的回锅肉给他留下了独特的记忆。

在两条街之隔的繁贵鸡汤馆，上午11点半左右，老顾客陈燮邦独自一人来到了店里。"来碗鸡汤。"陈燮邦一边点餐，一边找了张靠窗的桌子坐下。"我在这儿喝汤有50多年了，我第一次来丘二馆喝汤的时候才十七八岁，是我师傅带我来的，当时就喜欢上了这种味道。以前这家店还在新生广场的时候，我就经常去喝。"

繁贵鸡汤馆是八一路丘二馆的前身。2007年10月，因为店面租金太贵，渝商发在八一路重新租下一家店面。当时店里的老厨师曾繁贵不愿意走，一批老员工也不愿意走。当年11月，他们租下了原店址，更名为"繁贵鸡汤馆"继续经营，但保留了老鸡汤馆的味道。

陈燮邦以前是市粮食局的员工，现住在南岸区。为了喝上一碗鸡汤，老人经常从南岸区搭轻轨到较场口，喝完鸡汤后再回去。"每次过来要半个小时，我每周都要来两三次，有时候是我一个人来，有时候带朋友来，有时候也带家人过来。"

在陈燮邦看来，繁贵鸡汤馆的鸡汤是比较正宗的，但和六七十年代的味道还是有些差距。"感觉那时候鸡汤的味道更浓厚，喝起来更舒服。"陈燮邦说，鸡的质量决定了鸡汤的质量，六七十年代熬汤用的都是土鸡，熬出来的鸡汤味道自然鲜美，但是现在不一样了，鸡的质量和以前相比差太多了。

传承：营销模式决定未来

现在，曾繁贵和那些一起离职的老员工都已退休在家，55岁的董伦华是店里年龄最大的员工。董伦华是丘二馆的老员工，1979年，年仅17岁的她就来到丘二馆工作，到2017年，她在这里工作已有38年。2007年，董伦华同曾繁贵一道从渝商发离职。

搬离较场口后，渝商发在两条街之隔的八一路青年广场2楼租下一个店面，并邀请龚志平负责丘二馆炖鸡汤馆的恢复工作。龚志平结合自己30多年的川菜从业经验，推出了"丘二馆秘制鸡汤"。此外，他还推陈出新，摸索出了"公母鸡合炖"熬制技艺，后又提出了"龟凤汤"的熬制方法。

在店面的装修上，龚志平也下足了功夫。"我们的鸡汤汤清油黄，所以我们将黄色定为了店面的主色调，和鸡汤的颜色相辉映。并且黄色还是古代宫廷的颜色，选择黄色做装修的主色调也和丘二馆炖鸡汤源于清宫这一史实相衬。"

同装修典雅的八一路丘二馆相比，繁贵鸡汤馆的装修显得十分普通。旧式的桌椅，简洁的窗花，一道古朴的屏风隔开了雅间和大堂，地上的瓷砖因为人来人往的摩擦也有些掉色。

现在，繁贵鸡汤馆的日常经营主要由经理莫素清打理。面对经营的困境，莫素清也有些无奈。店里的厨师临近退休，莫素清还没找到合适的接班人，"现在有两个徒弟在学做鸡汤，但不知道他们会不会坚持下去。"

董伦华坦言，推广不力是鸡汤馆经营艰难的主要原因。"尽管我们掌握了传统的鸡汤技艺和正宗的鸡汤配方，但是在推广上远远比不上他们（渝商发）。"

在莫素清看来，传统的味道和低廉的价格是她们的优势。"我们的鸡汤最接近老重庆人记忆中的味道，我们现在主要做的也是老顾客和回头客的生意。"

莫素清现在没有装修升级店面的打算，繁贵鸡汤馆也没有做推广。"我们的价格本来就很低廉，如果在一些平台上做推广，扣掉中间的中介费和折扣，根本就没有赚头。"

在经营上，繁贵鸡汤馆也做出过调整。现在不再只经营鸡汤，而是以鸡汤为主，辅以中餐。尽管这样，顾客还是在慢慢地流失。据店里的厨师介绍，鸡汤馆每天大概需要20只鸡，而八一路鸡汤馆每天要消耗50只左右。

但莫素清对鸡汤馆的经营现状还算满意。"我没有考虑太多技艺传承的问题，现在还能勉强养起这家店就行，等我们退休了，要创新推广都是下一代人的事了。"

同繁贵鸡汤馆一样，八一路鸡汤馆现在也是主营鸡汤，辅以中餐和特色小吃。"我们恢复了一些失传的小吃，扩大了经营，成为一家专营鸡肴，集中餐、凉菜、小吃于一体的老字号特色餐饮店，鸡丝凉面等是我们店里的特色小吃，很受欢迎。"龚志平介绍。

现在，渝商发已经开了5家丘二馆炖鸡汤直营店，成功地摸索出了一套经营体系。在龚志平看来，只要营销模式对路，丘二馆的鸡汤就还能继续熬制下去。

文/尘沙、燎原
编辑/尘沙

（原文2017年6月14日刊载于"非遗保护"微信公众号）

6. 刘氏刺熨疗法

[非遗档案]

类别：传统医药

级别：国家级非物质文化遗产代表性项目名录

所属地区：重庆市

收录时间：2008（第二批）❶

简介：刘氏刺熨疗法属重庆刘氏家族的医术，自清顺治年间刘氏先祖从湖广迁来重庆之时始，迄今约三百五十年，传承了十五代。刘氏刺熨疗法有理论依据、专科疗效、临床针对性，以及操作隐秘性和药材地源性等显著特征，是中国民间医术的一个重要组成部分，是非常有效的民间医术绝活。发掘、抢救、保护刘氏刺熨疗法，既有重要的学术研究价值，又有鲜明的实际应用价值。

传承人名录：

国家级代表性传承人：刘光瑞

市级代表性传承人：曾凡秀、夏吉琳、刘文娟

刘氏刺熨疗法传承人

（左2为国家级传承人刘光瑞，左1、右1、右2分别为重庆市级传承人曾凡秀、夏吉琳、刘文娟）｜ 郑明鸿

---

❶ 资料来源：http://www.ihchina.cn/Article/Index/detail?id=14835，最后浏览时间：2021-07-21。

6. 刘氏刺熨疗法

针灸（节选）

或躺或坐毫针穿骨
又胀又痛暗自数数
一针两针刺破皮肤
三针四针进入骨缝
五针六针疼得想哭
七针八针已经麻木
再插十针早无知觉
满身针闪如同蜂蛹

——冯俊龙[1]

针灸、火熨、滚石……看他如何将这些绝技演绎成国家级非遗

刘氏刺熨疗法的传承可以追溯到近四百年前的"湖广填四川"时期，当年原籍湖北的刘氏移民川中，并开始行医。清光绪年间，刘氏家族将医术分别带到了成都和重庆。沿袭至刘少林这一代，以针灸、滚石为特征的刘氏刺熨疗法完全成型。

2008年，国务院批准刘氏刺熨疗法为第二批国家级非物质文化遗产名录扩展项目。刘光瑞被评为国家级代表性传承人；夏吉琳、曾凡秀、刘文娟被评为市级代表性传承人。

与祖辈的命运不同。刘光瑞受过良好的现代教育，在精通祖辈传下的中医的同时，他将其与西医对比分析，从中探索传统中医治疗的科学规律，并自创了药妆。然而刘氏刺熨疗法的非遗之路并非一路平坦，传承人的故事也耐人寻味。

今年61岁的老中医刘光瑞，几乎每天上午都会去位于渝中区中山二路157号的"少林堂"坐诊，他是国家级非物质文化遗产项目"刘氏刺熨疗法"的代表性传承人，在不到十平方米的"少林堂"，他戴着老花镜等待随时到来的病人。

---

[1] 资料来源：中国诗歌网，https://www.zgshige.com/c/2018-10-11/7378314.shtml，最后浏览时间：2021-07-18。

"少林堂"全称"重庆中医少林堂",是刘氏祖传下来的中医老字号招牌。刘光瑞接过这个招牌时,时年 46 岁,尽管在他执掌少林堂的短短 6 年时间里,就成功将刘氏刺熨疗法推入国家级非遗项目,少林堂的三位医师也因此成为重庆市级非遗传承人,但刘光瑞对少林堂的遭遇仍颇有微词。

非遗之辨

在车流繁忙的街道旁,从外观上看,少林堂如同早餐铺一样并不引人注意。只有走进来,人们才能意识到展现在面前的是一处中医诊所。刘光瑞不苟言笑,头上戴着一顶黑色的帽子,坐在一张旧式四角桌旁,案前摆放着医药笺。他时而看看手机,时而扶扶眼镜,看起来气定神闲,并不为没有病人到来而焦虑。

刘光瑞坐的椅子背后是一幅书法作品,上面书写着"祖孙三代名中医,誉满华夏扶伤人"。其右边是他与多名显要人物的合影,再往下是"刘氏刺熨疗法"的国家级和重庆市级的非遗项目证书。

"在被正式评定为国家级非遗项目之前,'刘氏刺熨疗法'受到了很大的争议。"刘光瑞说,"反对的声音来自体制内的中医,他们认为中医没有出现濒危的状况,不需要被确立为非遗项目。"

体制内中医,通俗来讲,指的是在大型综合医院和中医院等事业单位工作的医生。刘光瑞认为,体制内中医享受着国家财政的帮助和扶持,生存的压力较小。

与之相对应的便是体制外中医,刘光瑞是其中之一。而体制外的中医自负盈亏,面临的压力相对要大很多。

面对体制内中医的质疑,文化部专门组织了一次中医现状的非遗调查。调查发现体制外的中医由于没有享受到国家财政的帮扶,现实处境堪忧,处于自生自灭的状态,于是决定对中医进行非遗保护。这使刘光瑞松了一口气。

个体的力量在上升的通道中总是走得比较艰难。刘光瑞虽然拿到了非遗项目申报的入场券,但后续的一系列申报程序仍使他感到头疼。申报材料要求提交一份 15 分钟时长的项目专题片,很多项目申报人都请来电视台的专业人员制作。但囿于自身条件,刘光瑞只能请婚庆公司制作,这是他当时最大的能力。

无奈的是,他根本找不到做过类似专题片的婚庆公司,可申报时间就卡在那里,能拍得拍,不能拍也得拍。不出所料,拍下来的素材不到 10 分钟,剪辑后只剩 7 分钟,而申报要求的时长为 15 分钟。"没办法,就这样报吧。"刘光瑞在现实面前不得不妥协。

幸运的是,申报材料通过了。十年过后,中医研究院的专家柳长华告诉刘光瑞:"看到这个专题片时我惊呆了,7 分钟里一句废话、一个废镜头都没有,都集中在对技艺的介绍。相反,有的专题片提交的视频长达一个小时,一下就被否决了,原因在于领导人讲话太多。搞非遗应该重在技艺,而非说教。"

事实证明评审专家并没有看走眼。2010 年,刘光瑞按照文化部的安排去非洲西部的国家贝宁做公开电视讲座,讲解如何利用非洲的中草药治疗疾病。讲座结束当天,大使馆的电话就响个不停,除了称赞刘光瑞的技术好,当地人民还要求他留在非洲帮他们建立中医院,研究非洲的中草药。

大使馆询问刘光瑞对此态度后,刘光瑞婉言谢绝。刘光瑞说,原因之一是非洲人曾对他表示,他们感谢上帝派中国人来帮助他们,他们将中国人的援助归功于上帝,信仰已经超过了感恩。

从贝宁转机法国时,刘光瑞凭借精湛的技艺再次赢得了喝彩。"刘医生、刘医生,赶快过来救人。"一个急促的声音喊道,刘光瑞连忙跑去,原来乘务人员正在抢救一个人。他走近一看,躺在地上的人已经昏厥,刘光瑞把脉后发现这个人有寒症,便将她的手心、背心和胸口按住,按下内外关穴,20 分钟过后,病人就苏醒了。所有乘客的掌声顿时响起,有人直呼"神医"。后来,刘光瑞得知病人是一位武官的夫人,她此后还曾专门来重庆登门道谢。

说及救治的事,刘光瑞意气风发,如数家珍。但谈到自己的行医身份时,刘光瑞语速放缓,略有所思。少林堂的古朴气息与门外的现代都市好像格格不入,但又让人感到一丝肃穆与安详。

转机?

与刘氏先祖各地游医的行医方式不同,从刘光瑞的父亲刘少林开始,刘氏刺熨疗法开始有了固定的坐诊场所——少林堂。少林堂的"少林"二字来取自刘光瑞父亲刘少林的名,有了一定名气后,河南嵩山少林寺还跟少林堂打起了官司,起诉少林堂剽窃自己的品牌。

最后少林堂胜诉,刘少林在 2002 年去世,少林堂在这一年正式由刘光瑞继承,刘光瑞就此成为刘氏刺熨疗法第 14 代传人。如何将清朝顺治年间刘氏先祖开创的刘氏刺熨疗法发扬光大,成为刘光瑞的使命。

刘氏刺熨疗法，以针灸、火熨、滚石等民间绝技为主要治疗方式，对各种颈、肩、背、腰疼痛和内脏疾病治疗效果显著，并因此成为国家级非遗项目。值得一提的是，在国家级非遗项目中，它是唯一代表中医针灸的项目。

刘光瑞成为国家级非遗项目传承人后，最大的感受在于身份得到了官方的认可——不再是游离于江湖游医与正规中医之间，而是以国家级非遗的名义，抬起头来救死扶伤。但他坚持认为，非遗传承人仍与体制内的医生泾渭分明，除却自己的身份认同，更为影响深刻的是国家财政扶持与社会大众的尊重程度迥异。

西医自传入以来，作为一种新的医学科学体系，直接冲击着传统医学的生存发展。中西医碰撞的结果，在民国时期表现为西医进入国家医疗卫生行政体制之内，包括教育、研究、医院等，都得到了政府的支持。与此同时，各种传统医学则从体制内被清除出去。

直到 1954 年，卫生部成立中医司（现改名为国家中医药管理局，隶属于国家卫生和计划生育委员会），专门负责中医药事业的管理。随后各省市的卫生行政部门也分别成立专门的中医管理机构。此举被中医界人士视为继清朝太医院被取消后，中医时隔四十多年重新进入国家卫生行政体制，并建立起与西医几乎对等的但又相对独立的体系。

但对刘光瑞来说，自己并未在 1954 年的那场改革大潮中受益，改革也没有从根本上改善中医的大环境。直到今天，中医面临的形势仍然严峻。从医疗机构和卫生技术人员来看，中西医的地位并不能分庭抗礼，而是西医独大，中医渐已边缘化。

根据国家中医药管理局发布的《2012 年中医药统计分析提要报告》数据显示，在全国卫生机构中，中医机构（包括中医类医院、中医类门诊部、中医类诊所、隶属于卫生部门的中医科研机构）所占比例为 4.14%，全国中医药人员占全国卫生技术人员比例为 7.15%。

该报告还显示，2012 年中医机构财政拨款为 202.3 亿元。对于刘光瑞等体制外中医来说，他们享受不到国家财政的任何补贴。开张倒闭，完全由个人的经营状态决定。刘光瑞成为国家级非遗传承人后，才有资格拿到政府补助，标准是每年每人 1 万元，重庆市级传承人的补助则是每年每人 5000 元。

南方医科大学教授严金海在 2013 年进行了一项中医现状调查，调查结果表明，在我国的正式卫生体制内，存在"名义上有中医，实际上没中医"的现实情况。这一判断有两层含义。第一，中医在解决人类疾病方面，实际上处于边缘地位，不能与西医平起平坐的、维护公众健康的主力军。第二，以中医身份行医的所谓中医，在实际解除患者疾病痛苦的过程中，主要应用西医的知识与技术。

传承困境

严金海的调查对象是某个三级甲等医院的中医科，属于体制内中医。与此不同，刘光瑞诊病开药都是靠纯粹的传统中医技术，既没有西医的治疗方法，也没有西药。"少林堂严格来说是一个医疗机构，治病是通过经脉按摩及针灸的辨证治疗来实现，中药只是一个辅助。"刘光瑞说。

除了固定在少林堂坐诊，刘光瑞还会被银行、高等院校、老年协会等单位邀请去开设讲座。讲座的内容结合听讲对象的需求而定，或是讲解季节性疾病的防治，或是讲解老年人的养生之道。听众从几十人到几百人不等，一般讲解 90 分钟，回答提问 60 分钟，讲座多为公益性质。

此外，刘光瑞还参加许多类似活动，比如应文化部邀请，每年都会去国外讲学，2021 年 6 月去的是新加坡。也有许多赛事会邀请他作为现场医疗专家，如他曾受邀出席四川卫视的武术搏击类电视栏目《峨眉传奇世界格斗冠军赛》。

热闹背后，刘光瑞眼中的少林堂仍然前景黯淡。少林堂作为中医品牌，目前为刘光瑞独有，除了两路口的门诊店，李子坝正街 90 号还有一个总店。其他体制外的中医，多为个体经营一个简单的中医诊所。少林堂无法向西药店一样遍地开花，甚至也不能像同仁堂、桐君阁大药店这样的中药店一样开连锁分店。

一方面，少林堂的核心在于刺熨疗法的技艺，而不是中药药品，无法通过中药将少林堂进行品牌输出。另一方面，国家政策对中医药经营管理有着严格的管制。卫生部所发布的《医疗机构管理条例实施细则》规定，国家机关、企业和事业单位、社会团体或者个人设置的医疗机构的名称中应当含有设置单位名称或者个人的姓名。

刘光瑞作为国家级非遗传承人，有一个重要的工作便是以师带徒的形式传承技艺。到目前为止，刘光瑞带出来的徒弟有 57 人，这些徒弟学成后有了自己的诊所，但没有一个是打着少林堂旗号的。这不是因为刘光瑞不授权，而是政策不允许。

在刘光瑞看来，自己的大部分徒弟都是为利益而来，很少有人是真正为了传承中医。刘光瑞对此并不介意,"现在的人现实点倒是没有关系,关键在于这些徒弟中缺少明心见性之人,心性对中医技艺的传承至关重要"。刘光瑞说。

通过徒弟的传承,刘氏刺熨疗法一些基本的技艺已经传播出去,但这套疗法完整的技艺体系还很难作为一个整体被沿袭下来。只有少林堂,作为刘氏刺熨疗法的核心传承载体,孤独地肩负着这项技艺的传承使命。

虽然刘氏刺熨疗法被确立为国家级非遗项目已有十多年之久,但刘光瑞认为传统中医的社会认可度还是很低,而且政府的支持力度不够。在刘光瑞看来,传统中医能否做大做强,政府的支持是主导市场的关键。这直接关系到少林堂能否走出重庆、走向全国。

在现有的大环境面前,刘光瑞持有的立场是守住少林堂的清贫和清淡,捍卫传统中医的尊严与秉性。外人要学习刘氏刺熨疗法的技艺,必须要有医德、医心和医术,缺一不可。"对于这项传统技艺的传承,如果得不到相关支持,宁愿带入坟墓也不传下去。"刘光瑞说完时,拿下眼镜,搓了搓手。

文/翩鸿

编辑/荔莹

(原文 2017 年 9 月 10 日刊载于"非遗保护"微信公众号)

7. 巴渝木偶

[非遗档案]

类别：传统戏剧

级别：重庆市级非物质文化遗产代表性项目名录

所属地区：重庆市

收录时间：2009（第二批）❶

简介：中国的木偶戏兴起于汉代，至唐代有了新的发展和提高，能用木偶演出歌舞戏。巴渝木偶扎根于重庆地区，其表演形式、表演技能、制作方法、剧目内容、表演场地的选取等，都具有重庆地区的民俗特征，有着浓郁的巴文化特色。巴渝木偶的基本操纵方法为：左手掌握命棍，控制木偶的身体动作、脸部表情及一些特技动作；右手掌握两根手，以捻、搓、抢等方式控制木偶的手势动作。

传承人名录：

市级代表性传承人：罗青云、唐政、谢中华、车渝江、张复建

谢中华正在进行木偶表演 ｜ 张永燕

---

❶ 资料来源：重庆市人民政府关于公布重庆市第五批非物质文化遗产代表性项目名录的通知。

咏傀儡

笑尔胸中无一物，本来朽木制成身。
衣冠也学诗文辈，面貌能惊市井人。
得意哪知当局丑，旁观莫认戏场真。
纵教四肢能灵活，不藉提撕不屈伸。

——（清）郑板桥[1]

它是长江上游地区唯一的木偶艺术，如今却陷入传承困境

巴渝木偶起源于汉唐，流行于明清，是长江上游地区唯一的木偶艺术，是凝聚了巴渝人民智慧的结晶。

20世纪50年代，重庆新蜀木偶艺术团成立，巴渝木偶在重庆扎根。在60多年的发展历程中，巴渝木偶起起伏伏，有过鼎盛，也经历过低谷。但2011年剧团改制后，巴渝木偶的传承和发展却面临诸多困境。

"现在整个传承上都断了，没有人愿意做木偶，也没有人来学习表演木偶了。"车渝江的语气中透露着些许不甘和无奈。

现年47岁的车渝江是重庆市市级非物质文化遗产巴渝木偶第四代传承人。2011年之前，车渝江曾在重庆巴渝木偶艺术团担任木偶演员和副团长等职。2011年木偶艺术团改制后，车渝江和他的同事调入了渝中区文化馆。

2017年是车渝江调入渝中区文化馆的第6个年头，目前他主要负责处理文化馆日常事务和组织群众文化活动等工作。

历史：凝聚2000年巴渝文化

巴渝木偶是长江上游唯一的木偶艺术，凝聚了巴渝人民智慧的艺术结晶。渝中区文化馆副研究员阿蛮研究发现，巴渝木偶艺术的起源可以追溯到汉唐时代。现陈列于重庆三峡博物馆的在重庆市江北区出土的汉代土俑，就是巴渝木偶舞台演出时用的。

---

[1] 选自郑板桥《板桥全集》，清代抄本《扬州风土词萃》，引自叶明生《中国傀儡戏史（古代、近现代卷）》，中国戏剧出版社2017年版，第340页。

据阿蛮介绍，唐宋时期，巴渝木偶已经有了由艺人操纵的歌舞戏演出形式，宋代到明清时期，巴渝木偶戏很流行，并逐步形成地方特色。巴渝木偶的表演内容、表演形式、木偶形象和表演技能无不体现巴渝地区的民俗习性，有着浓郁的巴渝特色。

巴渝木偶属于杖头木偶，传承于川东派系。1935年，四川遂宁木偶艺人罗青云带领永胜乐班来到重庆，在两江沿岸码头及市井演出，创作的木偶戏以传统川剧剧目为改编对象。

此后，永胜乐班又组成多个乡班，走遍西南各省，以庙会、茶馆、农村院坝、乡镇万年台为演出场地，为婚、丧、嫁、娶、寿诞等民间活动进行专场演出，也在春种秋收时节为庆祝丰收祈愿，逐渐形成具有巴渝民间文化特色的戏剧种类。

1953年，在时任重庆市委宣传部部长任白戈的指示下，重庆市文化局以永胜乐班为班底，吸纳了大批优秀木偶艺人，将永胜乐班更名为重庆新蜀木偶艺术团，纳入国家规范化管理，彭明俊和罗青云分别任团长和副团长。

改制后的新蜀木偶艺术团演员阵容强大、行当齐全、创作剧目丰富多样，曾先后为来自阿尔巴尼亚、保加利亚、英国、法国、意大利、德国、澳大利亚、日本等国的国际友人演出，获得了广泛的好评。巴渝木偶也因此成为重庆地方戏曲艺术的代表品牌之一，剧团的发展步入了正轨。

艺术团资料显示，罗青云的巴渝木偶艺术表演技艺炉火纯青，他的戏曲人物造型生动，动作潇洒，抖褶子、甩水袖、玩折扇、理飘带等动作均别具一格，表演的木偶穿衣、脱衣、戴帽、脱帽等绝技也令人叫绝。

20世纪60年代，新蜀木偶剧社的代表性剧目包括《槐荫记》《白蛇传》《过巴州》《双枪陆文龙》《三打白骨精》《别洞观景》等。一曲《三打白骨精》更是缔造了川东木偶界的辉煌。

转折：历史沿革下的求生之道

改革开放后，人们的思想开始转变，巴渝木偶作为一种传统文化的表现形式，也开始被人们遗忘。巴渝木偶的发展经历了从复苏到繁荣再到转型与探索的过程。

"70年代末，剧团试水市场化运作，陷入经济压力，从此一蹶不振。"巴渝木偶第五代传承人张复建说，由于木偶剧主要针对少儿群体，没有几个家长愿意花钱买票进剧院看戏，因此经济效益很低。

面对这个情况，时任新蜀木偶艺术团团长的李实际、罗荣升开始转变思维，提出"送戏上门"，放弃了将大众游艺园作为大本营，以大戏为主的演出模式，开始以板车为交通工具，送戏到幼儿园和小学校，送戏到乡镇和院坝。

进学校、入社区，剧团的艺人们每天马不停蹄地转战各地，一年演出430场。但如此高频率的演出并未给剧团带来良好的经济收入，剧团的门票收入和人工开支基本持平。

"当时剧团的收入很低，有一次我们去黔江演出，观众太少，没什么收入，演出结束后连回重庆的路费都没有，最后只能向剧团求助，剧团派人去接我们回来的。"巴渝木偶第四代传承人谢中华回忆说。

经济上的捉襟见肘导致剧团没有足够的资金研发新戏，只能吃老本，一个木偶反复使用。"基础设施越来越差、人员老化、经济困难……剧团陷入恶性循环，演员、制作者纷纷转行。"张复建说。

20世纪80年代是巴渝木偶传承和发展的困难期，人才流失和经费紧缺导致巴渝木偶的发展停滞不前，进而失去市场、陷入绝境。

20世纪90年代，车渝江等人通过招聘进入重庆木偶艺术团，师从唐政学习巴渝木偶制作和表演。新人的加入为巴渝木偶艺术的传承和发展注入了新的血液。1993年，剧团组织车渝江等人去北京，进入当时的北京市戏曲艺术学校系统学习木偶表演。

1995年，车渝江等人学成归来。1996年，剧团以车渝江等人为班底成立了青年演出队，以承包的方式外出巡演，自负盈亏，同时按1.6%的比例上交演出所得。"1995年回来后，剧团的正规工资是300多元，第二年实行承包制后的第一个月，我们就发了1300多元的工资，承包要赚钱得多。"车渝江说。

2005年，时任重庆木偶艺术团团长的谢中华开始思考将其他表演艺术的元素融入巴渝木偶的表演，形成一种创新。在谢中华的推动和车渝江等人的努力下，从2006年到2009年，木偶艺术团先后借鉴川剧等表演艺术，推出了变脸、美人鱼、吐火和长绸舞等剧目。

2008年，渝中区文化馆将巴渝木偶列入渝中区非物质文化遗产名录。2009年，巴渝木偶被列入重庆市第二批市级非物质文化遗产名录。

成功入选市级非物质文化遗产名录让木偶艺人们看见了复兴巴渝木偶的曙光。但好景不长，2011年因体制改革，重庆木偶艺术团正式解散，以谢中华为代表的老一批木偶艺人选择退休，以车渝江为代表的中生代木偶艺人则悉数转入渝中区文化馆工作。

巴渝木偶的传承和发展再一次陷入了困境。

困境：岁月消磨下雄心不再

2011年重庆木偶艺术团改制后，老一批的木偶艺人都选择退休在家，调入文化馆工作的中生代木偶艺人们，也都没有继续从事木偶制作和表演。"现在没有人愿意做这个了，也没有人愿意学了。"车渝江无奈地说，"艺术团都解散了，还怎么传承嘛？要钱没钱，要人更没有人。"

传承至今，从事巴渝木偶的人已屈指可数，木偶表演和制作濒临失传。"我曾经做过一个猪八戒，发火时，它的眉毛能竖立起来，眼珠子能滴溜溜地转；开心时，耳朵能一上一下地扇动，帽子、肚子都能动；见到美食时，猪八戒的鼻子还能向上拱动，咂巴嘴。最绝的是这些机关通通都设计在一只手上操作！"张永仙说。

2013年10月，渝中区文化馆推出的巴渝木偶剧《杀出重围》在文化部主办、重庆文化委承办的第十七届群星奖大赛中斩获金奖，该奖项也是重庆地区唯一一个戏曲类金奖。"《杀出重围》中虞姬握剑的手就是我一个关节一个关节改良的。"谈及过往，骄傲的神情浮现在张永仙脸上。

现在，他非常担忧巴渝木偶的传承问题。《杀出重围》虽然获得了金奖，但表演中所用的木偶是从扬州木偶艺术团买进的，并非重庆的木偶艺人自己制作的。"现在一个学艺的徒弟都没有，万一哪天我撒手而去，这一身的技艺怎么办，眼睁睁地看着它消失吗？"

2011年，车渝江、叶莉莉和欧阳秋等人刚调入文化馆工作时，曾和上级领导提议成立一个部门，专门负责巴渝木偶的保护和传承，但随着文化馆主管领导的更换，这个提议也就不了了之。

"这么多年过去了，我们的平台也没有了，传承起来就更难了。"车渝江说。

2013年，渝中区文化馆曾和重庆市人民路小学达成协议，在学校开设巴渝木偶兴趣班。"我最开始去讲学的时候，发现几个孩子还不错，有一定的天分，但后来合作终止，我也就没再和那几个孩子联系了，平台没有了，很多事情做起来很烦琐。"

后来，也曾有民间组织联系过车渝江，洽谈巴渝木偶的传承问题。但因为人员问题也不了了之。车渝江也曾考虑过召集已经退休在家的老艺人们，但考虑到事情的烦琐程度，便打消了这个念头。

"到文化馆工作6年了,那股子激情早就被磨灭了,加上文化馆的工作很烦琐,经常要准备接待领导下来检查,没有时间和精力去思考这个问题。"车渝江说,他也不知道将来会不会再从事巴渝木偶保护和传承相关的工作,"也许我退休了会继续做吧,但是,究竟会怎样,谁知道呢。"

文/尘沙
编辑/尘沙

(原文2017年11月8日刊载于"非遗保护"微信公众号)

8. 川剧

[非遗档案]

类别：传统戏剧

级别：国家级非物质文化遗产代表性项目名录

所属地区：重庆市、四川省

收录时间：2006（第一批）[1]

简介：川剧流行于四川省、重庆市及云南、贵州的部分地区，是中国西南部影响最大的地方剧种。它主要有高腔、胡琴、弹戏、昆曲、灯调五种声腔，是明末清初以来中国戏曲声腔剧种演变历史的一个缩影。川剧具有巴蜀文化、艺术、历史、民俗等方面的研究和认知价值，在中国戏曲史及巴蜀文化发展史上具有十分独特的地位。

传承人名录：

国家级代表性传承人（重庆市）：许倩云、周继培、高凤莲、沈铁梅、夏庭光、陈安业

省级代表性传承人（重庆市）：余果冰、李奎光、胥明贵、王德云、刘树德、罗吉龙、宋天伟、许咏明、杨才胜、代彩萍、谢正新、尹有贵、熊平安、张建平、吴子健、黄荣华

国家级代表性传承人（四川省）：肖德美、徐寿年、任庭芳、晓艇、陈巧茹、陈智林、余开源、魏益鑫

省级代表性传承人（四川省）：许明耻、李笑非、杨昌林、刘芸、蓝光临、孙普协、左清飞、王成康、杨先才、段蔚、王开华、刘五元

---

[1] 资料来源：www.ihchina.cn/project_details/12451/，最后浏览时间：2021-07-13。

川剧剧照 | 尘沙

川剧精卒戏 巴山夜语时（节选）

一锣威陈高腔吭
二度梅绽锦艺呈
三步悲跄衫指颤
四厢剧迷醉蜀韵

五指捻花莲步升
六角七丁打唱荤
八面玲珑九五尊
十足过瘾暗附哼

——（现代）听云倾诉[1]

---

[1] 选自中国诗歌网，资料来源：https://www.zgshige.com/c/2020-01-16/11853063.shtml，最后浏览时间：2021-07-14。

8. 川剧

百年发展中三起三落，它将巴渝文化传向世界

川剧，又称川戏，是融汇高腔、昆曲、胡琴（即皮黄）、弹戏（即梆子）和四川民间灯戏五种声腔艺术而成的传统剧种，主要流行于我国西南地区川渝云贵四省市的汉族地区。

从20世纪七八十年代到21世纪初，"振兴川剧"的口号从未消减，人才流失、新剧乏力、名角稀缺等问题层出不穷。2006年，川剧被列入第一批国家级非物质文化遗产名录，在国家的高度重视与川剧艺人的努力下，川剧迎来了新的发展时期。

川剧诞生于20世纪初，在过去的一百余年中，川剧的发展三起三落。

"我们那时候出去演戏，都不需要做广告，就用白纸写上我们什么时间在什么地方演什么戏，晚上就会有人来看。"谈及20世纪80年代川剧的发展，重庆市川剧院导演、演员胡瑜斌很是自豪。

然而，2016年，在川剧的发源地四川，2万名参加艺考的考生中只有16人报考了川剧专业。经历了20世纪80年代的鼎盛期，在市场经济和多元文化的冲击下，川剧遭遇寒冬。

鼎盛：川剧的黄金时代

在川剧的发展史上，一共有两次高峰。一次是20世纪50年代，一次是20世纪80年代。

1951年，中央人民政府政务院（现国务院）发布了《关于戏曲改革工作的指示》（以下简称《指示》），对戏剧改革进行统一部署，川剧获得了生机。

《指示》对戏曲改革发展的要求主要体现在"改人、改制、改戏"三方面。曾担任四川省文化事业管理局副局长的彭长登在其回忆录中写道："那个时代可以说是'第一次振兴川剧'。"

通过50年代初的改革，川剧获得了新的生机，进入了"百花齐放，推陈出新"的生长环境。周企何、陈书舫和许倩芸等艺术家走出国门，将川剧带到了世界各地，《柳荫记》和《彩楼记》等优秀剧目在全国多次获奖，川剧表演团体纳入国家化、规范化管理。

但好景不长，1966 年"文革"爆发，川剧发展的第一个黄金时代结束。在"十年浩劫"的腥风血雨中，百花凋零，剧团解体、艺人解散成为一种普遍的社会现实。

50 年代，四川全省共有川剧团三百余个，"十年浩劫"期间，保留下来的川剧团不到十个。仅存的几个川剧剧团，也不得不演出为数不多的"京剧样板戏"。

"文革"结束，川剧迎来发展的转折点。

"这么好的戏，可以向群众演出嘛！"在川剧的转折发展中，邓小平指示起到了重要作用。

1978 年年初，邓小平在成都观看了传统川剧折子戏后指示，优秀传统戏应当演出，全国各地被禁的传统戏曲得以解禁。"戏曲的大门就此打开，那时候都可以演帝王将相了，以前只能演样板戏。"胡瑜斌说。

1982 年，中共四川省委发出了"振兴川剧"的号召，提出并实施了"振兴川剧领导小组"和建设"教育、演出、研究"三个基地的设想。振兴川剧被纳入四川各级党政部门的议事日程，各部门展开了有组织、有计划、有措施的综合治理。

川剧的发展迎来了第二个黄金时代。"80 年代出了不少好的演员和好的剧作家，沈铁梅、田曼莎和我都是从 80 年代走过来的。"胡瑜斌说。

据胡瑜斌介绍，那时候重庆市川剧团每年演出场次在 900 场左右。"那会儿人们的选择还不像现在这么多，我们去乡下演出的时候，有人把家里的鸡拿去卖了买票看戏。"

1978 年改革开放后，四川省川剧团和重庆市川剧团等川剧团先后迈出国门，远赴欧洲、北美、南亚等地区演出，足迹踏遍了德国、荷兰、捷克斯洛伐克、法国、瑞士、美国、日本和新加坡等。

胡瑜斌的团队曾到泰国为国王演出，泰国国王在皇宫设宴招待他们。"这就是川剧的魅力为我们搭建的友谊桥梁。"说起当年去泰国演出的经历，胡瑜斌有些激动。

忧伤：川剧何时走出彷徨？

在成都宽窄巷子里，演员在台上卖力地表演着川剧绝活儿变脸和吐火，台下观众喝彩声、掌声混成一片，延绵不断。

川剧变脸源于 20 世纪 30 年代，后逐渐发展成为川剧的绝活之一，深受广大观众喜爱。吐火是川剧的神秘绝学,源于古西蜀,它和变脸一样,是川剧中最精彩的表演之一。

但随着人们生活节奏加快,快餐文化兴起,变脸和吐火逐渐被很多人当作了川剧的全部。提及川剧,人们首先想到的便是变脸和吐火。

在胡瑜斌看来,变脸和吐火非常吸引眼球,它们的火爆是社会发展大环境所致。"川剧语言很多地方都需要唱,听懂川剧需要时间,需要走进剧场慢慢培养。"

在被业界誉为"巴蜀第一小生"的佘开元看来,变脸和吐火只是川剧"大道走路""软索套壶"和"魔烛(灭烛复燃)"等上千个表演技巧的一小部分,是刻画人物的方式,不应喧宾夺主成为川剧的全部。

变脸和吐火的火爆会阻碍川剧的整体发展吗?胡瑜斌认为,对于变脸和吐火,不要褒奖,也不要贬低,要正常发展。"我自己也在表演变脸,我觉得只要人们喜欢变脸和吐火,他们也可以通过这些走进剧院。但演员自己也要有良心,要知道什么该传,什么不该传。"

"宽窄巷子里奋力表演变脸、吐火的都是我的徒子徒孙,我知道他们要养家糊口,但看着实在难受。"佘开元曾在接受媒体采访时说,"但是,冲淡了剧情的变脸,还是原来的川剧吗?"

"我暂时不会再传绝活给学生了。"佘开元表示,以后肯定还是要传,但他想等待川剧走出彷徨,等待文艺界褪去功利与浮躁,等待更好的中国传统文化发展环境。

"现在很多旅游景点专门把各个剧种的绝活拿出来组成一场表演,这很不好。"胡瑜斌说。

传承:多管齐下远名扬

1985年,时年20岁的沈铁梅从四川省川剧学校毕业,同年加入重庆市川剧院青年集训队。1986年,沈铁梅拜入川剧名家竞华门下。2001年,沈铁梅被任命为重庆市川剧院院长,重庆市川剧院的发展进入"铁梅时代"。

在胡瑜斌看来,从沈铁梅担任院长开始,重庆市川剧的知名度上了一个新的台阶。"她自身水平很高,这个团队又很好,她就把这个团队带到了国家级的水平。"

"沈院长对自己、对别人要求都很严格,很多时候她都在现场亲自排练,亲自纠正。"重庆市川剧博物馆办公室负责人说,沈铁梅担任重庆市川剧院院长后，川剧院的艺术质量和艺术管理都有了很大的提高。

据该负责人介绍，重庆市川剧院的管理曾一度很混乱。"以前排练时，轮到哪个演员上场了，要到处叫人。现在不一样了，管理制度更完善了，演员的自觉性也更高了。"

2016年，渝新欧铁路开通五周年之际，重庆市川剧院的演员携新编川剧《李亚仙》踏上了这趟发往欧洲大陆的火车，前往匈牙利和罗马尼亚交流演出。

2007年，沈铁梅曾凭《李亚仙》在第二十五届中国戏剧梅花奖颁奖礼上"梅开三度"拿下梅花终身成就奖。

此次出国演出是《李亚仙》问世九年来第一次踏出国门。沈铁梅认为，这次交流演出首次将川剧艺术之美整体呈现给了国外观众，具有里程碑式的意义。

"我们出国演出的时候，考虑到国外观众的需求，在保持川剧特色的前提下对剧本做了修改。出国演出时，《金子》的剧本改了11稿，《李亚仙》的剧本也改了3次。"川剧博物馆办公室负责人说。

川剧团出国交流演出时，演员的口头表达还是用汉语。"语言需要通过手和表演去传达，我们演出时给出的字幕下边有简短的介绍，虽然国外观众不能完全了解，但是通过眼神和表情，他们也能够大概明白这是什么意思。"胡瑜斌认为。

除了对出国演出的剧本进行改编，川剧团还根据年轻观众的喜好，对以前的剧本进行了改编或者重新创作。"更喜欢第二个《宫会》，觉得趣味性比较强，笑点比较多，而且适合我们大学生，第一个相对古板一点。"四川外国语大学2017级何渝缘对"非遗保护"说。

2014年6月，重庆市川剧院和重庆文化艺术职业学校达成联合招生合作协议，定向招收川剧专业学生。学生毕业后，可直接到重庆市川剧院工作。此外，川剧院还和国家艺术基金达成合作，从高校戏曲专业的学生中专门招收了20名学生来学习《金子》。

对于川剧的传承，胡瑜斌表示，川剧的传承不能只落在享受国家待遇的传承人身上，应该落在每一位川剧从业者身上。"老带少，这是最广泛的传承方式，每个人都有传承的义务和责任。"

撰稿/尘沙、林川

编辑/林川

审稿/杨圣

（原文2017年12月20日刊载于"非遗保护"微信公众号）

9. 走马镇民间故事

[非遗档案]

类别：民间文学
级别：国家级非物质文化遗产代表性项目名录
所属地区：重庆市
收录时间：2006（第一批）[1]
简介：走马镇是重庆市九龙坡区的一个镇子，这里流传着一种由以"走马"（赶马）为职业的人群口头创作并传承的民间故事，人们通常将其称作"走马故事"。走马故事除了包括民间传说故事的一般类型，如神话仙话、民俗传说等，还蕴藏着其他独特的文化信息，诸如巴人图腾龙蛇的传说等。因此，走马故事又是古代巴文化的重要遗存。
传承人名录：
国家级代表性传承人：吴文、刘远扬、魏显德
市级代表性传承人：陈富其、朱伟

刘远扬在茶馆讲故事[2] | 杨圣

---

[1] 资料来源：中国非物质文化遗产网，http://www.ihchina.cn/Article/Index/detail?id=12215，最后浏览时间：2021-07-13。

[2] 照片拍摄于2018年5月，刘远扬已于2020年12月去世，享年82岁。

《重庆火锅的来历》

　　从前,有一个八府巡按来重庆查案,无奈生病后久治不愈,有一天觉得发闷便去街头散心。他走着走着便闻到一股香味,胃口一下子就打开了。他循着味道前去,看到一群乞丐将各自讨回的剩菜剩饭倒在一个鼎锅里面一起煮着吃。回到府中,他便要求厨师照着给他做,厨师不知道做法,只好先去街头观察,然后回来照着样子煮了一锅,并放上各种香料。巡按尝了一口非常满意。从此之后,这种吃法越来越广,逐渐形成了今天的火锅。

——讲述人:文光友
搜集整理人:艾一苇[1]

民间故事话走马,雅俗共赏谈古今

　　走马镇位于重庆市九龙坡区,西接璧山,南临江津,有"一脚踏三县"之称,是重庆西进四川的必经之路。南来北往的客商和靠"走马"为生的人在走马镇落脚歇息,久而久之,各种民间故事便在走马镇流传开来。

　　走马镇民间故事的起源无从稽考,但走马镇兴起于明末清初,走马镇民间故事的发展应与其同步。2006年,国务院公布第一批国家级非物质文化遗产名录,走马镇民间故事名列其中。

　　在走马古镇,有一座关武庙。每月逢"八"的日子,走马镇民间故事国家级传承人刘远扬便会来到关武庙的阁楼,讲走马镇民间故事。每月逢"五"的日子,他则在镇上的张大槐茶馆讲故事。

　　早上9点,张大槐茶馆便坐满了前来喝茶的客人,老板正拎着水壶到处给客人添茶水。"他讲他的故事,我喝我的茶,有几个人想听嘛?要不是有钱赚,也没有哪个愿意讲!"其中一位老人说道。

　　上午10点,已经80岁高龄的刘远扬来到茶馆。"民间故事话走马,雅俗共赏谈古今。"啪!刘远扬将手中的镇尺拍下,端起桌上的盖碗茶抿了一小口,清了清嗓子,准备开始讲故事。台下的客人依旧自顾自地喝着茶。

拥有四块"国字招牌"的小镇

　　走马镇位于一个山冈上,山冈形似奔马,因此又名走马岗。走马镇最初

---

[1] 资料来源:非遗保护,https://mp.weixin.qq.com/s/vBmtpw6CmqyylupmIzfgTg,最后浏览时间:2021-07-14。

是成渝古道上的一个重要驿站，在明代中叶形成集市，后进一步发展成为一个场镇。

南来北往的客商在驿站相互讲述异地的见闻，久而久之，大量的民间故事便在走马镇积淀下来，走马镇民间故事因此得名。

在走马镇民间故事的保护和发展中，走马镇起着至关重要的作用。走马镇也因为走马镇民间故事获得了四块"国字招牌"。

1992年，走马镇工农村被命名为"中国民间故事村"。2006年，国务院公布第一批国家级非物质文化遗产名录，走马镇民间故事名列其中。2008年，走马镇被命名为"国家级历史文化古镇"。2010年，中国曲艺家协会授予走马镇"中国曲艺之乡"。

放眼全国，一座古镇同时拥有四块"国字招牌"的情况也实属罕见。1990年，走马镇还曾被重庆市文化局命名为"民间文学之乡"。

然而，拥有四块"国字招牌"的走马镇也没能逃脱时代发展浪潮的冲击。孕育了众多民间故事的"中国民间故事村"——工农村被规划为经济发展对象，村里的居民几乎全部搬迁。村子里古老的土坯房拆了，上百年的古树倒了，常驻此地的"故事大王"们也搬走了，"中国民间故事村"消失了。

工农村的消失是走马镇民间故事保护和发展的一个缩影。随着时代发展，人们的生活方式和欣赏水平发生了很大变化，除了一些上了年纪的老人对传统民间故事还有些许喜爱，年轻人对传统民间故事基本无感。

"年轻人是传承的希望"

上午11点左右，刘远扬讲完了今天要讲的三则故事。主持人接过刘远扬手中的话筒，提高嗓门说道："请我们用掌声感谢刘远扬先生！"台下满座寂静，无人理会主持人的提议。对于这样的场景，刘远扬似乎已经习惯了，仍然面带微笑地和大家告别。

刘远扬独自居住在一间旧病房改造的屋子里，屋子被简单地隔开，一间是卧室，一间是厨房。刘远扬的妻子早些年已经去世，孩子们都已经外出务工。"进来嘛，没关系，我去拿凳子。"

事实上，20世纪80年代，走马镇民间故事的保护和传承工作就已经开始。据重庆市非遗保护中心统计数据显示，80年代，重庆市文化部门在编纂"民间文学三套集成"时，采录到民间故事10915则，实际完成记录民间故事9714则、民间歌谣3000余首、谚语4000余条，歇后语、俗语等4000余条。

虽然保护和传承工作开始得早，但走马镇民间故事依旧没能免遭时代发展浪潮的冲击。随着社会文化环境的变迁和传承人的老去，走马镇民间故事的保护和传承工作也陷入窘境。

2006年被列入国家级非物质文化遗产名录时，走马镇民间故事共有两位国家级传承人，一位是刘远扬，另一位是"走马故事大王"魏显德。2009年4月，魏显德因病去世，刘远扬成了走马民间故事唯一的国家级传承人。此外，走马镇民间故事还有三位市级传承人，分别是朱伟、吴文和陈富其。

据刘远扬介绍，大小活动的安排和传承人的工资分配，甚至传承人收谁做徒弟，都是政府部门在负责管理。"按理说，我们是传承人，对于传承工作，我们就应该有一定的话语权。"刘远扬表示。

近年来，为了更好地保护和传承走马镇民间故事，重庆市各级文化部门采取了出版图书、举办比赛挖掘民间故事讲唱人等一系列措施，宣传推广走马镇民间故事，培养传承人。

2013年年底，《走马镇民间故事集》丛书出版面世。据了解，丛书共5册（配光盘），全套丛书共310万字，收录了1600余则走马镇民间故事，内容包括风物传说、动植物传说、民俗传说、生活故事等类别的故事。

"民间文化讲究的是师徒相承，师傅身口相传，如此代代延续。"刘远扬说。近年来，政府通过组织"走马民间故事讲述技艺大赛"等方式，吸收了大批青年群体加入民间故事的传承队伍，"年轻人的活力无疑是民间文艺的希望。"目前，走马镇已经组建了300多人的民间故事讲唱团队。

小小故事讲述员

走马小学位于走马镇中心街区，教学楼中间三棵参天的黄葛树荫庇了整个校园。学校的走廊里裱满了根据走马镇民间故事绘成的漫画，也张贴了走马镇民间故事的传承人及其生平简介，主教学楼的墙壁上悬挂着"让民间文化润泽学生心田"几个大字。

据走马镇民间故事市级传承人、走马小学民间文化特色办公室主任朱伟介绍，早在2000年，走马镇民间故事便被引入走马小学的教学课程中，学生使用的教材便叫《黄葛树下是我家》，仿佛在重庆，有黄葛树的地方，就有故事。

"我们就是要让走马镇民间故事在小朋友的心里扎根，让他们意识到自己都是故事的讲述者和传承人。"朱伟老师认为，民间文学的根植应该从幼年起步。

据朱伟介绍，走马小学每周专门有一堂课给学生学习民间故事、歌谣或谚语。"要从小培养孩子们的文化认同感,让走马镇民间故事文化在他们心中扎根。这样即使他们以后不从事讲故事,也不会忘记自己家乡的传统文化。"朱伟表示。

"这几年,我们小学的师生已经收集民间故事2800多个,民间歌谣2900多首,民间谚语3200多条。"朱伟从身后的书柜中找出几本《走马民间文学精选》,递给"非遗保护"。

除了带领学生们收集走马镇民间故事,将其整理成书并设置课程供学生们学习民间故事,走马小学还成立了小小故事讲述团体。但迫于升学压力,高年级的学生都不会再上故事课,也不会再讲故事。"很多家长觉得,讲故事没什么出路,我们也只能尊重家长的意愿。"

创新和保持传统的博弈

"我讲的都是一些有教育意义的故事,不像其他传承人那样,为了讲故事而讲故事。"刘远扬坦言,虽然自己也会创作一些故事,但数量不多,"主要还是讲老一辈流传下来的寓意丰富的老故事。"

"每天讲的都是那些,哪个听嘛?"在茶馆喝茶的老人接受"非遗保护"采访时表示,故事缺乏趣味性是他们不喜欢听的主要原因。

在刘远扬看来,创新存在着使故事失去教育意义和内涵,成为仅仅可以令人发笑的言子的风险。"但是观众往往就喜欢那种笑话,偏偏觉得我这个没意思。"老一辈流传下来的故事不受观众的喜爱,这让刘远扬感到有些无奈。

"现在经常去茶馆喝茶聊天的都是本地的居民,本地人对这些故事早就'听烦'了,外地游客太少导致走马民间故事很难走出去。"刘远扬表示,一成不变的故事也是本地居民不喜欢听的原因之一。

事实上,如何平衡创新和保证传统文化的原汁原味,一直困扰着走马镇民间故事等传统文学的保护和发展。

对此,中央民族大学教授林继富接受媒体采访时曾表示,新故事讲述的内容更多是关注当下,具有较强的时代特点,因此产生得比较快,但同时消失得也会比较快,相比流传了千百年的传统民间故事而言,在人文含量方面有一定的差距,较难得到广泛传承,故事内容还需要沉淀。

在林继富看来,对民间故事的保护应该转换思路,讲故事并非保护和传承传统民间故事的唯一形式,"利用民间故事的内容对其进行新的艺术表达,从而形成其现代价值的转化,如改编成电影、动漫等,这类保护方式也应该被推行和提倡。"

"走马民间故事在当下应与现代艺术元素相融合,才能走得更远。"走马镇民间故事保有会会长刘万能表示,让民间故事走向大众,必须具备可听性和可看性。

2014年6月1日,重庆工商职业学院传媒艺术学院和重庆巨磊影视传媒有限公司合作推出了三维系列动画《走马民间故事》,该动画片在中央电视台少儿频道与全国观众见面,每集10分钟,共104集。

动画片总导演刘高接受媒体采访时曾表示,为了更适合儿童观看,该动画在创作过程中舍弃了鬼神传说部分,同时在讲述上进行了不少加工,增强了贴近性。

"走马故事传承面临严重危机,现在很少有人愿意坐下来听书了。小朋友都喜欢看动画片,相信用老故事与新媒体结合的手段,能让我们的后代接受并理解这一文化遗产。"重庆工商职业学院传媒艺术学院院长陈丹表示。

撰稿/尘沙、李宁
编辑/李宁
审稿/鱼小姐

(原文2018年3月25日刊载于"非遗保护"微信公众号)

10. 车灯

[非遗档案]

类别：曲艺
级别：国家级非物质文化遗产代表性项目名录
所属地区：重庆市
收录时间：2008（第二批）[1]
简介：车灯又称"车幺妹""幺妹灯""划旱船"和"逗幺妹"等，兴于明末清初，演变过程中吸收了民间小调的因素而发展成形，至今已有三百多年的历史，在成渝两地和西南汉族地区流布甚广。车灯以四川方言演唱，以"四叶瓦"竹板和二胡等乐器伴奏，用以演唱人物故事，称为"车灯调"。在演唱基础上，车灯逐渐发展为一种系统的舞台表演，以出场、亮相、台步、身段等程式化动作来配合唱腔，演绎情节。

传承人名录：
国家级代表性传承人：黄吉森、谭柏树
市级代表性传承人：彭晖、周传勋

谭柏树翻阅整理的资料 ｜ 杨圣

---

[1] 资料来源：中国非物质文化遗产网，http://www.ihchina.cn/Article/Index/detail?id=13731，最后浏览时间：2021-07-13。

> 车车灯，一男子作妇女装，乘假车步行，口唱词曲。
> ——（清）傅崇矩❶

走进车灯 | 从人人传唱到无人问津，它经历了这些

车灯，又称"车幺妹"和"划旱船"，最开始以"车车灯"的形式流行于民间，至今约有三百多年历史。它主要在元宵节、春节等节日庆典中出现，凝聚着巴渝人民艺术创作的结晶，体现了巴渝地区独有的文化个性。

20世纪70年代开始，车灯的发展由盛转衰。2008年，车灯被列入第二批国家级非物质文化遗产，车灯的发展一度迎来了转折。近年来，虽然曲艺团加大对车灯的保护和发展，但车灯的现状和未来仍面临诸多困境。

1979年改革开放和1994年中国接入国际互联网后，外来文化开始进入中国并流传开来。这增加了我国的文化多元性，同时改变了我国原来的文化生态，给我国传统文化的生存和发展带来了挑战。

"曲艺不景气的因素有很多，但是最大问题是文化生态出现了危机。"中国艺术研究院申文表示。2010年，申文受曲艺团团长王毅的邀请，对车灯进行了近两年的田野考察。

在她看来，改革开放后，车灯的文化生态环境逐渐萎缩。在嘻哈、街舞、偶像等现代流行文化的冲击下，车灯等传统曲艺面临着受众减少和人才流失问题，在年轻群体中的生存空间不断被挤压。

经过历史长河的大浪淘沙，曲艺已经成为中国优秀的传统文化。车灯作为巴渝地区的特色曲艺，如何才能摆脱不景气的局面，成了摆在曲艺团和传承人面前的一道难题。

历史：车灯的前世

车灯又被称为"车幺妹""划旱船"和"逗么妹"，其前身是车车灯。清代学者傅崇矩在其著作《成都通览》中对车灯有过记载，"车车灯，一男子作妇女装，乘假车步行，口唱词曲。"

古语有云："尚九出灯。"车车灯起源于元宵节民间灯舞歌会，它的形成与北方传统的民间歌舞"旱船"和"跑驴"具有渊源关系。在车灯国家级传

---

❶ 傅崇矩：《成都通览》，引自林永匡《民国城镇文化通史》，杭州出版社2017年版，第286页。

承人谭柏树看来，车车灯是巴渝劳动人民创造的艺术形式，具有相当的艺术风采。

车车灯的表演一般是由三个人组成：一男性扮演"幺妹"，在纸扎彩车中活动，其余两人在左右推车，其中一人通常手摇纸扇逗引观众，一边挥扇舞蹈，一边吟唱，彩车会随之表演下坎、歪车等动作。在巴渝某些地区，车车灯所用的"彩车"道具是"彩扎的旱船"。

宋明时期，随着城市的发展，市民阶层逐渐成为社会的重要阶层。为了迎合市民的需求，一些仅流传于村落的说唱艺术纷纷涌入城市，时兴的民间小曲——"时调小曲"开始流行。

同一时期，湖北、江西等10余个省份的移民将"时调小曲"带到了巴渝地区。为了生存，当时巴渝地区的曲艺艺人将"时调小曲"融入了车车灯，并将车车灯的演出形式由以歌舞为主转向以说唱为主，使其开始接近于戏曲。车车灯的群体表演形式则演化为一人或两三个人游街串巷式的表演，唱词更符合市民的口味。

重庆域内河流众多，水运发达。清朝，重庆开始成为长江水路枢纽，水运的发达带来了码头文化的兴盛，会馆的戏台和茶馆成为民间艺人常去的地方。

会馆由移民重庆的外省人创办，目的在于联络同乡感情和促进商业合作。会馆会定期举行各种表演，这给曲艺艺人提供了养家糊口的场所。"当时的码头非常热闹，会馆之间都会相互攀比，车车灯等民间曲艺常在这些地方表演，商家鼓励这种形式。"车灯国家级代表性传承人谭柏树笑着说，"商家老板经常会有赏钱，唱得热闹了，老板就打赏了。"

除了会馆，茶馆也是曲艺艺人养家糊口的重要场所。由于重庆夏季气候湿热，来来往往的商人和工人便常去茶馆歇脚。薛新李主编的《重庆文化史》中提到，"大大小小的茶馆都有民间艺人登台献艺，茶馆里民间艺人的演出便成了招牌"。

诞生：车灯成为曲艺

1949年新中国成立后，在中国共产党"百花齐放，推陈出新"的文艺方针政策指引下，重庆曲艺翻开了新的篇章，车灯的发展迎来了黄金期。

针对民间曲艺艺人流散卖艺的现状，当时重庆曲艺界专门成立了戏曲曲艺改革工会，不久又成立了重庆市曲艺演唱生产组，对曲艺艺人进行统一管理，并对演唱内容进行审查和改良。

在车灯的发展历史中，艺人唐心林功不可没。解放前，唐心林常年在会馆和茶馆唱车灯调、清音和金钱板。1951年，唐心林加入了重庆市曲艺生产组，开始尝试从演出形式和音乐调式上对车灯调进行改革。

在演出形式上，唐心林去掉了民间车车灯表演中彩船和彩车等装饰，率先将站着唱的车灯调发展成了能歌善舞的单人表演唱。此外，唐心林还在车灯中加入了川剧等戏曲中的身段动作，为车灯摸索出了一套基本的表演程式，包括出场、亮相、定型、圆场和台步。

在曲目创作上，他提倡"说新唱新"，紧扣时代和人民话题，《想台湾》《解放十年唱重庆》等曲目受到了众多曲艺爱好者和观众的追捧。

在音乐上，唐心林为了增强曲目的节奏，加入了四叶瓦（又名"车灯板"）、锣鼓、二胡、扬琴等乐器，使得车灯的表演形式更饱满。四块板可以通过不同的打法来刻画人物复杂的内心世界。

在唱腔上，唐心林强调字正腔圆，因为他本人会唱清音和川剧，所以在车灯的唱腔上借鉴了这些曲艺的唱腔艺术。

1958年的四川省首届曲艺会演中，唐心林改编的《歌唱重庆大跃进》被正式命名为"四川车灯"。自此，车灯从在街头巷尾表演的民间艺术转变为舞台上的曲艺。

"当时重庆的工人、农民和解放军战士都会唱车灯，为此文化宫还举办了三期车灯工农兵学习班，我和黄吉森都承担过教学任务。"谭柏树笑着说。

转折：车灯走向衰落

"文革"期间，车灯的发展开始走下坡路。谭柏树回忆，"当时唐老师不唱了，我们也很少有机会唱，观众也没有兴趣听。"

1976年"文革"结束后，重庆曲艺团的工作逐渐恢复正常，谭柏树等车灯演员又重新站上了舞台。1979年，中国开始实行改革开放，外来文化和市场经济的冲击使车灯的发展逐渐走向低谷。"当时身边很多曲艺演员忙着转行，年轻演员也很少愿意学。"

到了20世纪末，车灯这一曲艺几乎消失在大众的视野，原来工农兵人人唱车灯的热闹光景已经不再。谭柏树不由得感慨，他和黄吉森一起培养了几批车灯演员，有的还没学出来就转行了，能真正学出来的很少，当时年轻演员的待遇也不是很好，人才一直处于断档状态。

从 2002 年开始，重庆市曲艺团和重庆市艺术研究所展开合作，组织已退休的谭柏树和黄吉森对车灯的部分经典剧目进行抢救性录音、录像，并对民间车灯表演的影像资料进行搜集。

此外，重庆市曲艺团还从青年演员中选出六人，由车灯国家级传承人谭柏树、黄吉森和清音国家级传承人李静明进行车灯艺术的重点培训。

近些年，曲艺团在三下乡演出中特意安排了车灯节目，在厂矿企业的包场演出中将车灯送到基层，并在现代观众审美的需求上创作了"说重庆，唱重庆"和"激情重庆"这类主题的车灯新曲目。

2003 年政府开始试水文化体制改革，尝试转变政府职能、建立文化市场体系。2006 年，重庆被列入新一批文化体制改革试点，重庆的文化发展迎来了新的里程。

2008 年，车灯被列入第二批国家级非物质文化遗产，政府和曲艺团对于车灯的保护和抢救力度加大。

2010 年，重庆市人民政府出资组建重庆演艺集团（以下简称"演艺集团"），演艺集团旗下拥有多家企业和剧院。同年，重庆市曲艺团顺应文化体制改革的需要，成为演艺集团的全资子公司，更名为重庆市曲艺团有限责任公司，开始市场化运营。

市场化运营后，重庆市曲艺团资金、演员、舞台等方面得到了更为充实的保障，车灯演出的环境逐步改善，但车灯的发展却仍旧不太景气。

对此，谭柏树表示，平台大了，当初用心培训的车灯演员都奔向了更高的平台，不再从事车灯的表演。"多数年轻演员认为车灯只是一个小曲艺，又费工夫，比不上清音和扬琴，所以也转行了。"

"现在，曲艺团车灯的表演已经成为群体性表演，虽然有的节目表演得还可以，但是演员的个人能力一般，没有单独表演的能力。"谈及车灯的发展现状，黄吉森感慨道。

困境：传统和现代的冲撞

改革开放以来，外来文化和中国新生亚文化不断兴起，传统文化不断遭受现代文明的冲击。

新中国成立之初，人们的娱乐活动方式相对单一，电视、电影还未得到普及，看戏听曲是广大民众最熟悉的文化娱乐活动。当时中国还未实行改革开放，传统文化的生存环境还未遭到其他文化的冲击。

如今，泛娱乐化成为社会的普遍现象，人们可选择的娱乐文化活动太多。反观现在的曲艺文化表演，虽有多项保护政策和措施出台，却仍收效甚微。"现在愿意看车灯表演的观众越来越少，没有什么固定的观众，很多年轻人都已经不了解车灯了，观众断档从'文革'时期就已经开始。"谭柏树表示。

谭柏树对曲艺团现在的公司化运营存有意见，他认为车灯这种曲艺不是商品，市场化后表演质量逐年下降，车灯应该向社会负责，不是经济可以解决的问题就不应该用经济解决。

在曲艺团看来，曲艺与市场接轨是必然的，也是曲艺持续发展的正确选择。车灯的生存和发展离不开市场，在追求最大社会效益的同时，车灯的表演也要满足市场的需求。

在车灯的传承和表演上，老一代传承人和年轻一代演员之间也存在观念上的冲突。"现在搞艺术最没有保障，说实话，能找钱，学生们肯定愿意学，除此之外就没有了。"谭柏树摊开双手，语气中满是无奈。

谈到现在学习曲艺的年轻演员，黄吉森摇了摇头。"以前我们学艺时，都是求着师傅去学，师傅还不一定愿意教。"黄吉森无奈地说，"现在的车灯演员，我们都是主动提出教他们，他们都还没有时间，不肯在车灯上多下功夫。"

五六十年代，在唐心林的教导下，谭柏树和他的师兄弟不仅学会了表演车灯、金钱板等多种曲艺，而且学会了创作剧本、编曲和排练节目。"过去我们学艺时，都是向唐心林看齐，即便现在还是认为自己不如师傅。"黄吉森回忆说。

在谭柏树看来，现在学习车灯的年轻演员沉不下心来，职称和待遇上去了，但在车灯表演上对自己要求比较低。"来来回回培训了不少学生，但是走的走、升的升，到最后都没有人传承了。"

谭柏树翻开保存多年的老相册，指着他和黄吉森第一次演出的合照说："那一年我13岁，黄吉森10岁，当时我们唱的是《庞师傅检修避雷针》，按照老师教的打板走唱。"

说话间，谭柏树把相册往后翻了一页，看着师傅唐心林的照片，叹了一口气："现在看来，没有哪一个年轻人能超过老师的，你说我们还能走吗？"

撰稿/杨圣

编辑/鱼小姐

审稿/尘沙

（原文2018年5月9日刊载于"非遗保护"微信公众号）

11. 蜀绣

[非遗档案]

类别：传统美术
级别：国家级非物质文化遗产代表性项目名录
所属地区：四川省
收录时间：2006（第一批）❶
所属地区：重庆市
收录时间：2008（第二批）❷
简介：蜀绣是中国四大名绣之一，起源于川西民间，在巴蜀地区传承至今，已有上千年的历史。在重庆，渝中区是重庆市蜀绣流传的主要区域之一。与川西蜀绣相比，重庆蜀绣更突出地显示着鲜明的重庆地方特色和文化内涵，呈现出大胆夸张、想象丰富、幽默逗趣、贴近生活的艺术风格。
传承人名录：
国家级代表性传承人（重庆市）：黄敏、康宁
市级代表性传承人（重庆市）：胡惠琴、李尚余、李淑兰
国家级代表性传承人（四川省）：孟德芝、郝淑萍
省级代表性传承人（四川省）：彭世平、吴光英、杨德全、吴玉英、姬金全、李佳蓉

---

❶ 资料来源：中国非物质文化遗产网，http://www.ihchina.cn/Article/Index/detail?id=13985，最后浏览时间：2021-07-13。
❷ 资料来源：中国非物质文化遗产网，http://www.ihchina.cn/Article/Index/detail?id=13985，最后浏览时间：2021-07-13。

重庆蜀绣区级传承人刘熙贵作品《孔雀》｜林源

夜行船

章甥婚席间作

百尺雕堂悬蜀绣。珠帘外，玉阑琼甃。调鼎名家，吹箫贤胄，新卜凤皇佳耦。

银叶添香香满袖。满金杯，寿君芳酒。喜动蟾宫，祥生熊帐，应在细君归后。

——（宋）葛立方[1]

---

[1] 李君：《唐宋全词》，海天出版社 1994 年版，第 1052 页。

11. 蜀绣

针尖上的千年传承，一针一线绣出绝世风华

蜀绣，中国四大名绣之一，早在晋代便被称为"蜀中之宝"而闻名于世，其起源最早可考究到古蜀三星堆文明时期，在巴蜀福地的发展已有3000年的历史，具有极高的艺术和文化价值。2006年，蜀绣经国务院批准，入选第一批国家级非物质文化遗产名录。

尽管历经了3000年的风雨，蜀绣还是不能避免苏绣、朝鲜绣、越南绣的市场冲击，这让蜀绣传承人纷纷哀叹。

"芙蓉城三月雨纷纷，四月绣花针，羽毛扇遥指千军阵，锦缎裁几寸……" 2015年，来自四川成都的歌手李宇春带着歌曲《蜀绣》登上春晚舞台。当晚在台上大放异彩的，不只是这首歌曲，还有李宇春穿着的一身布满精美蜀绣的粉色西装。

蜀绣，又称川绣，素有"蜀中之宝，穷工极巧"的美誉，已有3000年历史，与湘绣、苏绣、粤绣并称中国四大名绣。历经上千年发展的蜀绣在如今看似声名显赫，背后却蕴藏着不少危机。

从古巴蜀至今，历经三千年沉浮

"重庆到处都是梯坎儿，那些外国妹儿来我们厂里参观，爬得大汗淋漓的，就为了看我们这个蜀绣。"谈到当年重庆市挑花刺绣厂的盛况，重庆蜀绣市级传承人李淑兰满是激动。

20世纪70年代，重庆市挑花刺绣厂几乎容纳了重庆全部的蜀绣人才，也培育出一批杰出的蜀绣大师，如李尚余、胡惠琴、康宁、李淑兰等。那时候的重庆挑花刺绣厂，不仅是重庆著名的旅游景点，其出产的绣品还畅销海内外。

蜀绣传承了3000年之久，至今仍有国家"代言人"的殊荣。2013年3月，彭丽媛在对坦桑尼亚"妇女与发展基金会"进行访问时，送出三件国礼，其中包括一幅蜀绣座屏《梅花双熊》。

蜀绣的起源最早可以追溯到古蜀三星堆文明时期，其后兴于汉，而盛于宋。西汉文学家扬雄的《蜀都赋》，就讲到在成都地区随处可见的"若挥锦布绣，望芒分无幅""挥肱织锦，展帛刺绣"的盛况。

"文革"时期，蜀绣被视为"封、资、修"，蜀绣的图稿和历史资料被销毁殆尽，蜀绣艺人迫不得已转行从事其他职业。"我们蜀绣在20世纪70年代差点灭顶，到改革开放后才被人记起来。"蜀绣国家级传承人康宁的丈夫汤登勇介绍。

1978年改革开放后，成都蜀绣厂开始重新运营，蜀绣才迎来新生和转机。作为蜀绣发源地之一，重庆也在这期间创造了蜀绣的辉煌。

但好景不长，随着机械化时代的到来，电脑刺绣以其成本低廉、出产迅速的特点很快代替手工刺绣。再加上工商改制，1995年开始，重庆挑花刺绣厂的工人纷纷离职转行。2000年，刺绣厂最终没能抵过时代的洪流，关门倒闭。

康宁在1978年进入挑花刺绣厂工作，因为儿时一次意外，导致听力受损，这也使得康宁可以静下心来，潜心研习蜀绣。刺绣厂倒闭后，康宁便失业在家，但心中还是放不下蜀绣，在丈夫汤登勇的鼓励和支持下，重新拿起手中的绣针。

"我就让她坚持下去，一定可以的，我说你要是再不做的话，重庆蜀绣以后真的就没人了。"面对重庆蜀绣几近消亡的局面，汤登勇不断地鼓励妻子康宁坚持下去。

2003年，在康宁的影响下，李淑兰也选择重新开始做蜀绣。"当年，她就喊到我，就说'小妹儿，你还是回来做（蜀绣）嘛'。"在康宁的几番劝导和家人的支持下，李淑兰毅然决然地回家，陪父亲李尚余一起开办了蜀绣培训班。

"那个时候，喜欢蜀绣的人好多哦，我们这个小屋就要坐十几个，过路的地方都没的，全都是围着绷子脚脚（重庆方言：绣绷的支架）钻。"李淑兰描述当年培训班的场景说。据李淑兰介绍，当年慕名而来学习蜀绣的人不计其数，甚至有人直接背着绣架找到家门口。

"不足60平方米的老房子要容纳30多位学徒，没有地方就把家里的床立起来。"康宁回忆说，当年蜀绣培训班招生，一个班就有100多人，小到七八岁，大到六七十岁的人都有。

"那时候好忙，给学生画稿都画不过来。"汤登勇说。

从宫廷到民间，家族传承变师徒学习

蜀锦和蜀绣并称为"蜀中之宝"，"锦绣"一词也寓意"美好"和"华丽"。

11. 蜀绣

如今，陈列在人民大会堂四川厅的大型双面蜀绣作品《芙蓉鲤鱼》，是四川省工艺美术大师彭世平的父亲彭永兴（中国工艺美术大师）于1981年领衔绣制的特大绣屏。

蜀绣技艺繁杂，耗时历久，造价昂贵，自汉代伊始，便是为统治阶级服务。三国时在成都设锦官，清代设劝工居，都是为了方便统治阶级统一管理蜀锦织绣业。位于成都市青羊区的蜀江锦院——成都蜀锦织绣博物馆，全面地记载了蜀锦和蜀绣的历史、技艺及其变迁。

明代以前，蜀绣主要为达官贵族所有，绣品主要有龙袍、宫廷官员的官服、边花、彩帐、条屏等，绣法极尽烦琐，仅针法就包含锁针、齐针、辅针、掺针、接针、滚针、车拧等122种。

那时候的蜀绣是宫廷和贵族追求高贵、华丽、地位的象征。

明代中后期，中国手工业发展迅速，市民阶层开始出现，蜀绣不再为宫廷贵族所独享，开始融入市民阶层的日常生活中。民间蜀绣业得以发展，开始出现被面、普通服饰、绣花鞋、对联等蜀绣物件，蜀绣题材也从传统的龙凤、神兽转为山水、花鸟、人物等。

在辛亥革命后，旧的服饰制度被革除，人们开始崇尚简便的洋装，蜀绣用途经历了根本性变革。做工精细、造价昂贵的蜀绣便开始淡出日用服饰领域，虽然难掩颓势，但蜀绣并没有在这时衰败。

改革开放后，随着旅游业、礼品业和收藏业的发展，蜀绣再度成为炙手可热的物品。"那个时候，蜀绣厂还要加班赶任务，别人订了货，做都做不完。"李淑兰说道。

除了用途的变化，传承制度上也经历了大的变革。"像蜀绣这种技艺以前都是传男不传女的，一是女孩儿要嫁人，还有一个就是女孩子牵绊太多，不能潜心研究这个。"重庆市目前唯一的男性蜀绣传承人刘熙贵谈论起蜀绣传承制度的变革时说。

据了解，蜀绣的传承，传统都以家族世代传承为主，传男不传女，传统的观念认为女孩子会嫁去别家，传承下来的技艺便会改名换姓。

进入新时代后，男性纷纷外出寻找新的出路，蜀绣大师开始以创办蜀绣大师工作室、开设培训班、以师带徒的方式来传承，女性蜀绣大师也逐渐多了起来，最终在数量上超越男性，成为蜀绣传承人的主力军。

21世纪初，出现了一股"蜀绣传承热"，从挑花刺绣厂下岗的康宁等蜀绣大师开展的培训班受到各行各业的追捧。

如此一来，也出现了新的问题，学生素质良莠不齐，课程周期短，规模小。"像我们这一行，基本功起码都要三年，很多人学了一段时间觉得很枯燥，加上挣的钱也不多，就半途而废了。"谈到当今的传承困境，四川省工艺美术大师彭世平满是担忧。

"现在来我们这儿学蜀绣，需要满足三个条件：一是要专科及以上学历；二是年龄不能大于30岁；还有一个就是必须具备美术功底。"为了保证传承人的质量，汤登勇和康宁不得不列出这三个条件。

在外人看来，这样的要求有几分苛刻。但在汤登勇和康宁眼里，要想把蜀绣更好地发扬光大，学生的基本能力就必须到位。

为了解决传承人良莠不齐的情况，中国工艺美术大师、蜀绣国家级传承人郝淑萍于2010年创办了四川华新现代职业学院，联合企业开发特色蜀绣课程，开设服装设计专业（蜀绣方向），并于2011年6月揭牌成立四川省首个蜀绣传承研习机构——成都市非物质文化遗产蜀绣技艺传承所。

这标志着蜀绣的传承开始同现代职业教育相结合，这不仅要求传承人技艺到位，还要具备现代创新的设计理念。

申报集体商标，蜀绣发展之道

大大小小的蜀绣绣坊（工作坊）遍布重庆、成都的各大旅游景点，在南来北往的游客中，不乏有人会想买几幅绣品作为纪念，或者送给亲朋好友。面对这种"繁荣"的景象，蜀绣传承人却充满了担忧。

"我们被假蜀绣搞得太寒心了，很多人根本买不到真正的蜀绣。"据汤登勇介绍，在旅游景点，不乏商家为了缩短时间成本，提高经济利润，直接购进苏绣冒充蜀绣出售给游客。

"岂止是苏绣，朝鲜绣、越南绣这些都有，因为请他们绣的便宜，一幅就几十块钱。"成都蜀绣大师彭世平也有同样的感受。作为蜀绣的主流区域，成都蜀绣市场也未能避免以假乱真的情形。

重庆市工艺美术行业协会副会长何发美说，目前，重庆艺术品市场主要集中在磁器口、洪崖洞、大礼堂，规模小且散乱，"如果没有内行介绍，外来游客想要买到正宗、优质的蜀绣十分困难。"

面对这种情况，汤登勇表示，应该将蜀绣大师聚集起来，进行"关门比武"，用实力说话，看看谁才是真正的蜀绣大师。"等作品绣出来，真相大白，让假的全部显露出来。"汤登勇有些激动地说道。

11. 蜀绣

为了解决这个问题，何发美通过蜀绣和苏绣的差距看到了发展的契机。何发美表示，蜀绣应该树立品牌意识，积极申请集体商标，努力创造信誉、扩大影响。何发美还鼓励蜀绣成立行业协会，出台行业标准，规范蜀绣工艺。

"我们大部分蜀绣产品需要放下身段。"重庆民间文艺家协会副主席彭勇表示。蜀绣作品耗时久、造价贵、产品单一，是导致蜀绣市场衰退的又一原因。

据彭世平介绍，一幅完整的蜀绣作品不只是绣的那一张画，还要加上装裱蜀绣的边框，而这种边框需要到外地定制，价格不菲，当今一幅蜀绣作品卖出的价格虽然昂贵，但也基本只能收回成本。

加上各地蜀绣从业者又各自为政，自负盈亏，未能形成规模效应和聚集效应，而苏绣、湘绣则采取"前店后厂、八千绣娘、绣品成街"的品牌营销模式，相比之下，蜀绣在四大名绣中处于弱势地位。

彭勇认为，蜀绣跟苏绣和湘绣相比，发展潜力仍然巨大，蜀绣应该借鉴它们成功的方法，找准市场，从小物件着手，放下身段，走平民路线。重庆蜀绣市级传承人李淑兰也表示，从目前的市场情况来看，日常小物品销路更好，比如围巾、披肩、钱包、胸针、书签等物品。

"蜀绣从业者们必须抱团，一个人接不下来的业务，大家一起来完成；产品不好卖，大家一起想办法。"为了解决蜀绣从业者各自为营的情况，彭勇表示，必须整合各大蜀绣作坊，形成品牌影响力，才能抵御更大的市场风浪。

"蜀绣传承人必须联合起来，现在有我们这一辈顶着，或许还看不到多大的问题存在，再过个五年十年，我们做不了了，问题肯定一下子就显现出来了。"面对蜀绣发展的瓶颈，彭世平也鼓励蜀绣从业者联合起来，拧成一股绳。

"我们还是有信心的，因为我们是真的，时间是检验真伪的唯一标准。"对于蜀绣未来的发展境遇，汤登勇表示，虽然有大大小小的问题存在，但他仍然对蜀绣前景充满希望。正所谓"行到水穷处，坐看云起时"。

撰稿/李宁
编辑/李宁
审稿/郑明鸿

（原文 2018 年 6 月 10 日刊载于"非遗与传播"微信公众号）

12. 糖画

[非遗档案]

类别：传统美术

级别：市级非物质文化遗产代表性项目名录

所属地区：重庆市

收录时间：2009（第二批）[1]

简介："糖画"历史悠久，距今约500年，明代官宦之家每逢新年祭祖，都会用模具印制糖狮、糖虎及文臣武将等人物造型作为祭品，古人称之为"糖丞相"。由于"糖狮""糖人"等祭祀用品快速软化，不易于存留，后来糖祭品便改用纸扎代替。虽如此，这项工艺却流传到了民间。在流传过程中，民间艺人借鉴了"皮影""民间剪纸""雕刻"等其他民间传统手工艺，将制作明代"糖丞相"的方法改进，用盛着融化糖汁的长勺直接在石板上勾绘出类似皮影或者剪纸的图案，形成了流传至今的以镂空、线条为造型特点的"糖画"。

传承人名录：

市级代表性传承人：刘贵兵

刘贵兵在社区做糖画 | 张永燕

[1] 资料来源：重庆市政府网，信息检索-重庆市政府网（cq.gov.cn），最后浏览时间：2021-07-14。

糖丞相

液蜜为人始自汉，印成袍笏气轩昂。
狻猊敛足为同列，李耳卑躬属并行。
枵腹定知无肺腑，虚心自应没肝肠。
儿童尽与相亲近，丞相无嗔可徜徉。

——（清）朱望子[1]

糖画 ｜ 正在消失的童年记忆

糖画，顾名思义，就是用糖画的画，民间俗称"倒糖饼儿"或"糖灯影儿"。2008年，经国务院批准，糖画被列入国家级第二批非物质文化遗产名录。2009年，重庆糖画入选重庆市第二批市级非物质文化遗产名录。

经过历史长河的动荡和洗涤，糖画在21世纪的重庆地区正经历最难熬的时期，这似乎是重庆糖画可能消失的时期。面临经济的压力和现代生活环境的变化，糖画的生存空间不断被挤压，做糖画的人越来越少，目前只有一位市级传承人。

"非遗与传播"在巴国城见到了刘贵兵。当"非遗与传播"和刘师傅打招呼的时候，刘师傅便用盛着糖汁的勺子在白色的大理石板上写下"关爱非遗"四个字。刘师傅边和我们握手，边笑着说："欢迎你们专程过来，现在愿意关心糖画的年轻人已经不多了。"

在刘师傅的摊位上，我们看到在外摆摊做糖画需要数十种器具，其中包括方形大理石板（用于作画）、转盘（供顾客选择糖画的图案，转到哪个就做哪个）、瓢子（倒糖作画）、起子（铜或铁制的长形条片，前窄后宽，主要是把糖画从石板上剥离开来或者用以在糖块上压制各种条纹）、糖块（需要提前熬制）、草把子（用来插放糖画）、电磁炉和铁锅（用于熬糖）、竹签（用来固定糖画）、色拉油（作画前需要用刷子在大理石板上刷上一层色拉油，这样糖画才能不沾石板）。

---

[1] 引自（清）褚人获《坚瓠补集（卷之一）》，《坚瓠集》（全66册）古本A，第37页。参见古籍网，坚瓠集-(清)褚人获撰-古籍网(bookinlife.net)，最后浏览时间：2021-11-03。

上午 10 时 5 分，一位姓彭的"90 后"妈妈带着自己 3 岁的孩子来到刘贵兵的摊位。在妈妈的指导下，3 岁的小女孩用小手用力拨动了转盘上的指针，指针没晃多大幅度便停留在一只蝴蝶的图案前。

彭女士抱着孩子笑着说："小时候父母经常给我买糖画，但近几年都没看到过卖糖画的，今天来巴国城看到了，就想着给娃娃买一个糖画，让她体验下我小时候吃过的糖画是啥子味道。"

在母女俩的注视下，刘贵兵用勺子在凳子旁的铁锅里舀了一勺糖，随着手腕的摆动将这勺糖在大理石板上先拉、再转、紧接着上下提线，最后用一把铁尺将糖画和大理石板分离，粘上一根竹签，冷却一分钟到两分钟后，糖画便做好了，这是刘贵兵当天卖出的第一个糖画。待买糖画的母女走远后，刘贵兵从凳子上站了起来，从兜里掏出打火机点燃一根香烟，一手叉着腰无奈地说："你看看，上午都没几个人愿意买糖画，这还是周末。"

刘贵兵是重庆糖画目前唯一的市级传承人，他从 15 岁便开始学习糖画，至今已有近 40 年。

为了重庆糖画的传承和发展，九龙坡区文化委和刘贵兵做了很多努力，糖画的传承和发展在现代化环境下却依旧举步维艰，面临后继无人、创新不足等诸多问题。刘贵兵的徒弟廖泰乐说："目前愿意做糖画的很少，像我这样的年轻人都不愿意学习糖画，觉得没有出路。"

刘贵兵也肯定了徒弟廖泰乐的看法。"现在是经济社会，赚不到钱的东西没有多少人愿意去做。我自己培养那么多学生，现在愿意做下去的基本上没了，我也能够理解他们的选择。"刘贵兵的语气中透露着些许无奈。

从祭祀用品到民间糖画，糖画融合了多种艺术

"糖画"历史悠久，距今约 500 年，明代官宦之家每逢新年祭祖，都会用模具印制糖狮、糖虎及文臣武将等人物造型作为祭品，古人称之为"糖丞相"。明代宋应星《天工开物·造兽糖》中记载了宋人把液体糖灌入各种造型的模具中，形成各种形态的固态糖，作为祭祀用品。

清宣统元年（1909）傅崇矩所著的《成都通览》一书中，出现了正式记录四川地区糖画的史料。傅崇矩在《成都民间风俗·正月》一章中写道："元旦日街市停贸易……只有小本营生者，专售小儿之钱，如……糖饼。"这里的"糖饼"说的便是糖画。

由于"糖狮""糖人"等祭祀用品快速软化，不易于存留，后来糖祀品便改用纸扎代替。虽如此，这项工艺却流传到了民间。

在流传过程中，民间艺人借鉴了"皮影""民间剪纸""雕刻"等其他民间传统手工艺，将制作明代"糖丞相"的方法改进，用盛着融化糖汁的长勺直接在石板上勾绘出类似皮影或者剪纸的图案，形成了流传至今的以镂空、线条为其造型特点的"糖画"。

"艺术之间是互通的，我在学习和画糖画的过程中，借鉴了剪纸、皮影戏和书法等艺术，我也和这些手艺人做过交流。我很羡慕他们的作品可以长期保存，所以后来我就想着把自己的糖画也做成可以长期保存的艺术品。"刘贵兵用勺子搅着锅里的糖，笑着说。

在刘贵兵看来，画糖画讲究的是手上的功夫，功夫到家了，一把勺子能画出各种图案。"画得好不好关系到生意，画得好，小朋友们和家长才满意；画得不好，自己面子都挂不住。"刘贵兵一边抽烟，一边笑着说。

跌宕起伏，糖画的发展并不顺心

受近代战乱和社会动荡的影响，重庆糖画曾一度销声匿迹。新中国成立后，社会逐渐趋于稳定，一些民间糖画艺人重新出去摆摊，但因为受计划经济的影响，愿意出去摆摊的民间糖画艺人很少。

重庆糖画的衰退期持续到改革开放前。改革开放后，社会环境和政策的改变令糖画重焕生机，民间糖画艺人陆续重新拾起了这份行当。

刘贵兵也是在这个时期学习的糖画，"我当时初中毕业，因为家穷念不起书，我二婶就托关系帮我找到了在杨家坪动物园摆摊的糖画师傅。"

在刘贵兵眼里，糖画在20世纪八九十年代的重庆，是一门非常吃香的手艺。刘贵兵的师傅是成都人，跟随他学习不到两个月的糖画后，刘贵兵便出师开始摆摊。

"我以前先后在杨家坪动物园、文化宫、公园等地方摆摊卖糖画。"刘贵兵笑着说，"那时候一个月赚的钱比在工厂里上班的人多好几倍，生活上完全没有问题，而且工作自由轻松。"

但从90年代中期开始，刘贵兵发现画糖画的人越来越多，糖画的生存空间越来越小。"画糖画的人多了，生意就不好做了，身边很多画糖画的朋友都转行了。"迫于家庭生活的压力，刘贵兵转行去了酒楼工作。

刘贵兵无奈地说："我当时也不愿意放弃糖画，但当时糖画艺人有些'泛滥成灾'，大街小巷都有画糖画的，所以我也就没办法继续画糖画了。"

2006年，刘贵兵看到画糖画的人越来越少，便辞掉酒楼的工作，继续卖糖画。但令刘贵兵没有想到的是，画糖画的人少了，愿意买糖画的人也少了。"小朋友和家长都不愿意买糖画，和那些五颜六色的零食相比，他们觉得我这个糖画卖得贵了，认为不值这个钱。"

据刘贵兵回忆，过去卖糖画的手艺人一般是在学校门口、文化宫等学生多的地方摆摊，所以很多"80后"的重庆人在上学的时候都买过糖画，但是如今这些地方很少看到糖画手艺人的身影。刘贵兵抽着烟无奈地说："现在那些地方一般都不给露天摆摊，但是那些地段中有门面的摊位太贵了。"

童年的记忆，糖画的味道正在慢慢变淡

来自重庆江津地区的周先生，看到刘贵兵做的糖画很高兴："糖画就是我的童年记忆，当时糖画才卖两角钱。我那时候和同学们在小学门口经常不是买糖画就是看糖画，我转到最多的是'鸡'这个图案。"

对于周先生而言，没有在转盘上转到龙是他的遗憾。"因为龙当时是最大最好看的，哪个小朋友不想要啊?!"周先生的妻子笑着调侃他："要不现在买个龙给你满足一下？"

"哈哈，给孩子买就行了，再不买可能到孩子的下一代就没了，我已经很久没看到画糖画的人了。"周先生摸着自己孩子的脑袋笑着说。

由于时代环境的变化，曾经流传很广的重庆糖画不像过去那样常见，正如周先生所言，曾经无处不见的重庆糖画现在已经快要无处可见了。谈到如今还有多少人画糖画，刘贵兵眉头一皱："现在只有像在巴国街、民国街等古文化街才会出现，而且一般也只有在周末、节假日（天气好）的情况下才出摊，且画糖画的水平差别也很大。"

在物资贫乏的时代，糖是稀缺物品，人们可选择的食物并不多。但改革开放后，人们的生活逐渐富裕，物质生产逐渐丰富，人们可选择的零食种类和味道多了，所以糖画不再那么受欢迎。刘师傅表示，很多小时候吃过糖画的人可能会带着自己的孩子买糖画，但是他们自己都不愿意再吃糖画了。

在糖画摊旁边，刘贵兵支起了一块木板，上边摆放着各式各样的儿童玩具。"我2008年到巴国城摆摊时就开始卖玩具了，因为糖画的收入太低。"刘贵兵望着玩具摊说。据"非遗与传播"现场观察，当天上午卖玩具的收入远高于卖糖画的收入。

12. 糖画

生存空间萎缩，糖画有一天会消失吗？

"光说文化有用吗？现在做糖画都挣不到几个钱，你看哪个年轻人愿意学？现在年轻人对这个根本不感兴趣，他们不认可糖画。"说到糖画的传承，刘贵兵掐灭手中的烟，露出一脸的愁容。

刘贵兵前前后后教过数十位徒弟画糖画，但是目前刘贵兵只有一个徒弟廖泰乐在民国街摆摊，廖泰乐于 2017 年被评为重庆糖画区级代表性传承人。"我一个月也就八天去民国街摆摊，如果天气不好，我都不会出摊，因为没有人，一个月好的话，收入也就两千元左右。"

为了使糖画更好地发展下去，从 20 世纪 90 年代开始，刘贵兵便开始尝试做"立体糖画"（也被称为"3D 糖画"）。在刘贵兵看来，平面糖画的保存时间短、形式单调，要想让糖画更好地发展下去，就要走艺术化方向。

最开始做立体糖画时，刘贵兵用的是传统画糖画的材料，但无论是保存时间还是糖的韧性都有所欠缺。为此，他对熬糖的材料进行改进，现在的立体糖画可以长时间保存，糖的韧性也更便于操作，立体糖画因为材料的问题却不可食用。

目前，一幅简单的立体糖画需要半个小时以上的制作时间，复杂一点的十天半个月也搞不定。"立体糖画对糖画手艺人的能力有很高的要求，对于糖的把控要求更为精准。"刘贵兵笑着说。

在刘贵兵心里，他一直期望立体糖画能够发展起来，也许这样愿意来学糖画和买糖画的人就会变多了。他的徒弟廖泰乐正是因为看到刘贵兵做的立体糖画，才一直坚持跟随他学习糖画。

虽然如此，刘贵兵对于立体糖画的发展也甚是担忧。"能吃的糖画没有保存价值，能保存的糖画又没多少人愿意买。立体糖画的耗时更长，所以价格也相对高点儿。"

这些年，重庆市九龙坡区文化馆安排刘贵兵参加国内的奥运会、世博会和非物质文化遗产博览会。刘贵兵表示，当地政府还是很重视糖画的，"为了糖画，这些政府人员专门和我一起开会商讨如何传承和发展重庆糖画。"

在当地政府的支持下，刘贵兵曾去过美国、英国、法国等 30 多个国家进行文化交流。2018 年 10 月，刘贵兵将带着自己的糖画飞往意大利。刘贵兵感叹，出国交流坚定了自己对于重庆糖画传承的信心。

虽然这些年频繁外出参加活动，但刘贵兵认为无论是出国交流还是非遗进校园，都是短暂的行为。"政府应该推荐更多的人来学，给传承人提供更好的空间，解决了基本的生活问题，才可能有心思传承和做这个东西。"对于糖画的传承，刘贵兵提出了自己的看法。

　　刘贵兵感叹糖画作为民间技艺，需要不断吸取充足的养分才能茁壮成长，"现在人们的需求和观念都变了，糖画如果想要走下去，必须得创新，不然说不好哪一天就消失了。"

文/杨圣
编辑/郭宇

（原文 2018 年 10 月 21 日刊载于"非遗与传播"微信公众号）

13. 木洞山歌

[非遗档案]

类别：传统音乐

级别：国家级非物质文化遗产代表性项目名录

所属地区：重庆市

收录时间：2006（第一批）[1]

简介：木洞山歌系重庆市巴南区木洞镇民众传唱的山歌歌种，它的渊源可以追溯到上古时代的"巴渝歌舞"，中经战国时代的"下里巴人"、汉代的"巴子讴歌"、唐代的"竹枝"，直至明清演化形成木洞山歌。木洞山歌的主体是被称为薅秧歌的禾籁。禾籁只在木洞及其周边地区流传，属中国民歌的稀有品种。禾籁地域特色浓郁，曲调曲目丰富。由于生产、生活方式的变革，大部分山歌失去了滋养、繁荣的基础，老一代歌手的衰老和谢世，使传承出现断裂，木洞山歌面临濒危境地。抢救、保护木洞山歌，不仅可以丰富巴渝民歌艺术，也将促进中国民歌艺术的丰富和发展。

传承人名录：

国家级代表性传承人：喻良华、潘中民

市级代表性传承人：李福美

区级代表性传承人：秦莸玥

---

[1] 资料来源：木洞山歌——中国非物质文化遗产网·中国非物质文化遗产数字博物馆（ihchina.cn），最后浏览时间：2021-07-14。

喻良华在写歌词/周传勇

六月芒种，
是月也，
薅头秧，
旬以后薅二秧，
去莠稂，
农歌四闻。

——《巴县志》❶

探秘天籁之音：木洞山歌

木洞位于重庆东面，长江南岸，是重庆市巴南区的一个镇。木洞山歌系该地民众传唱的山歌歌种，其渊源可以追溯到上古时代的"巴渝歌舞"。在春播的插秧时节和金秋水稻的收割季节，木洞山歌在木洞及其周边地区广为传唱。

2006年5月20日，木洞山歌经国务院批准，被列入第一批国家级非物质文化遗产名录。

上古时代传来的天籁

"从我有记忆开始，大概是五六岁的样子，我的爷爷奶奶、父母亲，甚至周围的邻居都在唱山歌。"谈到木洞山歌曾经的盛况，喻良华满是回忆。

---

❶ 引自《古老的山歌代代传，木洞山歌唱出数百年的民间记忆》，上游新闻·重庆晨报，2019-06-16，htpps://www.cqcb.com/entertainment/2019-06-16/1687632_pc.html，最后浏览时间：2021-11-03。

13. 木洞山歌

今年 75 岁的喻良华是木洞山歌的国家级传承人之一，也是目前唯一一位还活跃在各类舞台上的元老级高龄表演者。

据《古文观止》记载，早在战国时期，楚宗王所作的《对楚王问》中，就载有以木洞山歌为主体的"巴人歌谣"。

而木洞山歌的历史更早可追溯到上古时代的"巴渝歌舞"。《木洞山歌》一书中就曾提到：木洞山歌是巴渝歌舞三次分流演变的结果，是古代巴民族创造的巴渝歌舞的遗响，具有鲜明的巴民族音乐歌舞文化色彩和丰富的历史文化底蕴。

在解放前，木洞地区山歌的传唱尤为广泛，山歌经常飘荡在农民的田间地头。

"为什么都唱这个山歌呢？因为木洞山歌的特点就是想怎么唱就怎么唱，它不需要有特定的规律。"喻良华向"非遗与传播"介绍道，"人们在生活中要是想要表达自己的内心或者调节情绪，就可以通过唱歌。"

解放后，木洞地区群众在集体劳动中通常借助木洞山歌来缓解劳动的疲劳，鼓舞士气，其类型以薅秧禾籁为代表。

薅秧禾籁的种类很多，有高腔禾籁、平腔禾籁、矮腔禾籁、花禾籁等。

"薅秧的时候不需要有工具，只需要用脚。薅秧禾籁是很自由的，就是一个人领众人帮，这样就分散了注意力，解除了疲劳。"喻良华说道。

1990 年，木洞地区被重庆市命名为"山歌之乡"；1999 年，木洞山歌又被命名为"巴渝优秀民间艺术"。2005 年 12 月，三十余万字的《木洞山歌》专著公开出版。

木洞山歌种类繁多，除了有禾籁，还有在劳动中统一节奏、鼓舞士气的劳动号子。

喻良华介绍道："劳动号子的种类也很多，比如木洞本来就有沅江，在船上的话拉纤就必须要统一节奏，那就产生了船工号子；还有要用石头来修路修房子的时候，就有了石工号子（撬石号子、抬石号子等）；甚至有些个体劳动，比如说榨油，也有榨油号子；原来沅江做榨菜的，也有榨菜号子。"

除此之外，还有扯谎逗乐、娱乐大众的扯谎歌，以及用对歌形式演唱的盘歌、在民间礼俗和仪式典礼中演唱的风俗歌，等等。

扯谎歌歌词："太阳落土又落坡，我来唱个扯谎歌。青冈林里鱼板籽，水里坝个鸦雀窝。两个麦蚊在打架，答答（马尾辫）扯成乱鸡窝。"

2006 年 5 月 20 日，经国务院批准，木洞山歌被列入第一批国家级非物质文化遗产名录。

师徒分工推陈出新

面对瞬息万变的社会，木洞山歌要想跟上潮流，就不能再以不变应万变。

早在20世纪90年代，重庆市政府就已经十分重视对木洞山歌的传承和保护，对木洞山歌进行整理、归类和规范，鼓励群众学习和保护木洞山歌。

与此同时，在教师岗位上坚守三十余载的喻良华也在用自身的力量去传承木洞山歌。

2003年，喻良华从教师岗位退休之后，便开始潜心研究木洞山歌的规范和创新，并和老一辈山歌演唱者成立了表演艺术团。

2009年，喻良华被评为木洞山歌国家级代表性传承人。

和喻良华一起创立艺术团的演唱者、喻良华的徒弟，也是目前的木洞山歌市级传承人李福美表示："山歌以前没有表演的形式，为了把山歌变得好听又好看，我跟喻老师两个人分工。喻老师是把山歌的曲调整得好听了，我就是把山歌用各种方式表演起来。"

截至目前，喻良华已经整理及创作出几千首山歌，在保留木洞山歌精髓的基础上，创造出了符合现代主流的作品。

木洞山歌的形式曲调多样，富于变化，不同的组合方式总是有不同的效果，因此具有很好的宣传功能。

正如李福美所说："我们木洞山歌最大的特点就是可以做各种宣传，比如说我们今天要做个什么活动，我们马上就可以填词、编曲。欢快的，我们就用欢快的曲子去套它；悲伤的，用悲伤的曲子去套它。"

喻良华也表示，自己曾创作过不少宣传歌曲，有宣传洪崖洞、湖广会馆等旅游景点的，也有宣传用电安全、交通安全的。

自木洞山歌成为国家级非物质文化遗产至今，其知名度和传承度都有了改善：商演机会逐渐增多，参加比赛屡次获奖，收徒更是数以千计。

毕业于四川音乐学院的秦荻玥便是喻良华的徒弟之一，也是目前的区级传承人之一。

"秦荻玥相当于我们一个对外的名片。她去参加了很多节目，像央视的《星光大道》《幸福账单》都有参加。"木洞山歌表演艺术团成员张懿说。

秦荻玥从四川音乐学院毕业之后，放弃了出国留学的机会，选择回到家乡传扬木洞山歌。

"她2008年就跟着我学了，主要就是在走创新的路，去适应年轻人的口味。"喻良华表示，秦荻玥现在的创新已经很接近民歌的形式。

喻良华和秦荻玥师徒二人分工明确。师傅负责规范木洞山歌，将一些不够文明的歌词重新创编。"徒弟主要就是负责创新，吸引更多的人来认识山歌、了解山歌。"喻良华说。

"这十几年来，我们所有演出的歌曲都是重新创编的。"面对创新后会不会不像木洞山歌的质疑，喻良华坦言，这个问题是普遍存在的。

"但是你必须要这样走啊，要让年轻人先接受这个，然后再慢慢去靠近原生态。如果都不接受，谈何传承呢？"喻良华补充道，"我是朝着好听靠近，但我不会改变旋律结构，就是让原生态的也变得好听起来。"

提及木洞山歌的传唱度，喻良华表示巴南区政府很重视。

在巴南区组织和开展的一系列文化交流活动中，木洞山歌代表区内优秀非遗项目参加了《星光大道》《幸福账单》等节目，还赴匈牙利、美国、日本等国家以及我国台湾等地区参与文化交流。

与此同时，在各方的推动下，当地也相继建立了木洞山歌艺术团、木洞山歌少儿艺术团，并编印了木洞山歌特色教材，在全区的中小学进行教育传承，使木洞山歌走进了校园。

喻良华除了要去中小学授课教山歌，别的地方也没少去，"我到处上课，就连党校我也要去上课，他们基本上都会唱个五六首，有个书记能唱十几首。"

源源不断地参加比赛、获奖、出国交流似乎是一个良性循环，也再一次次证明着木洞山歌的创新之路是成功的。唱的人多了，听的人也多了。

2016年9月27日，国家级木洞山歌传承人拜师收徒仪式于巴南区木洞镇山歌广场举行，其中最小的徒弟年仅5岁。

2017年，木洞河街剧场建成，并成为重庆市第三批非遗传承教育基地。从此，木洞山歌的表演有了固定的场所。

木洞河街剧场在丰富当地居民文化生活的同时，向外来游客传播木洞山歌。

三层困境阻碍传承

回顾近十几年的历程，木洞山歌已经从最初的乡镇走向了全国、迈向了国际。尽管如此，喻良华仍然觉得传承比荣誉更加重要。

但随着劳动方式的变迁以及民风民俗的演变，船工号子、石工号子等正在逐渐消失,再加上老一代歌手的衰老和谢世,木洞山歌面临着传承困难的局面。

木洞山歌目前主要面临三个困境。

一是传承人数的减少。

原来的木洞镇几乎人人都会唱山歌,而现在大多数人都不会这门技艺。"那些人如果对这个没有执着的爱好的话,现在也基本都不会唱了,像六十几岁这些人,那时候会唱的,现在让他唱也不会唱了。"喻良华说。

这几十年来,喻良华所教过的学生数不胜数,真正坚持学下来的人却是凤毛麟角。

很多人甚至连皮毛都没有学到就放弃了,真正坚持下来的少数人里,绝大部分都是女性。

男性传承人的稀缺,不仅使山歌表演受限,更使得喻良华开始对山歌的未来感到担忧。

"好多人学完之后又走了,现在长期坚持下来的,只有我们三个市级传承人、一个区级传承人,加上喻老师这个国家级传承人,一共五个。"木洞山歌市级传承人李福美告诉"非遗与传播"。

现在传承所面临的最难问题,就是找不到男徒弟。李福美在接受"非遗与传播"采访当天,正在木洞镇的河街剧场参加一场演出,有四个节目都是木洞山歌的表演。

当天喻良华正在区里参加活动,活动一结束便匆匆赶回来,连饭都没顾得上吃。

"像今天这种演出,一定要喻老师来,如果他不来只能换成别的节目。"李福美无奈地说道。

像船工号子、抬石号子本就是男性在参加重体力劳动时所唱的,因此表演也要还原当时劳动的感觉。

"船工号子我也可以唱,但是唱不出那个沧桑味儿,很累的那种感觉,有人唱但是唱不出那个味道。"李福美说,"有时候我们排练,要训练新人,都不需要喻老师来,但是演出一定要喻老师来。不然的话,比如情歌对唱没有男娃,只有女娃就不行。"

二是山歌不被年轻人所接受和喜爱。

随着生活方式的变迁及流行文化的冲击,大多数的年轻人已经不再对山歌这种文化感兴趣。

不同于改革开放前生活环境的滋养和熏陶,山歌已经远离了人们的日常视线，受欢迎度自然也大不如前了。

"现在的人至少是初中毕业或者高中毕业，甚至是大学毕业。他学都不会学，他听都听不懂。"喻良华无奈地表示。

再者是年轻人大都去城市里生活，留在当地的年轻人很少，而留在当地那一部分年轻人，由于要谋生，也没有时间去学习、表演山歌。

在木洞，学校里的学生多多少少都会唱几句木洞山歌，但是基本上工作之后就不再接触了。

李福美向"非遗与传播"讲述，喻良华之前私下收过一位男徒弟，教他二胡和山歌，还带他去表演过。但后来由于工作他也离开了，他们曾经想把他找回到当地文化站，最后还是没能回来。

"长期坚持的就是我们几个传承人。那些都是来来走走，一有工作了就走了。"说到这里，李福美也是一脸愁容。

最后是人们对木洞语言的掌握程度变低。

语言是交流思想感情的工具，木洞山歌的演唱依附于当地方言，它在山歌的发展中起着重要的作用。

木洞山歌中有"行腔"一说，即唱歌要以木洞方言的发音为标准音。"有一个原则就是要根据字音不能倒字，比如说太阳的太，就不能唱成 tai（四声），就是必须要按照木洞语音来唱。"喻良华说。

并且，许多山歌只有用方言演唱才能达到语句押韵、音调平和、朗朗上口。如果改用标准语言，会导致许多音律不平，也失去了山歌独有的韵味与特色。

但是随着生活的发展和时代的需要，大多数年轻人外出工作，为了便于交流都讲普通话，学生们上课也大都使用普通话，人们使用方言的机会变少，说起来也不准确。

于是，一方面，不会木洞方言的外地人学习木洞山歌的难度很大；另一方面，木洞本地人对方言的掌握程度越来越低，使得木洞山歌的传承陷入了尴尬的两难境地。

在喻良华看来，木洞山歌必须用木洞方言来唱，因此，要保护木洞山歌，不光是保护山歌本身，更要保护木洞语言。

文/魏治朋、郭宇

编辑/郭宇

（原文 2018 年 12 月 25 日刊载于"非遗与传播"微信公众号）

14. 烙画

[非遗档案]

类别：传统美术
级别：市级非物质文化遗产代表性项目名录
所属地区：重庆市
收录时间：2014（第四批）❶

简介：烙画，也叫烫画、烫花、火画、火针刺绣等。最初人们只是用烙铁在战马的屁股上画标记，给战马编号。由于受到绘画工具简陋、缺乏关注与创新等因素的影响，在很长的一段时间里，烙画没有得到进一步发展。20世纪70年代，一些美术工作者受到民间艺人用烙铁在家具上烙花的影响，也开始尝试用电烙铁作画。80年代，烙画作为一种独立的画种出现。至此，烙画的内容更加广泛，表现手法也更加多样化，同时以独幅画的面貌面世。

传承人名录：

市级代表性传承人：张明志、刘光红、高磊

张明志烙画作品《城市的诱惑》| 周传勇❷

---

❶ 重庆市人民政府关于公布重庆市第四批非物质文化遗产代表性项目名录的通知。
❷ 资料来源：https://mp.weixin.qq.com/s/6jIZcd8os_ktCd6lpCa4JA，最后浏览时间：2021-07-14。

只见他如同一位绘画大师一样地投入着创作，整个身体随着腕力在自如地上下运转，电烙笔在他手中不断转动，时起时伏，或上或下，笔锋所到之处，立即现出一条清晰分明的线条，每当笔锋大面积排开走过后，一片若隐若现的烙面痕迹就会像云像雾似的飞舞缭绕起来。本已很清新的画面再经小电烙笔的轻轻点化，那远山、流水、楼阁、舟帆，竟都神奇般地映入眼帘，真有云在飞，雾在绕，湖面轻舟荡漾，峦峰高山流水的感觉，俨然一幅绝妙的山水杰作，好看极了……

——沈学印❶

以铁为"笔"，以火为"墨"，方寸间烫万千气象

　　当远山变幻了色彩，落在宣纸上，可以是黑白的泼墨山水；落在椴木间，可以是褐色的记忆烟云；当烙铁和椴木打上交道，烙画——这门关于温度的艺术就油然而生了。

那是一块珍贵的"活化石"

　　"烙画作为中华民族传统的民间工艺美术，早在中国商周时代就有了熨烙的熨字，说明那时候人类就有了熨烙活动。"烙画历史研究学者牧石表示。

　　据了解，烙画源于西汉，盛于东汉。后由于连年灾荒战乱，曾一度失传，直到清光绪三年，才被民间艺人重新发现整理。

　　其中，就有这样一段故事：擅长绘画的南阳人赵星三在一次吸食鸦片时，烟瘾过后，顿生画兴，他以烧红的烟扦代笔在烟杆上信手烙烫作画，得一小品，喜出望外，继而又在其他木玩上施艺，均获成功。之后，他又潜心研究，久而久之，就逐渐琢磨出一整套烙画工艺。

　　"烙画虽然拥有悠久的历史，但最开始人们用铁针作画，条件艰苦，所以在很长的时间里，它都没有发展，但是也没有消亡。专家考察烙画之后，称之为珍贵的'活化石'。"重庆市烙画市级传承人张明志在提及烙画历史时感叹道。

---

❶ 选自沈学印《故乡的烙画》，"环球经典文学"微信公众号，2018-12-19，https://mp.weixin.qq.com/s?__biz=MzU5ODcyMzE1OA==&mid=2247484226&idx=2&sn=41180aa6689545f2bb90cc3f82336a55&chksm=febe9c7bc9c9156dd8a693b4ddb39b490cfbd1dc526643c6b65991c7ef3440dde365b1e915bf&mpshare=1&scene=23&srcid=1103VuSQlYv2fHYQ9iseJyUI&sharer_sharetime=1635909344721&sharer_shareid=829a170c9f8e59b2bba5fec24e9b3121#rd，最后浏览时间：2021-11-03。

相传，最早的烙笔是用在炭火上加热后的铁钎在木料上熨烫产生痕迹以作画。1959年，南阳市烙画厂组织技术人员研发了电烙笔。电烙笔使用24伏、36伏电压，温度可控制在200~800℃。直到现在，电烙笔在烙画中依然被大量使用。

"最开始画烙画的时候，由于烙铁工具粗糙，很多精细的线条、颜色的深浅都无法把控。也没有满意的木板，原来的木板硬度太大，这不仅大大降低了绘画速度，还十分费力。"张明志回忆道。

20世纪80年代，张明志就职于一家饮食装潢设计单位，有一次为宜宾五粮液做装潢时，他突发奇想，用烙铁在木板上烙出了一些简单的花纹做装饰，得到了对方的极力赞誉。就这样，张明志第一次接触到烙画，但那时没有老师、没有教材，各种型号的烙铁作画时的性能如何，在密度不同的木板上下笔时的轻重……都没有相关的资料，都要靠自己摸索。

"烙画的色调，古朴简约的美感都让我着迷。"张明志说道，"中国烙画是一种十分珍贵的画种，它可以吸收油画里面的光和色、中国画里面的山水画的作法，甚至可以烙出国画的特点，但很少有人来学习烙画。"

突破桎梏，渐入佳境

解放后，党和政府非常重视这一民间传统艺术的挖掘、整理和发展工作，并将分散于南阳各地的烙画艺人组织起来，先后成立了互助组、合作社。

1954年，南阳十多家烙画互助组和合作社组织成立了南阳市烙画工艺厂，为河北、湖北、贵州、江苏、东北、陕西等省市培养了一大批烙画人才。

"正是解放后经济水平的提升，人们对生活质量的要求提高了。在江苏常州，有人在梳子的背面刻上花纹，在广东佛山，也有人在扇子上作画，此外，还有人在筷子的顶端刻上条纹，以增加其观赏性。在这些日常用品上画上好看的纹路，不仅能增加销量，也使得烙画得以传播。"张明志笑着告诉"非遗与传播"。

1972年，由翟松杰、张永德合作完成的烙画《野营路上话当年》和艾秀琪创作的《崇山峻岭架银线》参加了当年的全军美展，并在军事博物馆展出，还在《解放军画报》等刊物发表，在美术界产生极大的影响，成为中国美术史的里程碑。

"随着烙画的不断发展，中国画的立意、构图、技法、工笔、写意等各种描法被引入烙画中。"张明志说道，"但受制作工具的限制，烙画临摹和创作多为工笔，较难表现写意水墨画中靠毛笔笔尖与水墨渲染出的效果。"

由于从事烙画制作的人不断增加，商家从中看到了商机，不断研发出许多新的烙画工具，目前制作烙画的常用工具有四大类，分别是恒温电烙铁、可调温式电烙笔、热熔喷枪和其他可调温工具。

恒温电烙铁是一种老式的电烙铁，有木把的，也有胶把的，原本是用于焊接的工具，使用这种工具可加大力度烙画，故作画速度较快，一般用于较大幅、较粗犷的作品。可调温式电烙笔轻便安全，只需单手操作，可用于制作精细的较小幅的画，同时还配备多种不同类型的笔尖，供作画者选择。

而热熔喷枪是用电发热喷出火焰来作画，有大小不同的喷头以控制火焰的大小，色调的深浅由火焰与面板之间距离的来决定。这种喷枪常用于大面积的深色作品或书法、线条等作品，是烙画的辅助工具。

除了以上工具，还有丁烷气烙笔，这是不用电的便携式烙笔。采用灌气打火机原理，靠丁烷气燃烧加热笔尖作画，可用于小幅的烙画。此外，还有一些不知名的自制调温烙画工具。

"制作工具的改进，使得很多精细的操作都可以完成，个人创新也得到了保证。"张明志提到。

2013年，张明志完成了他的第一幅现代烙画——《火中的舞者》。与传统烙画相比，现代烙画的不同主要体现在表现手法和题材两个方面：传统烙画是国画的不同工具材料的衍生品，表现手法由线描加晕染来塑造形体，现代烙画则主要是用西洋画素描的技法来塑造形体。

"现代烙画还在探索阶段，表现手法和烙画工具都还没有固定，还有很大的探索空间，我们在从事烙画制作时，不要有条条框框的限制，要敢于表达，敢于探索。"张明志表示。

现代烙画的题材非常广泛。从广义上讲，只要不是传统的题材都可作为现代烙画的题材。具体讲，就是从我们最基本的生活环境中去寻找题材。另外，西方艺术界活跃的绘画流派为中国烙画的变现提供了许多参照。

2014年1月27日，经国务院批准，烙画被列入重庆市第四批非物质文化遗产名录。

"探索与创新，是烙画人一直在走的路"

随着时代的进步，烙画的发展也遭遇瓶颈，甚至面临消逝的危机。

"让烙画得以创新是当下最紧迫的问题。"张明志说。

他打了个比方：画烙画不能像曾经火药出现后一样，仅仅用于烟花爆竹，而不去探求新的用法。同样地，烙画也不能仅仅停留在画些花草树木这些小选题，应该向更高层次表达，要走向一个大画种，要尝试更多的可能，因为烙画的表现能力很强，它不同于一般的民间艺术。

"国画、油画所表现的重大历史题材，比如三大战役，如果烙画来画这个，一是重复了，人家已经画过了；二是如果要画那种大题材，要搜集相关的历史资料，很费时间，而且个人力量还达不到。像专业院校、专业画家，国家通常会给予帮助，而我们却没人理睬。"张明志放下手中的烙铁感叹道。

除了创新，烙画面临的另一大难题就是缺乏市场。

"关于传承的问题，这不仅是烙画面临的问题，也是整个非遗面对的问题，现如今没有多少人愿意来学烙画，最主要的原因还是烙画缺乏市场，有了市场才能提高烙画的价值，而这个价值不是经济价值，更多的应该是烙画的艺术价值，这样才能让更多的人了解到烙画。"张明志表示。

在采访烙画传承人刘光红时，她告诉"非遗与传播"：宣传不到位也是烙画发展目前急需解决的一个问题。

"我们目前都是用私人的圈子来宣传烙画，但是影响太小了。"刘光红说道，"要想提升知名度，还是要靠政府的力量。如果政府来做一些宣传，文艺界来包装一下，那就很快了。"

虽然如今的传播渠道非常之多，"抖音短视频""火山小视频"这些对于当下年轻人来说，十分熟悉的词汇，对于一些传承人来说，却显得有些陌生。

"发布短视频不免为一种很好的宣传途径，但是我不懂得如何经营。"烙画传承人高磊提到。

但是，也有一些传承人充分利用了这些新兴的传播渠道。

据了解，2018年11月24~26日，抖音与南京市委网信办共同发起了"古今繁华DOU在南京"的网络宣传活动，围绕美丽古都、非遗传承等方面展开，活动期间在抖音上发起话题"稳中带甩玩南京"。

这次的抖音话题挑战中，不少短视频都展示了南京的非物质文化遗产，也吸引了不少年轻网友的兴趣。在"@南京发布参与话题挑战"的视频中，国家级非物质文化遗产代表性项目南京白局的国家级代表性传承人徐春华表演了南京白局，并向网友们介绍了这门艺术。

在"@非遗抖起来上传话题挑战"的短视频中，古琴艺术金陵琴派的国家级代表性传承人桂世民老人向网友们介绍了金陵古琴艺术。

抖音自2017年9月上线以来，便得到了快速发展，截至2018年8月，短视频用户量已达3.13亿，并且仍存在非常大的上升空间。

此外，"非遗与传播"在抖音短视频App上搜索"非物质文化遗产""非遗文化""非遗传承人"等关键词时发现，一些非遗项目或者非遗传承人，所拥有的粉丝数量超过20万，比如中国非遗剪影传承人刘期培就有21.8万粉丝。

"在探索中求发展，在发展中求创新，唯有创新才能壮大。这是烙画人一直在走的路。"张明志告诉"非遗与传播"。

聊完烙画，没等我们走出张明志的工作室，他已经拿起烙铁继续画起来了。烙铁一下下地"敲打"着木板，"咚咚咚"的声音传得很远……

文/周传勇
编辑/李宁

（原文2019年3月3日刊载于"非遗与传播"微信公众号）

15. 泥泥狗

[非遗档案]

类别：传统美术

级别：国家级非物质文化遗产代表性项目名录

所属地区：河南省

收录时间：2014（第四批）❶

简介：淮阳泥泥狗是淮阳太昊陵的太昊伏羲祭典中泥玩具的总称。"泥泥狗"又称"陵狗"或"灵狗"，最早可追溯到上古时期，是伴随着宗教祭祀和古老民俗而产生的，并被有关专家称为"真图腾、活化石"。据《淮阳县志》记载，泥泥狗按照其造型和颜色，可以分为小泥鳖、小中板、娃娃头、大花货四种类型。得益于神秘宗教色彩，泥泥狗往往造型古朴、怪诞夸张，具有独特的审美价值，从天上的飞禽到地上的走兽无奇不有，据不完全统计共有200多种。

传承人名录：

国家级代表性传承人：许述章

省级代表性传承人：任国和

市级代表性传承人：张华伟

淮阳泥泥狗 ｜ 郭宇

---

❶ 资料来源：中国非物质文化遗产网·中国非物质文化遗产数字博物馆（ihchina.cn），最后浏览时间：2021-07-14。

这些怪诞古朴的原始活态泥团，让我们重新看到一个远古神话世界，一个图腾的印记。而让这种远古图腾文化丰满、立体再现的，是淮阳民间艺人虔敬的艺术创造。是淮阳的一代代艺人们，他们全身心投入"人祖神"的崇敬中，凭借内心的直观体验和情感冲动，给一块没有生命的黄泥巴赋予生命和灵魂，让我们感受到图腾的故事就在身边。

——董素芝[1]

淮阳泥泥狗，天下第一陵的天下第一狗

淮阳县位于河南省东南部，为周口市所辖。淮阳泥泥狗是淮阳太昊陵的太昊伏羲祭典中泥玩具的总称。"泥泥狗"又称"陵狗"或"灵狗"，最早可追溯到上古时期，是伴随着宗教祭祀和古老民俗而产生的。2014年，淮阳泥泥狗被列入第四批国家级非物质文化遗产代表性项目名录扩展项目名录。

淮阳，位于豫东平原，因在淮河之北而得名，历史上曾三次建国、五次建都。

史学家李杰说："中国的历史，一千年看北京，三千年看西安，五千年看安阳，八千年看淮阳。"

据传原始社会时期，淮阳为太昊伏羲氏和神农氏之都，更是太昊伏羲氏死后长眠之地。

太昊伏羲氏的陵庙在淮阳县城北部1.5公里处，因陵庙主人是"三皇之首"，故淮阳太昊陵有"天下第一陵"的美誉。

每年农历的二月二日至三月三日，是淮阳太昊陵一年一度的"人文始祖"伏羲的进香祭典。人们在这时前往太昊陵以祈求繁衍生息和国泰民安。祭典活动举行期间也举办庙会，当地俗称"二月会"。

泥泥狗就是祭典庙会上的圣物，为淮阳太昊陵所独有。

上古宗教祭祀的活化石

"这是人祖爷和人祖奶奶抟土造人留下的，长寿得子保平安的，买一个

---

[1] 选自董素芝《泥泥狗》，"香落尘外"微信公众号，2019-03-21，https://mp.weixin.qq.com/s/N_uiG6oDOiefJFHrwfaNsg，最后浏览时间：2021-11-03。

吧。"这是当地卖泥泥狗的商贩常说的话。他们要么摆摊,要么挎着竹篮子沿街叫卖。

但凡去过淮阳朝拜的人,都应该见过泥泥狗。

带有宗教祭祀色彩的泥泥狗,是伏羲、女娲"抟土造人"、繁衍人类传说的再现,极富有神话色彩。

相传在远古时代,天塌地陷洪水泛滥,地上只剩下伏羲、女娲兄妹二人。

此时的人们已从群婚过渡到对偶婚,嫁娶制度也从血缘婚变成了族外婚制。

为了繁衍人类,兄妹二人只得求上天做媒。他们从山上推下两扇石磨,如果石磨最终合在一起,他们就结为夫妻,否则,仍为兄妹。结果石磨在山下合在了一起,他们便结为夫妻。

伏羲和女娲嫌自然生育太慢,就用泥捏制泥人。

这些泥人晒干后,便有了生命,成了会说话、走动的人。

就这样,泥泥狗伴随着古老的宗教祭祀和民俗活动而遗存下来,并被有关专家称为"真图腾、活化石"。

正如泥泥狗研究专家倪宝诚所说:"淮阳泥泥狗不同于一般的泥玩,具有重要的历史意义、文化价值和审美价值。"

通常情况下,泥泥狗的制作流程主要有五步。

手艺人要先选土,所用的土是当地产的胶泥,之后进行捶泥陈腐,让生泥变成熟泥。变成熟泥后进行捏制、晾晒。把晾晒阴干好的坯子通体染成黑色,继续晾晒。最后再以红、黄、蓝、绿、白五色,以点线结构的纹饰符号加以彩绘。

经过多道工序制成的泥泥狗,每个都有孔可吹,声音悠远浑厚。

据《淮阳县志》记载,泥泥狗按照其造型和颜色,可以分为小泥鳖、小中板、娃娃头、大花货四种类型。

得益于神秘宗教色彩,泥泥狗往往造型古朴、怪诞夸张,具有独特的审美价值,从天上的飞禽到地上的走兽无奇不有,据不完全统计共有200多种。

既然如此,为什么要把这些造型各异的泥玩具称为"狗"呢?

泥泥狗大师彭兴孝和学者王纪友编写的《淮阳泥泥狗》或许能给我们答案:传说,太昊伏羲氏是我国发展畜牧业的始祖。狗可能首先被驯服,为人守户、报警、保护畜群。这时人的思想认识是图腾崇拜式的,认为狗是上天派来拯救生灵的,是人和畜群的保护神,后来出现了以狗为图腾的氏族部落。

随着泥泥狗的问世，相继出现了反映远古社会氏族部落图腾和生活现象的各种造型，都加入了"狗"的行列。

这段话较为客观地回答了泥泥狗出现的历史背景，以及狗作为泥泥狗中的重要造型的原因。

生殖崇拜带来的旺盛生命力

"泥泥狗要是脱离了繁衍生息这个范畴，那你就完了。"从15岁就开始跟随家中长辈学习制作泥泥狗的市级传承人张华伟说道。

泥泥狗的图案由众多纹饰符号组成，对它们的解释有很多，其中比较普遍认同的一种说法是它们代表了古代人的一种生殖崇拜。

其纹饰种类主要有女阴纹饰、太阳纹、马蹄纹、三角纹、花杂纹、类绳纹六类。

泥泥狗的红、黄、蓝、绿、白五种颜色来自于八卦，代表了"五行"，是万物之本色。

黑色打底揭示了太极生两仪，两仪生四象，四象生八卦，八卦生万物的生长规律。

在数百个品种中，无论是"草帽老虎""人祖猴"，还是"猫拉猴""猴骑兽"，它们都从造型上充分体现了人们对于生命旺盛的渴望。例如，在"人祖猴"的正面就有一个用四种颜色勾勒的女阴图案，这显然是对女性生殖能力的崇拜。

先人赋予泥泥狗的独特寓意，决定了它旺盛和持久的生命力。并且，依托于庙会本身的支撑，泥泥狗的发展在历史上并没有经历过较大的中断。

直到20世纪的"文革"时期——庙会没有了，泥泥狗也不见了踪迹。

到了八九十年代，庙会和泥泥狗才逐渐重新出现在人们的视野。

淮阳县民间艺术泥泥狗协会也在此期间挂牌成立。

面对市场经济的发展和商业化的需求，重回视野的泥泥狗也发生了一些变化。

一方面是在具体的制作技法上。

"泥泥狗为了迎合现代人的审美观念已经发生了一些变化，画新一些，线的长短一样些。"泥泥狗协会会长任国和说，实际上真正标准的泥泥狗是粗犷不拘小节、没有规律的。

此外，制作者也会将一些销售比较好的作品制成模具，实现批量化生产。

另一方面是造型和尺寸上的变化。

"文革"之前,泥泥狗的造型种类创新极少,尺寸上都捏得比较小。这之后,随着收藏、做摆设纪念品等需求的增多,出现了十二生肖系列作品以及大中型泥泥狗摆件。

"一些很著名的艺人,有时受文化人的影响会有点创新的意识,传统的泥泥狗都是小玩意,现在越做越大,有的做到一尺高,现在那里有个白楼村,白楼村著名的艺人比较多,这些人身价高起来了,他的作品(价格)也就高起来了。"

这是民俗学家山曼在1999年去淮阳时所记录的文字。

面对这些变化,任国和表示很理解,"那样的(传统的)不好卖,毕竟买家也不是那一代人了。"

在保证工艺能延续传承的同时,泥泥狗的审美形式和审美情趣所出现的发展,是合理且有意义的。

如今,泥泥狗凭借着自身魅力和现代艺人们的努力,已经进入了不少收藏爱好者特别是外国收藏爱好者的视野。

传承路上要坚守

"我有三不变:黑色打底不变,五色点化不变,纹饰符号不变。"面对泥泥狗的传承与创新,有着65年捏制经验的任国和说,这是他始终不变的坚守。

尽管泥泥狗受到了学界和收藏界的追捧,从县城走向了国际,其独特的文化价值也在更大范围内得到了认可,但是能力越大,意味着责任越大。

淮阳泥泥狗的良性发展不仅是其本身的发展,更是为其他民间文化的发展树立榜样和标杆。

面对现代快节奏生活的冲击,急功近利、快速变现的思想,促使一些手艺人在没有完全掌握泥泥狗文化内核的情况下就快速上手制作。

"你想做出很好的作品,必须了解咱们的传统文化、吉祥文化。"张华伟告诉"非遗与传播",有一些不了解内涵的手艺人会把他的作品买走进行模仿。

"但他只是仿出来一个皮,仿不出来形。"张华伟说。

除了模仿,更有一些手艺人进行臆造。但是,毫无根据的"创造"并不是创新,而是一种倒退。

高质量的泥泥狗的选土和上色颜料都有讲究,外形坚固不易掉色开裂。2011年9月30日,河南省质量技术监督局发布并实施了淮阳泥泥狗的河南省地方标准。标准中规定了淮阳泥泥狗的术语和定义、检验规则、标注、包装、运输及储藏等。

但就目前的泥泥狗市场而言，还是存在良莠不齐的情况。

除了流程要规范过硬，外在造型也要兼顾。"需要有高质量的作品，也需要让专家学者认可收藏，如果他们不认可，那说得再好也没用。"张华伟说。

传承路上要变通

过去，泥泥狗的销售旺季是在每年的二月庙会。如今，随着泥泥狗知名度的打响，以及一些手艺人声望的提高，许多知名手艺人已经不在庙会期间亲自摆摊销售。

"就坐在家里，就有人上门来买。"任国和的爱人陈凤兰告诉"非遗与传播"。张华伟也表示，虽然不再去庙会摆摊，但是大家都有自己的销售渠道。

但是细问之下发现，所谓的销售渠道就是口碑和人际传播，再无他法。虽然有政府主导的电商平台，但接受采访的几位手艺人都是只知有平台，不知是什么平台。可见其宣传影响力是有限的。

互联网时代要有互联网思维。不仅政府要有，手艺人自己也要有。互联网思维不是单纯开网店，而是学会如何利用网络推销自己。

47岁的张华伟，基本上每天都会在微信朋友圈发布有关泥泥狗的新闻资讯以及自己的作品。他说，现在许多生意都是通过微信做的。

而71岁的任国和手机里没有安装微信，当前来购买泥泥狗的人们要付款时，任国和说："我只接受现钱（现金）。"

谈及收入来源，张华伟告诉"非遗与传播"，除了自己卖泥泥狗，其他来源基本就是通过参展获得一些补助。新人要想以此为生计，就需要收获一些名气，而获得名气需要消耗时间和精力，但如今这种现状并不利于新人的培养和崛起。

"国家重视是重视，但是各级的保护不一样。"张华伟说，像省级、国家级传承人都有传承经费，但是到地方上基本就没什么了。

问题的出现是帮助事情更好地完成，正如许多其他的民间艺术一样，泥泥狗的传承发展才刚刚开始，毕竟，每一个此刻的转变，都是未来的根源。

文/郭宇

编辑/李宁

（原文2019年3月3日刊载于"非遗与传播"微信公众号）

16. 赵氏武术

[非遗档案]

类别：传统体育、游艺与杂技
级别：市级非遗项目
所属地区：重庆市
收录时间：2011（第三批）❶

简介：起源于渝北区的市级非遗项目赵氏武术，拳术种类多，文化内涵丰富，在武术家赵子虬等一批拳师的不懈发展下，赵氏武术得到空前繁荣发展，68个拳种和门派，1093个徒手套路，518个器械套路，41个对练套路，276个练功方法和14个技击项目得到挖掘整理。

传承人名录：

市级代表性传承人：赵幼生

渝北武术研究院正堂"武术之乡"碑 | 刘思明

---

❶ 资料来源：渝北区非遗《赵氏武术》，http://cq.wenming.cn/ybwmw/gdtp1/201512/t20151209_3011514.htm，最后浏览时间：2021-07-15。

白马篇（节选）

宿昔秉良弓，
楛矢何参差。
控弦破左的，
右发摧月支。
仰手接飞猱，
俯身散马蹄。
狡捷过猴猿，
勇剽若豹螭。

——（三国）曹植❶

武术之乡里的赵氏传奇

江北旁矗英雄城，男女老幼擅武风。
拳戈骁勇搏龙虎，武乡绝技贯长虹。

——1992年，全国"武术之乡"评选，少林高僧、时任少林寺武协秘书长的释德虔法师，在赠送给赵幼生的《少林武术大全》扉页上题诗赞誉。

68个拳种和门派，1093个徒手套路，518个器械套路，41个对练套路，276个练功方法和14个技击项目……

起源于重庆市渝北区的赵氏武术，拳术种类多，文化内涵丰富，在武术家赵子虬等一批拳师的不懈发展下得到空前繁荣发展。

源·盛极一时的重庆武术

中国传统武术深深植根于广袤的山野乡村之中，几千年的中华传统武术文化孕育并造就了源流有序、拳理明晰、风格独特、自成体系的武术门派。全国武术之乡渝北、江津、奉节三大区县是重庆武术的先驱。

自古巴族尚武，源远流长，巴祖廪君掷剑，周武王伐纣的巴师勇锐，秦末刘邦盛赞的"巴渝舞"等，武术史迹，光耀历史。据《重庆武术志》记

---

❶ 选自曹植《白马篇》，孙言诚、闫昭典选注《中国历代诗歌精读（汉魏南北朝诗歌卷）》，济南出版社1999年版，第82页。

载,从明永乐四年至清光绪二十年的近500年间,重庆地区成名的武状元、武榜眼、武探花等多达200多人。

重庆本土武术的兴盛是在抗战时期,中央国术馆随南京政府西迁重庆,各路豪杰齐聚山城,一时间高手如云,民间习武之风盛行。那个时候,每逢初一、十五,码头工人和民间豪杰就会去珊瑚坝"赶花会"、打擂台。

据赵氏武术第三代传人赵幼生在《巴渝武术》一书中所说:"渝北区武术文化底蕴深厚,武术工作在全国处于领先水平。"作为峨眉武术的重要组成部分,在以已故的"全国十大武术名师"之一、著名武术家赵子虬先生为首的一大批峨眉武术拳师的领导下,巴渝武术在渝北区广泛传播,丰富了重庆的武术文化底蕴,并形成了独特的武术风格。

20世纪80年代,赵子虬退休后专心从事武术研究与遗产挖掘,作为传人的赵幼生等人接过传承重任,大力推广武术文化,培养武术传人,一时间江北、渝北地区武风甚起。当时的江北县武术普及率达到80%以上,是四川省第一个武术之乡。

李连杰的一部《少林寺》曾让河南少林武功名震天下,但据赵氏武术第四代传人曾勇介绍,在1992年的全国首批"武术之乡"名单中,以少林武术为代表的河南登封位列第三,而以赵氏武术为代表的江北县则居首位。

巴渝武术最鼎盛的时候,仅在渝北区的武术馆(校)就有15家,在校学生1万余人。在民间的巴渝武术弟子和爱好者达5万多人,其中也有慕名前来学艺的欧、美、东南亚等10多个国家和地区的外国弟子。

起·赵氏武术的辉煌历史

"渝北赵氏武术"植根于峨眉,发轫于重庆,独立于全国民间武艺之林,是巴渝武术体系的核心所在,在川渝地区具有重要地位。

赵氏武术具有鲜明的重庆地域武学文化特质,赵幼生在《巴渝武术》中也提及:"重庆本土武术为东峨眉,相比西峨眉,动作比较小巧、精致和紧凑,有自己独特的武术套路。"

说起赵氏武术的历史,不得不提到它的创始人、"全国十大武术名师"赵子虬的风云身世。

1902年,赵子虬出生于四川广安,自幼跟随母亲家族(清光绪间人氏)习武,拜师清代武举陈晓东,1927年在广安驻军"武士会"上打擂夺冠。1931年,赵子虬考入南京中央国术馆,后在武昌中华大学当国术教师,当时报载"赵子虬拳打美国大力士"赢得比赛，振奋国人；后出任西北军吉鸿昌大刀队教练。抗战陪都时期，其举家迁入与广安相邻的重庆渝北落户，承东峨眉派，精巴渝武艺，自成一派，人称"渝北赵氏武术"。

渝北赵氏武术的魅力，既集中展现于历代传人的精妙身手之上，也囊括在拳法、功法、器械三大武艺之中。如：赵子虬的"四川南拳三十六闭手"、赵幼生的"春剑气、夏刀技、秋枪神、冬棍峰"、成都吴信良的峨眉柔术、上海王三的峨眉剑、刘子均的金刚刁手、江海同的春秋大刀、许俊冰的点易拳、曾勇的峨眉铁佛拳等。

赵氏武术的功法包括盘、庄、苦、轻四功，以及巴渝内功的硬功、静功；器械涉猎刀枪剑戟。尤具巴渝特性的巴子拳讲究拳钻、掌翻、腿矮、步圈；巴子棍与少林棍、青田棍齐名；巴子刀灵活多变、抡劈如意、刀法纵横等，可谓"拳法贯通南北，兼容内家外家"。

赵氏一门，世代相传，弟子众多，渝北地区民间练武习俗亦遍及城乡，传承历史已逾100年。在当年"武术之乡"的建设中，赵氏武术起到了举足轻重的作用。

窘·不容乐观的存续现状

赵氏武术历经五代传承，虽所传弟子众多，所涉地区甚广，但名门正统做传人的，五代人加起来只有百余人。其中代表性人物赵幼生、白斌、唐国强、曾勇、许俊冰等，至今仍活跃在武坛上，为赵氏武术的传播贡献着心血和智慧。

目前，赵氏武术的套路、器械、功法，不少已经失传，再因武术历代传授方法注重口传身教、代师收徒，长期在民间密传，故不少拳法仍鲜为人知。随着时间的推移，一些老拳师相继离世，赵氏武术面临极度濒危状况，亟待拯救挖掘和保护传承。

但比起这些较为普遍的原因，赵幼生认为，武术传承没落的更重要的因素是大众对传统武术不切实际的幻想。

传统武术讲究"实用"，认为能将对方击倒在地就是真正的武术，这种武术动作不好看，而讲究精、深、高、难。但现代武术讲究的是观赏性、表演性，吸收了舞蹈的特点。

赵幼生认为，武术介入现代体育的方式是套路，不是格斗。他在《巴渝武术》中这样描述："套路显然不是武术的主体，它只是练习武术功力的手段，是武术的一个小小组成部分。武术介入现代体育的方式，从一开始就是舍本逐末。"

《巴渝武术》详细地记载了赵幼生的思想。他认为,武术要通过对抗与搏斗才能真正体现出其本来面貌,但运作武术比赛只选择了其表层的运动形式——武术套路。现在有目共睹的是,所谓的武术"现代化"几乎就将真正的武术完全葬送。

"所以说,这是对武术认知的偏差,而更为严重的,则是由武术认知偏差最终导致的大众认知偏差,武术在人们心中的印象彻底被模糊。"他觉得,半个世纪以来,中国的武侠电影担当起了塑造武术形象的重任,但武术的功能被无限地夸大和歪曲。于是,视觉的直接灌输加上道听途说,逐渐形成人们对武术的错误认识,这种极大反差对于武术的发展贻害无穷。

当前,武术套路比赛观众席上总是空空如也,而以对抗形式出现的散打比赛似乎也没有激起观众更高的观赏欲望。仅有的观众是由教练、队员等组成的亲友团,观众寥寥印证了套路比赛的枯燥与乏味,情况略好的散打比赛似乎也没有把握好观众的心理。

"时代背景的不同也让传统武术缺乏生存发展的土壤。现在是信息时代,大家看到的东西多了,因此选择面也更广。"赵幼生认为,在当前的时代背景下,习武以健身和竞技为主要目的,传统武术的没落是不可避免的。

破·道阻且长的振兴之路

传统武术是中华民族文化宝库中的珍品,是现代体育的重要源泉,它孕育了绝大多数现代体育竞技项目,而且还在源源不断地使一个个民间传统体育项目走上世界竞技体育的舞台。

"渝北赵氏武术被誉为重庆武术的领军者,不仅是因为其技艺精湛,更与历代赵氏传人在武术的传承发展与推广上所做的努力分不开。"赵氏武术第四代传人、现任渝北区体育事业发展中心群体科科长曾勇说。

时任渝北区体育局局长的赵幼生深知,想要赵氏武术有所发展,就要积极协调政府有关部门和社会各界力量,采取切实有效措施,挖掘、整理、开发武术资源,打造具有巴渝特色的武术精品。他瞄准了武术强身健体的功能,开始在推广武术健身上下功夫。

2007年,为进一步深入推进全民健身,广泛普及武术基础,赵幼生以几十年的武学修为创新编排了简单易学、具有大众健身特色的巴渝武术操。该操结合"健康、欢乐、时尚"的时代特征,技击与健身并重、武功与医保结合，具有较好的防病抗病、健身益气的效果。

目前，渝北区将巴渝武术操作为武术"六进"——进机关、进镇街、进企业、进军营、进学校、进社区的重点项目，许俊冰、唐国强等众多赵氏武术传人在全国各地义务推广，带动各级机关干部和群众广泛习练，现已形成"巴渝武术操"群众健身品牌。

曾勇说："全民健身的国家战略为武术之乡发展提供了重要机会，渝北良好的经济和社会发展环境也为武术之乡建设提供了良好基础。我们目前的任务之一就是将全民参与武术健身程度提高，力争达到常住总人口的一半。"

任何一种体育项目，要想立足于世界体育之林，就必须完善自己，开展科学研究，加强技术理论建设，这样才能真正走向世界。伴随着武术在世界的普及与发展，武术科研的地位越发重要。

2018年，渝北武术研究院成立，由赵氏武术传人带领一众研究员编著武术书籍、整理巴渝武术史料，通过各种方式开展武术研究，传播巴渝武术。

曾勇说："下一步工作就是将武术研究院进行装修，不仅要做好研究的工作，还要做好武术管理、武术服务等服务大众的工作，通过举办武术沙龙、兴趣培养等方式，把巴渝武术的历史故事讲出去，把我们赵氏武术的精髓在研究院体现出来，但是这个任务任重而道远，我们还有很长的路要走。"

撰稿/刘思明
编辑/刘思明

（原文2019年5月27日刊载于"非遗与传播"微信公众号）

17. 易拉罐画

[非遗档案]

类别：传统剪纸

级别：市级非遗项目

所属地区：上海市

收录时间：2015（第一批）❶

简介：以易拉罐为主要材料制作成的书画作品，也称铝箔画、银贴画，由于易拉罐内壁具有金属光泽，有很强的银质感和浮雕感，因此制成的书画作品不仅立体效果特别好，而且低碳环保。

传承人名录：

市级代表性传承人：李雄刚、李晓明

李晓明/蹇卿兰

---

❶ 上海市非物质文化遗产网，http://www.ichshanghai.cn/ich/n557/n563/n564/n565/index.html，最后浏览时间：2021-07-15。

画

远看山有色，
近听水无声。
春去花还在，
人来鸟不惊。

——（唐）王维[1]

废弃易拉罐不要扔！可以"画"腐朽为神奇

放错地方的易拉罐是垃圾，放对地方的易拉罐是艺术。废弃的易拉罐，可以在手艺人的一刻一贴下成为锦绣山河，尽显秀丽与精致。这就是创新型非物质文化遗产——易拉罐画。易拉罐画的传承人用一把剪刀和一个易拉罐，画出世间万物，表达生活的绚丽色彩。

大场易拉罐画变废为宝、低碳环保

大场易拉罐画由非物质文化遗产传承人李雄刚在1991年发明，流行于上海市宝山大场地区，并于2015年成功申报非物质文化遗产名录。

易拉罐画，顾名思义就是以废弃的易拉罐为主要材料制作成的书画作品，图案以动植物、人物和知名建筑为主。易拉罐画是中华传统布贴画和剪纸技艺的衍生工艺品。虽然制作材料为近代产物，但其制作工艺延续了传统布贴画的制作方法，并结合易拉罐的金属材料的特质，开创出一种崭新的工艺画，可谓"古迹新颜"。

李雄刚将回收的废弃易拉罐加以构图、修剪、塑形、粘贴和装裱，便能完成一幅易拉罐画，工艺简单，可操作性强。由于易拉罐内壁具有金属光泽，有很强的银质感和浮雕感；经过雕、凿、刻后，作品层次鲜明，立体感强，极具观赏性和艺术性。

此外，易拉罐画还低碳环保。据悉，我国每年至少产生18万吨废易拉罐，累计125亿只；而铝制饮料罐可能需要200年左右的降解时间。可见，

---

[1] 选自王维《画》，王宗康主编《经典古诗五百首（上）》，陕西人民出版社2019年版，第43页。清《全唐诗》未收录此诗，暂从此说。

废弃的易拉罐会对环境形成巨大的负担。易拉罐画的发展不仅能够有效利用废弃易拉罐，赋予废弃易拉罐以新的生命，更是可以缓解环境压力，符合低碳环保理念。

易拉罐画手艺人精雕细琢、妙手生"画"

据非物质文化遗产传承人李晓明——也就是李雄刚的儿子介绍，易拉罐画的制作精髓在于"一刻、一剪、一贴"。"一刻"要把握力度，力度适中才能让整幅作品柔和自然；"一剪"要讲究方向，按逆时针方向剪切才能让作品流畅光滑；"一贴"要找准触点，触点到位才能让作品立体生动。而具体制作流程分为拓印底图、描刻、成型、清洗、修剪着色、装裱六个步骤。

第一步：拓印底图。

先设计出精美的图画作为底图，然后再把底图用复写纸拓印在易拉罐片的正面（此时的易拉罐已从中间剪开，去掉头尾部不用）。因为长边外较硬，应尽可能把画面拓印在易拉罐的中间部位。

第二步：描刻。

把拓印好的易拉罐片平放在橡胶垫上，用圆珠笔按复印的线条把图描刻一遍。描刻时注意力量要适中，以金属板反面能辨认出线条印迹为好。

第三步：成型。

把描刻好的底图进行挤压、划刻成型。应根据底图的要求，需要凸起的部分，把金属片反面朝上平放在橡胶垫上，依据线条印迹，用笔、笔尖对画面进行挤压、划刻。要凹陷的部分，再用上面的方法对金属片的正面部分进行挤压、划刻。在操作过程中用力要适度、均匀，使金属表面不能有明显的挤压、划刻痕迹。力量过大会使金属表面破裂，过轻则达不到画面的立体效果。通过反复的挤压划刻和正反面的修整，才能使画面产生立体效果。

第四步：清洗。

成型后，用清洁剂对画面进行洗刷，清除掉污点，使画面干净。

第五步：修剪着色。

用剪刀把易拉罐片的成型画面剪下来，无法剪的部位可用刻刀雕刻，并对画面进行必要的修整。再根据底稿的要求，把剪下来的各部分图形用胶拼接在一起，构成一幅完整的画。接着，根据需要用颜料着色。当然，利用易拉罐的本色最好。

第六步：装框。

17. 易拉罐画

要对画面进行整体、全方位的检查、修整，使画面更加完善。之后，把衬纸（衬布）用胶平整地粘贴在镜框底板上，再把画用胶粘贴在衬纸（衬布）上，装进镜框。

撰稿/寒卿兰
编辑/郭　宇

（原文 2019 年 9 月 17 日刊载于"非遗与传播"微信公众号）

18. 重庆渝味晓宇火锅

[非遗档案]

类别：传统技艺
级别：区级非遗项目
所属地区：重庆市
收录时间：2018（第七批）[1]

简介：1995年，张平和妻子熊孝禹在重庆枇杷山开了一家麻辣烫，后改成以妻子名字谐音命名的晓宇火锅。一间4张桌子的火锅小店，开始了晓宇的故事。张平通过食客的反馈，不断琢磨和改进底料的味道，坚持手工炒料十多年，只为还原"重庆地道老火锅"，他因此被评为"重庆非遗炒料传承人"。渝味晓宇火锅目前为全国性的餐饮连锁品牌，在全国共开设300余家门店，分布于30多个省份，并先后获得"重庆火锅50强""中国十大火锅品牌"、重庆市级"老字号""中国餐饮加盟榜TOP100"等荣誉。

传承人名录：

区级代表性传承人：张平

渝味晓宇火锅枇杷山总店 | 郭宇

---

[1] 资料来源：关于公布第七批区级非物质文化遗产名录的通知，www.ybq.gov.cn/zwgk_263/zfxxgkml/qtfdxx/qtwj/202003/t20200324_6024846_wap.html。

巉岩危立，大江汹涌，巴渝子民引吭高歌，拉纤引舟于惊涛骇浪之中。每当夕阳西下，月迷津渡，纤夫们燃起篝火，架上瓦釜，汤翻麻辣红浪，香袅星月苍穹；信手拈来的猪牛下水、葱蒜白菜扔将下去，呼五吆六，大碗喝酒，风卷残云，果腹解馋，艰辛跋涉的辛劳与烦恼都丢之爪哇国去了。

——张镇海[1]

嗨！重庆火锅！

　　"已是最炎热的季节，但重庆人热衷于一种温度更高的美食——火锅。"《舌尖上的中国2》如此表达出了火锅对于重庆人的意义。

　　作为节目中重庆火锅代表的渝味晓宇火锅，随着节目的火爆，用独特的麻辣鲜香染红了大半个中国。

　　2009年，重庆火锅入选重庆市第二批非物质文化遗产项目名录。

　　2018年，渝味晓宇火锅被列为重庆市渝北区第七批非物质文化遗产名录。

　　重庆火锅的味道，根植于独特的山城文化中，埋藏在每个重庆人味蕾的细枝末节里。曾有人夸张地比喻，飞机从重庆的上空飞过，能闻到这个城市在烫火锅的麻辣味。

　　在重庆吃火锅没有高低之分，贵贱之别。只要一锅浓浓的红汤沸腾起来，重庆人就变得更加热烈奔放，毫无拘谨之感，可谓"围炉聚饮欢呼处，百味消融小釜中"。

　　重庆火锅来源于穷苦的码头文化。

　　在重庆，江河奔流，航运发达，来往船只甚众。衣衫褴褛的纤夫、农夫等体力劳动者为了在"雾都"生存，他们就地取材，燃起火来，架起瓦罐，围炉驱寒，烧沸开水，将大把的辣椒、花椒等放入沸水中，将食物烫熟后食用，这就是火锅的雏形。

　　就广义的重庆火锅而言，实难认定它产生的年代。但有一点可以确定，它的流行与清末川江航运的发展、重庆码头的繁荣息息相关。

　　19世纪40年代，李领人曾在《风土什志》中细致地描述了他眼中的重庆火锅：

---

[1] 张镇海：《波泛麻辣 香袅日月》，重庆市火锅协会主编《重庆火锅》，重庆出版社2003年版，第6页。

"吃水牛毛肚的火锅，则发源于重庆对岸的江北。最初一般挑担子零卖贩子将水牛内脏买得，洗净煮一煮，而后将肝子、肚子等切成小块，于担头置泥炉一具，炉上置分格的大洋铁盆一只，盆内翻煎倒滚着一种又辣又麻又咸的卤汁。

于是河边、桥头卖劳力的朋友，便围着担子受用起来。各人认定一格，且烫且吃，吃若干块，算若干钱，既实惠，又能增加热量。"

一直到民国二十三年，重庆城内才有一家小饭店将它高尚化，从担头移到桌上，泥炉依然，只是将分格铁盆换成了赤铜小锅，卤汁、蘸汁也改由食客自行配合，以求干净而适合人的口味。

那个年代，也有一种火锅的原始形态，称之为"水八块"，其中"水"泛指下水，即牛、猪等动物的心、肺、肚、肠等下水之物。

所谓"八块"，则有不同说法，一说为了食客们拼桌，将一个锅底用铁格分为八个部分，大家各涮各的，互不影响，如今的"九宫格"，也是这种形式的延续；一说"八块"是指火锅的价格，一个铜板八片。

抗日战争时期，重庆火锅特别兴旺，"日暮长街吃火锅，家家扶得醉人归"很好地体现了吃火锅的盛况。当时，甚至许多外省人也爱上了火锅，有名的军统头子戴笠就曾经摆过五百人的火锅宴以示阔绰。

后来，随着计划经济的发展，人们下馆子的机会不如以前多了，"文革"时期，由于物资匮乏，多数火锅店转向食品经营。

直到20世纪80年代后，社会生活的好转给火锅带来了第二次兴盛。"莫发呆，莫要捱，选一家火锅馆儿坐下来，毛肚儿趁热烫几块，喝一杯烧老二大曲茅台，重庆城的龙门阵边吃边摆，大禹王、巴曼子、赵子龙、张献忠从远古直到未来。那火锅麻噜麻噜、辣呼辣呼，又鲜又脆，正宗川味，叫你一辈子难忘怀，二天还要来。"重庆老艺术家张尚元在他的曲艺作品中如此描述了当时的情景。

渝味晓宇火锅也有一段独特的渊源。1916年，一家叫作"利源客栈"的铺面开在了位于成渝古道上的白市驿，店主毛鸿斌为了让客栈的生意更好，将自己从码头小贩处学来的制作"水八块"的手艺带到了客栈。结果效果出奇地好，"水八块"让住客胃口大开，甚至有不少人慕名而来。

经历一系列变故后，由熊永福从毛家手里传承下来"水八块"的制作技艺。20世纪90年代，熊永福之女熊孝禹与张平结婚，一向爱钻研厨艺的张平成了这门手艺的传承人。

夫妻二人携手在枇杷山正街创立了一家火锅店，利用熊孝禹名字的谐音取名为"晓宇火锅"，后改名为"渝味晓宇火锅"。

说起重庆火锅，必然跑不了一个"辣"字，辣得火红，辣得豪爽，这种味道也注入了重庆人的性格之中，成就了山城人的直爽豪迈。

但仅一个"辣"字，远远不足以概括重庆火锅丰富的味觉层次。它很注意"五味"的和谐，从而具有辣而不燥、麻而不烈、进口味浓、回味绵长的特点。

重庆火锅用料考究，主要原料有干辣椒、花椒、豆瓣酱、豆豉、牛油等，每一种原料都会影响到整体的口味，原材料之间的碰撞、交融形成了独特的味道。

干辣椒，不同品种搭配使用，调和辣味，提亮增色；花椒去腥除异，增香和味；豆瓣酱，被称为"川菜之魂"，增香提色；牛油，重庆火锅必不可少的原料，在火锅中能起到浓稠火锅卤汁、上味增香的作用……

除此之外，重庆火锅的调料还有黄酒、冰糖、豆豉、老姜……

一位来自北方的消费者告诉"非遗与传播"成员："我觉得重庆火锅更包容一点，什么都能放进去煮一煮，甜的煮了变甜辣也很好吃；腥的放进去，原来的味道盖住了也很好吃。像潮汕牛肉火锅就不一样了，适合喝汤，适合清淡，你要放个脑花进去肯定是不行的。"

重庆火锅是注重健康的。川渝一带潮湿，麻辣的火锅有助于发汗祛湿，火锅一烫，大汗一出，神清气爽。

仔细分析重庆火锅的原料，辣椒、花椒、豆豉、老姜、大蒜均有益于人体。医书记载："川椒辛热，祛邪逐寒，明目杀虫，温而不猛"；"大蒜辛温，化肉消谷，解毒散痈"；豆豉有消食化滞、发汗解肌、除顺平喘、祛风散寒的作用；老姜则味辛性温，入肺、脾、胃经，有发汗、祛风、散寒等作用。

以渝味晓宇火锅为例，选用市面上品质最高的原材料，把每一种原料的味道都发挥到极致。每一种都经过反复的测试和评估，每年的牛油、花椒、辣椒都由张平亲自去采购回来。

在张平的工厂里，有个面积500平方米的冻库里保存着一年用的花椒，这是清代时作为贡椒的汉源花椒。为了保证用量和品质，他们会一次性采购一年的花椒，但是花椒味道易挥发，适宜在密闭和低温环境里保存，张平便为花椒专门建了一个冻库。

渝味晓宇火锅还有个独特的程序：焖制。一次性底油出味慢，短时间内各种调料的味道难以完全挥发出来，保证不了火锅的口味。

为此，他们特意定制了几个焖制罐，炒好的底料先在这大罐子里焖24小时，等到底料的香味完全焖出来了，再冷却包装。这是目前市面上鲜少使用的技术，能使底料的味道更加醇香、浓厚。

渝味晓宇火锅最突出的特点就是简单。张平崇尚最原始的火锅味道，因此渝味晓宇火锅底料熬制技艺不同于如今主流的火锅底料，其主打特点是不添加任何香料进行提味，更不会使用"飘香剂"等化学添加剂，仅使用牛油、花椒、辣椒、老姜、豆瓣五种原材料。

"像八角、桂皮这些香料，我们都没有，所以吃完火锅出去，风吹一下，衣服上就没有味道了。"张平介绍道。

渝味晓宇火锅店内的顾客小郭说："晓宇火锅我觉得是比较耐吃的那种，刚吃第一口不像网红店那么惊艳，但吃到后面味道都出来了。材料用得确实不花哨，都是实打实的。"

如今，重庆火锅已由江边码头走向千家万户，成为重庆的城市名片，不管阴冷潮湿的冬天，还是热浪袭人的夏天，大街小巷都能闻到火锅四溢的香气。

作为重庆独特的文化符号，重庆火锅不仅深入中国的大街小巷，甚至早已走出国门，飘香四海。

2007年3月20日，在第三届中国（重庆）火锅美食文化节开幕式上，中国烹饪协会正式授予重庆市"中国火锅之都"的称号。

2016年5月，重庆文化符号研究课题组宣布，以文化含量、知名度、美誉度、代表性、独特性、地域性、时代性7大标准进行评选，"重庆火锅"当选为"重庆十大文化符号"之首。

随着网络的发展，"火锅"这张城市名片的影响力更是在互联网持续发酵。"在重庆，没有什么事情是一顿火锅不能解决的，如果有，那就两顿！""微辣是重庆人最后的底线"等语言在网络上爆红，互联网的推波助澜让重庆火锅成为国民性美食。

在这其中，渝味晓宇火锅凭借自身优势及独特机缘，成为重庆火锅中的佼佼者。

2012年，渝味晓宇火锅入选了《重庆商报》评选的"火锅五十强"。

2013年，红遍大江南北的美食节目《舌尖上的中国》来拍摄重庆火锅，渝味晓宇火锅被顾客介绍给节目组，经过考察，它符合其寻找的"草根美食"的定位。

2014 年，随着节目的播出，渝味晓宇火锅一夜之间红遍大江南北，老板娘熊孝禹回忆当时的盛况："节目播出之后，人突然之间就多了起来，当时 12 月还有人提着行李箱赶过来。"

重庆火锅经历了一段井喷式的发展之后，已经形成了茁壮的局面，要想继续向前发展，也面临一些挑战和瓶颈。

食品安全问题频发，形势严峻。一部分经营者安全意识淡薄，逐利思想严重，缺乏必要的食品安全知识，导致违法违规的现象时有发生，给火锅食品安全带来诸多隐患。例如，火锅行业屡禁不止的"老油"。"老油"即回收油，因其成本低，且经过长时间的熬制，味道更加浓香的缘故，被很多商家使用。

创新能力不足，同质化竞争激烈。很多商家的创新浮于表面，仅停留在噱头、外部环境打造、广告推广等方面；而对于真正的核心，食材、口味、卫生、服务等环节缺少关注。由此，同质化竞争激烈，同一业态缺少真正向前发展的动力。

面对这些问题，张平夫妇也有自己的打算。他们还是坚持把火锅的核心做好，坚持使用优质食材，并且决不用老油。

"你越减反而越不行，因为火锅本来就需要好的食材，才能做出来好味道。"熊孝禹告诉"非遗与传播"成员。

面对如今大行其道的网红店和同行铺天盖地的营销，张平表示自己不太习惯："我上'舌尖'没有用钱，进'火锅五十强'也没用钱，现在要我一年花几百万来做广告，我还是有点不适应。"

市场部的孙斌告诉"非遗与传播"成员："晓宇火锅每年用在广告宣传上的资金很少，老板说他就是一个炒料的，也不会大肆宣传，有种酒香不怕巷子深的意味吧。"

谈及未来，张平说自己最大的目标就是把渝味晓宇火锅做成个百年老店，"我想把这个一辈子做下去。"

撰稿/魏治朋
编辑/魏治朋
审稿/李　宁

（原文 2019 年 9 月 8 日刊载于"非遗与传播"微信公众号）

19. 北泉水磨手工面制作技艺

[非遗档案]

类别：传统技艺

级别：市级非遗项目

所属地区：重庆市

收录时间：2009（第二批）❶

简介：重庆市北碚区的北泉水磨手工面也被称作北泉银丝面，历史悠久。和面时将面粉、麻油、鸡蛋和食盐按一定比例混合，再加上醒面、上棍、提面、扯扑、拉面、烘面等工序，需十余个小时才能制作完成。北泉水磨手工面面条中空、入口滑嫩，深受当地群众喜爱。

传承人名录：

市级代表性传承人：李天承

工序之一——晾面 | 武江民

---

❶ 资料来源：重庆市市级非物质文化遗产项目名录。

过土山寨

南风日日纵篙撑,
时喜北风将我行。
汤饼一杯银线乱,
蒌蒿数箸玉簪横。

——(宋)黄庭坚[1]

北泉手工面,麻辣重庆的清汤味道

面食文化,南北方之间的差异不可谓不大;但相同的是,各地人民对于面条的热爱。

2009年10月,北泉水磨手工面制作技艺纳入重庆市第二批市级非物质文化遗产代表性项目名录。

150年,可以见证一座建筑的诞生与消逝。

150年,可以让一个朝代消逝在历史长河中。

150年,能够改变的事情太多。

但150年过去了,北泉面的招牌依然屹立不倒。

如果说有什么能让重庆人一整天都保持充沛活力,莫过寒风呼啸的早晨的一碗小面。重庆的面,麻辣是它的特色,在重庆人眼里,一碗没有辣椒的小面,就如同吃鸳鸯火锅一样没有灵魂。但有这样一种面,它和花椒、辣椒一点也不搭,一份平常的番茄炒鸡蛋或者一碗鸡汤,就是最好的搭配,它就是——北泉面。

行车40公里,从市区到缙云山山脚,在一个又一个的转弯之后,我们终于在一家小店门口停了下来,这家店的招牌非常简单,上面写着"北泉手工空心面",这只是面厂边的一个贩卖点。

走入这个几平方米的小店,我们第一眼看见的便是陈列架上摆着的包装好的北泉面,随即便是位于陈列架上方的牌匾。坐在一旁的售卖员很"佛系",只要顾客不上前询问,她便不会主动招揽生意,对于拿着相机的人,似乎也习以为常。

---

[1] 选自黄庭坚《过土山寨》,孙静斋主编《精选古代烹饪赋注释》,辽宁人民出版社2000年版,第125页。

这便是北泉面厂给人留下的初印象。

"细如银丝，回锅不泥"

北泉面，不需要利用花椒、辣椒等佐料来增添它的风味，简简单单的一碗清汤、一把青菜便能将它的鲜美发挥得淋漓尽致。

如果说重庆小面的灵魂在于它的佐料，那么北泉面的灵魂便是——盐。

为何说盐是北泉面的灵魂呢？

普通的面条，和面只需水和面粉。如果想做油酥面，便可加上一点油。

而北泉面单从原料来看，就颇为讲究。和面的水是缙云山上的山泉水，再加上精制面粉、麻油、鸡蛋和一定比例的食盐，才开始了制作的第一步。北泉手工面制作工艺第六代传承人肖浪师傅一再向"非遗与传播"成员强调，北泉面是纯手工制作的，没有添加任何防腐剂。

没有添加防腐剂的北泉面想要保鲜，盐是关键。就像冬天农家熏制腊肉要事先给肉抹上厚厚一层盐一样，在面中加入食盐便是最天然的防腐剂。但这也造成了一个问题，因面本身自带咸味，北泉面就不适合像重庆小面一样用大量佐料来调味，一碗清汤便足矣。

提及北泉面，肖师傅的评价是"细如银丝，回锅不泥"。而要做到"回锅不泥"四字，豌豆粉则是关键。

在扯扑这道工序中，做面师傅就需要在扯面的过程中不断洒上豌豆粉使之更有韧劲，根根分明。"那个豌豆粉做出来的北泉手工面，真的是回锅不泥。就是这个面煮好了，就算你第二天吃还是一根一根的，不会粘在一起。"肖师傅这样对"非遗与传播"成员说。

要想做出一把纯正的北泉面，并不容易。光是大的工序就有和面、醒面、堆条、上棍、晾面等十七道左右，如果把每一道工序下的重复步骤都算上的话，二十八九道也是有的。

完成这样繁复的工序至少需要十七个小时，这意味着一天二十四个小时里，有接近四分之三时间都在做面，这样高强度的工作，不是每一个人都能坚持下来的。

在这些工序中，最难的便是上棍。一根竹棍和一根铁棍，便是上棍所要用到的工具，将醒好的环条状的面条搓成菱形，再依次交叉缠绕在棍子上面，如果做韭叶面的话就要挽成叉子状，其他的面则是挽圈。在这一步骤上，很多学徒总是不得要领。

上棍要学好的话，至少要花两年的时间。这也是特别关键的一步，决定了面条是否粗细均匀，一旦没有掌握好诀窍，做出来的面条就粗细不一。

肖师傅笑着说："我还是学得快一点的，一年多就学会了，自认为做面的话，我还是聪明的。像我有个徒弟，挽面挽了八年了，做得还是不行。"他表示，做面也是需要悟性的，不是所有人一开始学上棍就能做好的。

"温泉手工面生产要扩大，这是我国的民族遗产"

北泉面的历史，有人说最早可以追溯到明朝晚期，也有人说它是到清朝同治年间才出现的。据说，在同治年间有一个名叫隆素的和尚，请来其兄张海洲，在飞泉坎上开办了一家面坊，利用水力带动飞轮磨出面粉，再沿用寺庙制面的过程做出面条售卖。因面坊位于北温泉，后人便称此面为北泉面。

150年过去了，历史究竟如何，我们无从考究，只是口口相传，便有了如今对北泉面的由来较为统一的认知。

新中国成立之后，北泉手工面联合八家手工面作坊组成了北泉制面生产合作社，注册商标为北泉。1958年，由于国家政策的调整，北泉制面生产合作社转为国营，更名为北泉制面厂。同一年，北泉面也开始走出国门，销往东南亚及欧洲等地。

在国营期间，北泉面可谓是"风光无限好"。"因为面厂之前是国营，而且那时候买米买面都要用粮票，所以生意特别好。"肖师傅告诉"非遗与传播"。

由重庆市文化委主办、重庆市非物质文化遗产保护中心协办的大型非物质文化遗产纪录片《非遗中国·重庆瑰宝》中，也提到北泉制面生产合作社转为国营之后，年产量曾达到20万斤以上。

重庆市北碚区人民政府网在北碚地方志专题中这样记录北泉面：

1942年，黄炎培先生吃过手工面后，随即赋诗云："化好楼连益寿楼，琴庐磬室傍龙湫。农庄虽小饶清雅，香面条条韭叶抽。"1958年，周恩来总理来北碚时，吃过一小碗北泉面，赞不绝口。1960年，北泉水磨手工面第三代传承人何树清出席了中央召开的技术操作表演会，在中南海为中央领导们表演了拉面技术。当时的贺龙副总理说："温泉手工面生产要扩大，这是我国的民族遗产。"

"希望这面能传承下去"

在面厂附近经营了三四十年餐馆的老板向"非遗与传播"成员提到，现在的北泉面比以前贵了不少，而且口感还没有以前好了。

肖师傅解释道："现在的面味道没以前好了，主要是因为买不到货真价实的豌豆粉。"作为北泉面最重要的原材料，豌豆粉品质的下降很难不对它产生影响。物价的上涨，以及市场上麻油、豌豆粉等原料品质的下降，令厂家难以将北泉面做到以前那样物美价廉，这是客观环境造成的难以改变的现状。

劳动力不足也是北泉面面临的困难之一。据肖师傅介绍，从1997年开始，面厂工人就纷纷离厂，做面师傅从最初的三四十人到现在的五人，而且整个面厂包括做面师傅、包装工人、办公室文员等只有十多人。五个做面师傅每天能做的面是有限的，即使想扩大规模，提高影响力，也是心有余而力不足。

"一个人的话，每天能做120斤左右的面，"肖师傅说，"我每天能做120多斤面，一个月就只上半个月的班，这样算下来的话，我一个月就能做1900多斤面。"

肖师傅向"非遗与传播"成员说道："我们一般两三点钟起床，一直忙到出完面才休息，跟很多人的作息时间都不一样，现在的年轻人就做不到，没有以前的人能吃苦。"做面辛苦、待遇不高，已经越来越难招到新的学徒，对于北泉面的发展来说，这无疑是一大阻力。

提及传承问题，肖师傅告诉"非遗与传播"成员，之后面厂还会扩招，不会放弃继续招学徒，他也还想多带一些学徒，将北泉面的制作技艺传给他们。他直言："我做面做了这么多年，对这面还是有感情的，我还是不愿意这技术在我手上丢了，希望这面能传承下去。"

2009年，北泉水磨手工面制作技艺进入重庆市第二批非物质文化遗产代表性项目名录。随后，重庆本地各大媒体竞相报道，北泉面也逐渐从老一辈北碚人、重庆人的记忆中走进了新一代市民的视野里。在重庆生活了六十几年的戴阿姨说："北泉面很好吃，我以前很喜欢买，以前超市还有卖的，现在都看不到了。"

由于北泉面只适合做清汤，而重庆的年轻人大多喜欢麻辣口味，北泉面本地市场更多面向老年人。但为了迎合年轻人的口味，北泉面也在不断地推陈出新，推出了一款适合做成重庆小面的纯手工麻辣汤面。

而且，随着电商的兴起，北泉面把目光投向了网络，有了一个面向全国市场的平台，所有想买北泉面的消费者只需在网上轻轻一点，几天之后就能收到包装好的面。在淘宝网"北泉面手工空心面厂家直销店"里，北泉面手工面系列的月销量约为100斤，其中销售最好的为北泉面细面，约占月销售总量的一半。

此外，北泉面也入驻了机场和各大商场特产店，这些地方才是北泉面的"主战场"。对重庆市民及外地朋友来说，北泉面成为送礼的新选择。据北泉面销售经理申莉透露，现在面厂的销售额，包括线上和线下两部分，每年大约有200万元。

目前，政府也在积极支持北泉面这一非遗项目。据肖师傅透露，面厂预计在2019年年底搬迁到北碚朝阳桥附近的临时性厂房，现在的厂房则会被拆迁重建成一个适合旅游观光的玻璃式厂房。到那时，原厂址上将会呈现一个全新的北泉面面厂。

撰稿/陈欢

编辑/陈欢

（原文2019年11月10日刊载于"非遗与传播"微信公众号）

20. 南山古琴

[非遗档案]

类别：传统音乐

级别：市级非物质文化遗产代表性项目名录

所属地区：重庆市、四川省

收录时间：2016（第五批）❶

简介：琴，中华文明之象征，是中国最古老、深邃、空灵、最具生命力的艺术形式。在中国传统乐坛上，琴被视为"八音之首"，"贯众乐之长，统大雅之尊"。千百年来，琴以其特立独行的艺术魅力、空灵苍远的哲学意境和丰富厚重的文史底蕴，诠释着中华民族传统文化的精髓，成为中国古典音乐文化中不可或缺的重要组成部分。❷

传承人名录：

市级代表性传承人：兰滇军

兰滇军在抚琴 | 陈欢

---

❶ 资料来源：重庆市人民政府关于公布重庆市第五批非物质文化遗产代表性项目名录的通知，http://yc.cqnews.net/html/2016-10-11/content_38916905.htm，最后浏览时间：2021-07-16。

❷ 资料来源：重庆市人民政府关于公布重庆市第五批非物质文化遗产代表性项目名录的通知，http://yc.cqnews.net/html/2016-10-11/content_38916905.htm，最后浏览时间：2021-07-16。

清夜琴兴

月出鸟栖尽，寂然坐空林。
是时心境闲，可以弹素琴。
清泠由木性，恬淡随人心。
心积和平气，木应正始音。
响余群动息，曲罢秋夜深。
正声感元化，天地清沉沉。

——（唐）白居易❶

集名家之所成，传古琴之雅韵

"雅琴者，乐之统也，与八音并行。"古琴自诞生以来，就以其独特的音律、深远的意境位居众乐之首。"窈窕淑女，琴瑟友之""独坐幽篁里，弹琴复长啸""楚客欲听瑶琴怨，潇湘深夜月明时"……古琴声婉转悠长，深情又不失激情与宣泄。历代文人偏爱古琴，古琴也在文人的诗情画意中被赋予了不同的韵味。

古琴，是中华民族最早的拨弦乐器，又称瑶琴、七弦琴。《礼记·乐记》记载："昔者舜作五弦之琴，以歌南风，夔始制乐，以赏诸侯。"三皇五帝虽无确切可考，但古琴历史久远不可否认。

"琴、棋、书、画"被称为"文人四艺"，其中更是以"琴"为首。南山古琴第一代非遗传承人兰滇军说："这里的琴仅指古琴，不包括其他乐器。"

魏晋南北朝"竹林七贤"以琴为友，将诗情和酒香都糅进琴中，故有了吟猱圆满，一气呵成的《酒狂》和音画相扣，悠扬流畅的《广陵散》。

唐代白居易抱琴引酣，独吟"何须攻挥弄，风弦自有声"。不同时代的文人墨客为古琴注入了新的生命，造就了不朽的古琴文化。

一朝遇"琴"，一生痴迷

兰滇军初识古琴于 2005 年。偶然间，一位朋友邀请古琴家金蔚到重庆开

---

❶ 白居易：《白居易全集》，珠海出版社 1996 年版，第 76 页。

课讲学，从此之后，古琴便成为兰滇军毕生的挚爱。

当时，兰滇军已经在古典吉他领域小有名气，古琴和古典吉他虽都是乐器，但在乐理、审美、文化方面却是天差地别。

"当时，金蔚老师告诉我，如果想学古琴，必须放弃吉他。"酷爱传统文化的兰滇军毅然选择了前者。"古琴文化博大精深，我愿穷尽一生去钻研它。"

金蔚5天的古琴课转瞬即逝。这些天，兰滇军也只是认了些琴谱。为了继续学琴，兰滇军便开始苦练，一有不懂的，就打电话给远在北京的金蔚。

"金老师很忙，每次通话都在午夜12点之后，但他对每个谱子每个字都会回答得清清楚楚。"兰滇军把那段学琴的日子称为"上瘾"，一日不摸古琴，便茶不思饭不想。

"古人说弹琴入木三分，这个平常人是无法理解的。但书法中也有'力透纸背'的概念。我学习古琴很多时候是和书法、太极联系起来的。"兰滇军说。

兰滇军在古琴学习中独创"手指站桩功"，能够增强抚琴时手指的力量，弹琴厚实精到，苍劲高远。

"中国传统文化都是互通的。"除了书法，兰滇军还擅长水墨，酷爱太极，在中国传统文化的长期熏陶下，他的古琴技艺日益精进。

除此之外，一有机会，他便去拜访古琴名家，钻研探讨，雅集论道。长此以往，他结交了不少爱琴人士，南山琴社也由此建立。

偶建琴社，"古琴+高校"初成体系

"20世纪50年代，国内弹奏古琴的人不超过百人，21世纪初也不到两千人。"兰滇军说道，古琴经历过一段时间的沉寂。

直到2003年，古琴被联合国教科文组织列为"人类口头和非物质文化遗产"，各家琴派四处讲学，各地琴社应运而生，古琴艺术开始走到课堂和社区，受到更多的关注。

2007年，在重庆工商大学刘弘毅院长的积极筹备下，南山书院依山而建。书院亭台楼阁，环境清幽，典雅大方，也吸引了众多才俊前来吟诗作画，尽享古韵，其中便有兰滇军。

兰滇军在与刘弘毅院长的交流中，互生欣赏之意。刘弘毅有意将古琴引入书院之中，便与兰滇军商量在书院内成立古琴社，开展古琴艺术研究、琴人雅集等活动。

这个想法和以兰滇军为代表的南山琴人们一拍即合，也受到了古琴各界的支持，古琴兼音乐史家吴钊先生也赶来为南山琴社剪彩。

兰滇军说，在2003年以前，中国向世界申请非遗时，便承诺联合国教科文组织要在中国的大学开设古琴课程，但出于各种原因，迟迟没能落实。这也成为吴钊先生的一块心病。

趁南山琴社新成立，兰滇军便与刘弘毅院长商量，在重庆工商大学开设"中国古琴鉴赏通识课"，这在全国非音乐类院校中尚属首例。兰滇军也自然而然地成为第一期古琴鉴赏通识课的老师。

中国古琴鉴赏通识课每期招收20人，每期两个学分。自设立起，这门课就成为校内唯一的秒杀课。

"选的人太多了，我等了两年，在大三才抢到这门课。"重庆工商大学2013级学生吴懿从高中开始，就自学古琴，但琴谱晦涩难懂，终难有所成。直到在中国古琴鉴赏通识课上受兰滇军引导，琴艺才渐入佳境。

"我要求学生们在30个学时以内弹会大概五个曲目，考试时会选择三个来考。"兰滇军在教课之余，还建议学生成立自己的琴社，为古琴普及与传播提供帮助。

"兴于诗，立于礼，成于乐。"中国历代以来都重视乐教的社会功能。南山琴社在重庆工商大学开设的中国古琴鉴赏通识课，无疑为古琴在青年群体中的传播和延续提供了新的发展空间。

多方努力，南山古琴"非遗"有新出路

2017年，兰滇军入选重庆市市级非遗传承人。

西南大学2017届硕士毕业生朱冰清发现南山琴社作为重庆古琴非遗传承的基地，并非完全单独的运行主体，而是海纳百川融会贯通不同理念的共同体。

南山琴社积极邀请古琴名家来渝研究传习。吴钊、丁承运、马维衡、金蔚、裴金宝等国内多位古琴大师与兰滇军共同为南山琴社的发展出谋划策，为重庆古琴非遗项目的延续和传承积极奉献。

2014年6月9日，"把遗产交给未来——2014年非遗活动古琴进社区"的启动仪式在南山书院隆重举行。

南山琴社一方面举办多场古琴音乐进社区（校园）的活动，在重庆市中山医院、重庆磁器口古镇、重庆师范大学、重庆交通大学等地进行专场演出；

另一方面还邀请各地古琴名家到渝开办讲座,开展研究和传习等多项活动,践行"保护非遗,群众参与"的传播理念,受到社会各界的高度赞誉。

除此之外,南山琴社也注重古琴技艺的传承。

在重庆精英艺术学校主办下,南山琴社面向社会成人开设古琴传习启蒙班、初级班、中级班、研修班,收取一定的费用,以班级形式授课。

"我教古琴,不按五线谱、简谱、视唱练耳那些西洋乐理教,而是传统的口传心授。"兰滇军作为授课老师,始终坚持传统,在口传心授的基础上,采用传统的减字谱教授学生。

无论是中国古琴鉴赏通识课还是社会班,南山琴社都不仅在于"教",更在于"授"。它在古琴技艺的教学中不断传递传统的文化价值观,提高学生对古琴文化性的传承。

空闲之余,南山琴社也会与社会各界不定期开展传统雅集活动。"群贤毕至,少长咸集。"参与雅集者并不固定,众人在雅集上缘琴起兴,赋诗撰文,恣兴忘怀,美酒与共。

在雅集上,南山琴社各位琴人可一展琴艺,以助雅兴。"我不能辜负老师的好意,所以有些时候我尽管很怯场,也硬着头皮要上。"老君洞刘崇之道长曾多次在雅集中弹奏古琴,与众人共乐。

雅集之上,清雅从容的《山居吟》,扣人心弦的《流水》,节短韵长的《良宵引》,古琴厚重而悠远,余音绕梁,让人回味无穷。

古琴不仅要"热",更要"活"得漂亮

集名家之所成,传古琴之雅韵。6年来,南山琴社通过开设中国古琴鉴赏通识课、古琴进社区(学校)、师徒相授、雅集共赏等方式,不断地弘扬和传承古琴技艺和文化,但在这其中,也存在许多不足。

西南大学2017届硕士毕业生朱冰清曾在研究中发现,在南山琴社举行的古琴音乐演出活动中,现场观众对古琴这一高雅艺术多是出于好奇,要想让尊重古琴文化、非遗文化的念头深入人们心中,非朝夕之功。

此外,在高校开设古琴课固然十分必要,但通识课更多在于古琴知识的"扫盲",而非技艺和文化的传承。如何优化教学体系,加强学生对于古琴文化及传统文化的理解和传承,是所有古琴传承者亟待解决的问题。

目前,南山琴社除了兰滇军,并没有其他市级传承人,非遗传承未成规模。

"要想单独成一派，至少需要三代古琴人的努力。"兰滇军不知道未来南山琴社会如何发展，他愿抱着顺其自然的心态去帮助琴社不断成长。

相较于其他各地的琴社，南山琴社的传承发展也才刚刚开始。正如兰滇军所说，一项传统技艺的传承需要几代人甚至是几十代人的努力。

古琴从古延续至今，热闹过，也冷清过，未来古琴艺术的复兴，也远不是几代琴人的拼搏就能换来的。它更需要的不是延续，而是活着，活在生活的跃动里，活在人的心里。

撰稿/武江民
编辑/武江民
审稿/李　宁

（原文 2019 年 12 月 22 日刊载于"非遗与传播"微信公众号）

21. 刘氏根雕

[非遗档案]

类别：传统美术

级别：市级非物质文化遗产代表性项目名录

所属地区：重庆市、四川省

收录时间：2016（第五批）❶

简介：根雕书法，也叫根书，是利用各种树根的天然形态，通过选取、拼接、组合、磨光、涂色、上漆加工粘贴成字，是书法艺术和根雕艺术的完美结合，也是书法艺术的立体化表现。树根天然的纹路和神态，让苍劲有力的字体显得更有视觉冲击力，每个作品都惟妙惟肖、纯朴自然。根书将行书、草书的飘逸灵动表现得淋漓尽致，极具观赏和收藏价值。❷

传承人名录：

市级代表性传承人：刘建麟

区级代表性传承人：王红飞、漆琪

刘建麟作品《梅兰竹菊》| 陈欢

---

❶ 资料来源：重庆市人民政府，http://www.cq.gov.cn/zwgk/zfxxgkml/szfwj/qtgw/201606/t20160622_8613870.html，最后浏览时间：2021-07-16。

❷ 资料来源：重庆图库，http://photo.cqnews.net/news/detail.html?id=183，最后浏览时间：2021-07-16。

题根雕——鹰

雨天无事做根雕，
一截木头反复瞧。
老朽不是寻常树，
展翅也能上碧霄。

——宁社华[1]

根雕书法/远观书法近赏根，横竖撇捺意境深

根雕，以树根的自生形态及畸变形态为艺术创作对象，创作各种形态的作品。书法，白纸黑墨间，使规则的汉字转换成富有美感的艺术作品。看似毫不相关的两个门类碰撞在一起之后，却能擦出不一样的火花。

2016年6月，刘氏根雕书法技艺入选重庆市第五批市级非物质文化遗产代表性项目名录。

早在唐代的《新唐书·李泌传》中就有关于根雕的记载。1982年出土的战国根雕辟邪，则是目前为止最早的根雕实物。书法则诞生于文字产生之时，篆书、隶书、草书、行书等各种书体应运而生，独特的内涵与精美的笔法带给汉字新的诠释。

而将两者结合起来创作的根雕书法，历史远比不上它们悠久。有一种说法是根雕书法艺术来源于清朝乾隆年间的礼县根雕。根雕书法，简称"根书"。与普通的书法作品不同，根书是指将造型各异的天然树根拼装组合，形成具有书法表现力的作品。

要想成就一幅优秀的根雕书法作品，根雕与书法两项技艺缺一不可。"当你真正接触这个领域之后，你才发现，原来创作根雕书法是两个手艺门类。第一个，你要对传统根雕进行艰苦学习，这个叫'技'；接下来，你要对传统的书法进行大量的研习，这个叫'艺'。"刘建麟解释道。

---

[1] 资料来源：中国诗歌网，https://www.zgshige.com/c/2018-10-15/7413558.shtml，最后浏览时间：2021-07-16。

根雕：天人合一方成

在歌乐山刘建麟的个人艺术馆里，陈列了大大小小三四十幅作品。有"菩提本无树，明镜亦非台。本来无一物，何处惹尘埃"的禅诗，有颇受世人钟爱的四君子，有中华传统文化中的十二生肖……

低暗的灯光打在每幅作品上，能够让参观者的注意力聚焦于作品本身；没有太多杂音的室内，能够让人完全沉浸在根书的世界，享受一场视觉盛宴。书法的流畅飘逸和树根的古朴沧桑在这里得到了完美的结合。

"你囊个做的哟？"

"你是囊个想的哟？"

"你囊个'写'得嫩个飘逸哟？"（囊个：重庆方言，怎么；嫩个：重庆方言，这么）

这是刘建麟经常听到别人对他说的话，既是他人对刘建麟的肯定，亦是对刘氏根雕书法技艺的肯定。刘建麟的徒弟之一漆琪，在见到根书之后就一下子着了迷，认为这就是自己喜欢干的事情，这就是自己的事业。2014年10月24日，是他记忆犹新的日子，他在这一天与根书结下了不解之缘。

这些令人赞叹的作品，从创作的一开始就不简单。

根雕书法对树根的选择极为严苛。普通的树根或长如剑或细如发或直如笔，不适合进行艺术创作。而长在怪石嶙峋、土壤瘠薄处的树根才是最适合的。这样的树根往往不断受到岩石挤压，具有质地坚硬、造型曲折多变的特点。质地越坚硬，意味着存放周期越长；造型越曲折多变，则意味着创作的空间越大。

由于根材的不可复制性，加上同样汉字的根书作品可以有不同的表现形态。因此，每一幅根书作品都是独一无二的，世人总是爱追求独特、唯一的，作为孤品的根书恰恰可以满足大众的喜好。

这种独一无二性也体现在刘氏根雕书法的创作理念中：追求七分天然三分创作的天人合一性。即将大自然所赋予的根材打造成最适合它的模样，人工只是将它的美更极致地展现出来，与"清水出芙蓉，天然去雕饰"有着异曲同工之妙。

刘建麟认为，如果一味地追求根的完整性，不舍弃、不添加，则难以保证书法作品的韵味。在创作者的或去或留中，树根慢慢接近想象中的模样，一幅幅根书作品大功告成。

根书的完成情况如何，在很大程度上离不开两个步骤：一是对具体每个字的字形的考虑；二是对一幅作品如何装裱与补白的考量，即字形排版和装裱布白。同时，这也是根雕书法技艺创作过程中最难的两个工序。

同为刘建麟徒弟、区级传承人的王红飞表示："每幅作品的创作，都需要创作人对于创作书体的运笔章法烂熟于心，才能和树根的选材达到形神相容的高度。而如果装裱风格与创作内容搭配不协调，那么整体上说这幅作品就是不理想的。"

要实现作品的协调搭配，更多是靠个人的悟性。在刘建麟看来，这个要靠一辈子慢慢去体悟，也就是说你对于书法布白（布局和留白）的领悟能力越久，领悟的这种水准越高，那么你的作品艺术价值就越高，可能争议就越小。

书法：会写更要会"读"

书法功底在很大程度上决定了一件根雕书法作品的成败。

在刘建麟看来，书法不仅要会写，更要会"读"。

时至今日，7岁开始练字的刘建麟已经与书法打了四十多年交道，毫无疑问，他是会写的。

至于"读"，便是解构汉字。解构汉字笔画，首先便要了解这个字为什么要这样去做，汉字的构成、汉字的演变、汉字的成熟到后来汉字的简化，都需要了解透彻，而后才能了解书法，否则就是依样画葫芦，始终了解不到它的精髓。

在刘建麟的工作室里，大小不一、奇形怪状的树根大量堆积在一起。如何在这堆积如山的根海里寻找到自己所需的树根，就需要运用到这样的读字能力。刘建麟的读字能力在很大程度上得益于少时学外家拳的经历——记不住拳谱的他，便把每一个动作画成火柴人来识记。这一经历让刘建麟开始有意识地观察汉字的结构，正因如此，才锻炼了他对书法的解构能力。

漆琪和王红飞在跟着刘建麟学艺的时候也格外注意这一点，每天的闲暇时间除了要进行书法练习，更多的是观赏、领悟各种书法字体，看每个字体笔画的构架，看字与字之间的结合与避让，看它们的神韵。正所谓"读书百遍，其意自见"，他们在日积月累的观看体悟中找到"书写"根书的感觉。

王红飞认为，对于艺术类的创作，一个理想的作品是以创作者的技艺为基础，以创作时的内心故事、心情状态为依托的。在他看来，曾经创作的一个名为"顺德轩"的牌匾作品，就是在书法功底、创作技艺及情感状态这三者比较契合的状态下完成的，而这与长期的观摩书法同样分不开。

长期的习字和不断地解构，使得刘建麟对于汉字的熟悉程度越来越深，"你只有对一个字绝对熟悉，才能用多种方式来组成它。"刘建麟说道。

就拿"道"字来说，刘建麟就把与道教文化渊源颇深的太极图应用其中；在创作提梁壶时，用"量小不堪容大物，寸水难以起波涛"来喻人，这些又与中华文化分不开。"我们把根雕书法的根艺学会了，把书法学会了，我们才发现真正的创作还没开始，我们才刚刚进入博大精深的中国文化。"刘建麟这样解释根书与中华文化之间的密切关系。

既要将根雕学会，又要花大量的时间去把毛笔书法练好，将两个相去甚远的技艺结合起来，是一件比想象中更难的事。刘建麟解释道，"毛笔书法的环境是干净儒雅，而根雕创作环境是肮脏邋遢，它有工具有灰尘。这两个不同的门类你要把它融为一体，你就觉得完全不搭界，很多人就放弃了。"

刘建麟告诉"非遗与传播"团队，一般练习两者十年后才能开始独立创作，而要真正熟练地掌握它，则需要更久的时间。在他看来，"根雕书法作为一门传统手艺，它需要生活的历练、岁月的沉淀，就是说你的各种学识的积累，包括我们的理论、我们的实践，这是一个长期演习下来的过程。"

传承：不能一蹴而就

作为一个乐天派，刘建麟对于刘氏根雕书法技艺的传承与发展很满足。

刘建麟曾多次强调，要生存下来才能谈发展。目前，他所创作的根雕书法作品已经有了一定量的客户群，能够生存下来。至于传承，刘建麟所带的两个徒弟目前已经是重庆市沙坪坝区区级传承人，也算是后继有人。

而作为市级非遗传承人的刘建麟，在忙着刘氏根书技艺的发展和传承时，也在积极响应政府号召，承担自己身为传承人的责任与义务。

每年的非遗进校园活动及各种非遗展会已经成了刘建麟生活中的一部分。2020年1月10~12日，第三届重庆非物质文化遗产"嘉年华"暨鲁渝非遗扶贫成果展在沙坪坝区磁器口沙磁巷举行，一百多个重庆非遗代表项目参加了此次成果展，刘氏根雕书法技艺也是其中之一。

成果展的第三天，在现场参观的人并不多，大多都是参展人员，还有一部分展位上的非遗项目已经提前撤展，整个场地显得有些冷清。据刘建麟介绍，即使在前两天，来看展的人也不是很多。他认为，前期宣传投入较少让大多数人都不太了解展会情况，近两年展会过多以至于老百姓看得疲劳，而年轻人空闲时间较少而娱乐活动过多等因素，造成了现在参观非遗展会的人数不多，且主力军多为退休老人及闲暇人群的现状。

"在我看来，非遗展会就是卖东西的广告。在有时间的情况下，我也不会去看非遗的展会，除非满足家里停电、展会就在楼下这种天时地利的条件，我才会去。"一位普通市民这样看待非遗展会。另一位市民也不约而同地表达了类似观点，认为非遗的展会就是在搞销售。

而在刘建麟看来，参加非遗展会的好处就在于可以让更多的人了解刘氏根雕技艺，但对它的发展传承并不会起到什么实质性的作用，比如说让更多人来学习技艺、购买等。这样尴尬的场景，是大多数非遗人所面对的真实情况。

刘建麟认为，很多想帮助非遗人走出困境的人都不知道非遗人需要什么。就重庆市政府即将要修建的非遗博物馆一事，刘建麟在会上发表了自己的意见。

他提到，"应该怎样把我们健康地扶持起来呢，需要有这样一个地方，让传承人必须在那里面真实生活。"将非遗传承人都聚集在部落里，各个传承人在里面不会去带有表演性质地做些什么，只是将他们的创作及生活真实展现，这样一种活态的呈现，这才是刘建麟眼中对非遗的保护。

要想实现刘建麟理想中的非遗部落，无疑是困难的，目前他们能做的只有等待，"有生之年我们都愿意等下去。"刘建麟表示。

除了这样一个可以活态呈现非遗的部落，刘建麟的另一个目标便是不断扩大和完善个人博物馆，从而让更多人知道根雕书法这门技艺，这也是身为非遗传承人的责任与义务。

刘建麟坦言，个人博物馆是他一生的夙愿和追求。现在的刘建麟个人艺术馆只是一个雏形而已，他梦寐以求的是建一个大型的博物馆，馆藏他所有珍贵的作品、不同历史时期的作品；还可以在条件成熟之后，展示他所有的手稿，以及在不同的历史时期所使用的工具。此外，博物馆还会为作品配备电子解说设备，向参观者解说每一个作品的创作初衷、心路历程，以及解释这个作品的寓意及价值所在。

"我从原始的做起，如果下次再有条件了，我会找个稍微大点的地方，就是说不断地去做,这个东西没有终点,在我的有生之年没有终点。"刘建麟这样说道。

撰稿/陈欢
编辑/陈欢
审稿/李宁

(原文2020年3月1日刊载于"非遗与传播"微信公众号)

22. 周氏古船模型

[非遗档案]

类别：传统技艺
级别：市级非物质文化遗产代表性项目名录
所属地区：重庆市、四川省
收录时间：2016（第五批）[1]
简介：一方水土养育一方人。重庆，依山傍水而建，长江、嘉陵江两江在此汇合环抱，城在山中、山在水中。自古以来，这里的人们就善于利用水运，商船穿梭频繁，江边码头一片繁忙。然而，随着岁月的演变与沉积，船只由木板、竹筏、木船……到如今的钢制船舶，古老的船只也逐渐被淘汰出江湖。但出身造船世家的周平东，却用自己的双手，按照1∶50或1∶75的比例将这些古船还原，赋予其活力和生命！从20世纪80年代至今，一共有上千艘古船从周平东的手中重获新生。[2]
传承人名录：
市级代表性传承人：周平东

周氏古船模型 | 张永燕

---

[1] 资料来源：重庆市人民政府，http://www.cq.gov.cn/zwgk/zfxxgkml/szfwj/qtgw/201606/t20160622_8613870.html，最后浏览时间：2021-07-16。

[2] 资料来源：上游新闻，https://baijiahao.baidu.com/s?id=1694434478792628169&wfr=spider&for=pc，最后浏览时间：2021-07-16。

走进古船

走进古船
便有一种
欲哭还泪的臆想
并非抽象
其实古船
是一条急湍的河流
抚摸并未感觉
船之每一结构或者榫
都由韧力和精神铸就
划过去是一片阔地
否则
便粉身碎骨
深嵌臂膀的印痕
除了河流
还有历史

——李彤河❶

周氏古船模型 ｜ 微观之中重现旧时江河记忆

船模，即船舶模型，是完全依照真船的形状、结构，甚至内部构件，严格按比例缩小制作而成的模型。

2016年，周氏古船制作技艺入选重庆市第五批非物质文化遗产代表性项目名录。

自古以来，中国人就与水运有着密不可分的关系，逐水草而居，利用川江河流运送生活所需。水养育了无数生命，同时孕育出船舶制造业。

中国是世界上造船历史最悠久的国家之一，《中国古船图谱》中记载，人

---

❶ 资料来源：上游新闻，https://baijiahao.baidu.com/s?id=1661311352848081082&wfr=spider&for=pc，最后浏览时间：2021-09-27。

们早在新石器时代就开始广泛使用独木舟和筏。秦汉时期是我国造船业的第一个高峰。到了唐宋时期，中国造船业的发展呈现出突飞猛进的态势。

造船方式从宋代开始，已和以往大不相同。这一时期，造船工匠们为了更精确地把握每种船的性能并发挥其用途，往往会先造出船模，而后再根据船模进行真船的制造。

在金朝正隆年间，张中彦创造了模型造船技术。此后，船模制造技艺开始传承并发展下来。

家族传承，延续的是热爱

位于长江和嘉陵江交汇处的重庆，自然是船舶制造业的宠儿之一。

据周氏古船模型制作技艺的第三代传人周平东讲述："听我的爷爷说起，在他那个年代，居住在江边的大多数人都在从事着与造船有关的职业。"

周平东的爷爷周尚之，出生于清代光绪年间的一个船工家庭，成年后跟随家人从事古法建造渔船的技艺。然而，随着现代化的建设，钢质船、铁质船也逐渐代替了木船，木船制造业突显出没落的态势。"造船为生的日子早已不在，我的爷爷便进城从事其他行业养活家人。"

虽然打造木船的生计消逝了，但是古法制船的手艺却换了一种形式保留下来。

周平东介绍，他的祖辈在造船之前，都会制作一个微观的船只模型，方便大户人家在定制木船前进行取舍。这一步骤在造船的行当里称为"制作小样"。

就是这一手艺的保留，让周尚之在闲暇之余开始钻研船模的制作，并且将这门手艺传给了他的儿子周太明。

到了第三代传人周平东，他更是从小就展现出对船模的极大兴趣。"因为我们小时候没有玩具的，我父亲就用他的手艺，给我造个小船，我自己拿去江边玩。"

周平东长大后，便开始自己动手学习制作船模。"我记得是60年代末期，我开始去街上捡一些材料，拿回家后自己做手工，我的父亲有空的时候就来指导一下，没空的时候，我就自己琢磨。"

今年66岁的周平东制作船模已有40余年。20世纪80年代初，有了女儿周南馨之后，他还培养了女儿对船模制作的兴趣爱好。周氏古船模型制作技艺正是在这样的代代相传中得以延续至今。

2016年，父女二人带着古船模型在外参展时，发现很多市民不认识这一传统技艺。从那时开始，他们便决定要让更多的人了解这一技艺，萌生了想要为古船模型推广做更多努力的念头。

在这样的信念及渝中区文化馆的支持下，重庆周氏古船模型制作技艺以其挖掘古船历史、运用古法造船工艺、打造微缩模型的形式，成功入选重庆市第五批非物质文化遗产代表性项目名录。

精雕细琢，用古法还原古船

周氏古船模型的制作，大致分为四步：制图、选料、开料、制作，每一步又包含着众多复杂工序。

对于周平东而言，制图是最为困难的一步。这不仅考察制作者的绘画功底，更体现制作者的制图经验。

制图首先要遵循对船只复原的原则，需要提前查阅相关的资料，尽量还原其历史样貌。随后，再根据图片资料，在图纸上按照1∶50甚至1∶75的比例绘画出模型样图。

如果说制图是制作船模的基本保障，那么选料则是关系到船模能否制作成功的一个关键要素。

现在的周氏古船模型所选用的木料大多是沙比利及柚木。在这些木料中，尤其需要挑选木纹细腻、纹理均匀清晰、颜色合适、自然阴干的。这样的木料不易变形，易于船模的加工制作，制作出的船模也较为坚固，保存时间自然会久一些。

开料是由木材加工厂将选好的木材进行粗加工，制作成板材。接下来，手艺人再根据最初画好的图纸，将板材逐一切割，打造成船模所需要的尺寸和样式。

与原先的板材加工手段有些不同，现代的开料机器已经在很大程度上取代了纯手工制作。这对于手艺人来说，不仅可以得到更加完整的板材，也能节省时间和精力。除了现代机器，传统工具例如锯子、刨子、锉刀等，都是在后续的手工制作中必不可少的用具。

待上述的前期准备完毕后，船模就需要最后一步的"制作"了。虽然看似只有简单的"制作"二字，但事实上，光是组合拼接就要花费几个月的时间。

一艘船模所包含的零部件少则几千，多则上万，精细无比。无论是打磨制作,还是组合构建,周平东都要严格遵循古法制船的要求,运用榫卯、镶嵌、粘接、穿斗等制作工艺,精确再现中国古代的船舶模型。

在拼接过程中,还需要对边缘不够齐整、不能完全契合的零件进行二次打磨,做到严丝合缝。制作完成的古船模型,最终要涂抹一层木蜡油作为保护。

耗费一至两个月打造而成的船模制品,不仅仅是惟妙惟肖的缩小版古船,更是精雕细琢而成的艺术品。

走向非遗,技艺要让更多人知晓

在申请非遗之前,周平东便成立了重庆河舟古船工作室,用于船模的制作和材料的存放。有了工作室后,古船模型的制作也逐渐走向了正轨。

成功入选重庆市非遗项目之后,周氏父女也开始承担更多的责任。"当时申请非遗比较顺利,这也让我和父亲更加坚定了传播古船文化的信念。"周南馨说道。因此,除了开辟独立的空间用以日常工作,父女俩也积极地参加各类展示活动,通过活动让这门技艺推广至更多的人群中。

据周南馨介绍,这些展示活动不论是对古船模型还是对其爱好者,都有着不寻常的意义。

"我们的活动既有针对青少年的,也有针对成人的。对青少年的宣传主要是向他们讲解历史,认识传统,鼓励培养孩子的动手能力,也许他们当中就会出现这门技艺的接班人。而对于成年人,除了宣传传统技艺和文化,也是鼓励他们坚持自己的爱好,从爱好中发掘自我潜能。"

目前,周氏古船模型制作技艺仅有周平东、周南馨这两位传承人,此前,周平东也收过几个业余爱好者作为徒弟,但是他们都因为各种情况而中途放弃。周南馨说:"事实上,我和父亲还是希望能有更多的人加入我们,这门技艺应该被更多人知道。"

早在九年前,周南馨便在淘宝网开设了船模店铺,用以展示和销售。除了周氏父女自身的宣传模式,相关政府部门及媒体的关注也让周氏古船模型的知名度不断扩大,很多个人和团队都慕名而来,许多客户还会要求定制。"我们的工作室在3月便复工了,现在正在为定制客户需要的产品做前期准备工作。总的来说,销量还是不错。"周南馨说。

在各类根据传统文化打造的文创产品发展火热的今天,周氏古船模型也期望能够加入这一浪潮,通过创新的方式打造属于中式古船模型的专属烙印。

在外行的评价中，或许可以用巧夺天工来形容周氏古船模型。在周氏传人心里，古船模型的制作需要每一个步骤的严谨认真，每一个零件都需要手工的测量和打磨，每一个部分的契合都需要全神贯注的细心和耐心。更重要的是，需要日复一日的坚守。

如今，重庆的江边早已找寻不到那些曾经辉煌的木船踪迹，但周氏传人用一艘艘古船模型，还在为后人不断讲述着长江河流中的古船故事。

撰稿／孙丽雯
编辑／孙丽雯
审稿／李　宁

（原文 2020 年 4 月 12 日刊载于"非遗与传播"微信公众号）

23. 应月斋二胡传统制作技艺

[非遗档案]

类别：传统技艺
级别：市级非物质文化遗产代表性项目名录
所属地区：重庆市、四川省
收录时间：2019（第六批）❶

简介：应月斋二胡传统制作技艺体现了中华民族传统乐器文化，属二胡制作的重要分支，传承百年、历史悠久。其二胡制作追求明式家具的简洁、古朴，选用红木、紫檀、花梨等古家具优质硬木为制作材料，经选材、下料、琴轸、琴杆、琴筒、琴托、琴弓制作等工序方能完成，工序复杂，制作精良，工艺传统。应月斋二胡讲究一器一木，古木制作，具有声音通透、音律优美、匠心独运、制作精美等特征，体现了重要的艺术审美价值、文化研究价值、实用收藏价值及市场经济价值，深受大众喜爱，成为当地的一朵艺术奇葩。❷

传承人名录：

区级代表性传承人：傅应康

傅应康在打磨琴杆 ｜ 孙丽雯

---

❶ 资料来源：中国非物质文化遗产网，http://www.ihchina.cn/news2_details/18897.html，最后浏览时间：2021-07-16。

❷ 资料来源：重庆文艺网，http://www.cqwenyi.net/html/2019-01/14/content_50236749.htm，最后浏览时间：2021-07-16。

二胡（节选）

年前，我注视
摆置老屋的二胡沉积灰尘
停用二十载
童年的往事与父亲
飘逸出记忆

在日暮西山的时刻
父亲挺胸拉起心爱的二胡
……

——赖辉❶

一器一魂，一把二胡上的五代传承

"龙头蟒腹红木身，马尾竹弓线千斤。人生苦乐指间诉，银弦尽展华夏魂。"一把二胡，是中国传统民族音乐的浓缩，也是应月斋五代二胡制作匠人的倾心传承。

应月斋二胡传统制作技艺是中华民族传统乐器制作文化的分支，体现了弦乐中胡琴制作的独特工艺。从沿袭传统制法逐渐过渡到追求明式家具的简洁、古朴的风格，从最初使用蛇皮、蟒皮到试用自己研发的人造皮，经历了不断探索的过程。

带着刺的木屑、左右翻滚后缓缓停下的锉刀、斜躺着的手工刨被凌乱地摆放在一方木桌上，木桌前方站着两位中年男人。

其中看起来年纪稍长一些的男人手托一把熏得发黑的二胡，笑着说："好，好，你得了金奖撒，那你出师了。"

这两个中年男人就是应月斋二胡传统制作技艺的第三代传承人周仲良和第四代传承人傅应康。他们手里的二胡又称胡琴，是中国传统乐器中主要的

---

❶ 资料来源：中国诗歌网，https://www.zgshige.com/c/2018-04-18/5970241.shtml，最后浏览时间：2021-09-27。

弓弦乐器之一。

自唐代起，胡琴就已经流传。唐代诗人岑参曾留下"中军置酒饮归客，胡琴琵琶与羌笛"的诗句。但当时的胡琴还是弹拨乐器，是北方少数民族的一种乐器种类。

发展至元代，中原地区已逐步掌握胡琴的制作原理。《元志》记载，"胡琴制如火不思，卷颈龙首二弦。用弓擦之，弓之弦以马尾。"在明清戏曲艺术发展中，胡琴制作技艺实现了从动物皮到蟒皮，从4根琴弦到2根琴弦等制作形态的转变。

到了近代，胡琴正式更名为二胡，并在二胡演奏家刘天华的改良中，将二胡音乐表现力提高到了前所未有的境地。而另一位民间音乐家阿炳把自己的人生写入乐谱，造就了闻名中外的名曲《二泉映月》。

而应月斋的"应月"二字就来源于《二泉映月》，不过将"映"改为了傅应康的"应"。

"苏州的二胡几十年没变过了。"傅应康认为，虽然近代二胡音乐创作在不断地繁荣，但是二胡自身制作工艺存在固守传统的情况。

20世纪初，应月斋二胡制作技艺诞生在曲艺文化遗产丰富的山城重庆。从第一代传承人唐云清到第二代夏玉堂再到第三代周仲良，应月斋虽有百余年历史，但直到第四代傅应康才为其取了固定的斋号。

此外，应月斋前三代传承人大多是二胡演奏者或维修者，制作技艺依照传统，守常不变。

直到傅应康对二胡传统制法进行系统改良，才渐成体系，形成一器一木、简洁古朴、美观实用等特点。

有心也有胆，漫漫改良路终获认可

20世纪70年代，爱好二胡的傅应康在重庆京剧团找到了负责维修二胡的匠人周仲良。

"那个时候，他名气很大，全重庆京剧上的二胡都要找他修。"傅应康说。

虽技艺精湛，但周仲良性情天生古怪，不爱与人亲近。傅应康为了学习制作二胡，时不时找他维修，一来二去也就熟了，成了他唯一的徒弟。

"我师傅这人细致，对二胡制作也很专一。但他还是有些保守。"有一次傅应康和他聊到蒙皮（蒙皮：将皮蒙在琴筒上的过程）改进的问题，曾有这样一段对话。

"师傅，我觉得你这个蒙皮要改进。"

"你啷个咧个弄嘛？（你说怎么办？）"

"工具要改进，太原始了……"

"哎呀，不改了，够了。"

但傅应康并不满足于此，他瞒着周仲良，一有时间，就往全国各地跑，观察各地二胡制作的异同。每到一地，傅应康就会买下当地独具特色的二胡，并暗中观察对方制作二胡的工具。

"说是买琴，实际上是学习，想学做二胡就得做个有心人。"

傅应康发现，二胡制作最明显的就是使用工具的不同。比如，苏州工匠在刨削木料时都是使用蜈蚣刨，在针对一些红木等珍贵木料时，每次去料很少，不会伤料，可以将不平的木料表面修整得十分平整光洁。但是重庆匠人一般使用较为粗糙的手工刨，蜈蚣刨很难买到。

傅应康开始自己琢磨，按照记忆，拿木块和刀片加工制作蜈蚣刨。

他还发现，二胡制作虽然各具地域特色，但在单个区域内的二胡存在固定化、标准化的问题。"你拿起一把二胡，整个苏州都是一样的。规格、样式、尺寸一点都不变。"

傅应康不想做一模一样的二胡。

他托人找到了上海二胡制琴大师胡涵柔，想了解更多的二胡制作的技巧。但对方表示，不能把核心的技术告诉他。傅应康便三顾茅庐，每次只问一些提示性的问题。比如，蟒皮泡水时要不要加一些其他东西，需要泡多长时间等。

"其实我知道大概怎么做，我就是想印证我做的对不对。"就这样，傅应康犹如在黑暗中摸索一般，不断改进着自己的二胡制作技艺。

对制作材料，傅应康也力求完美。有一次，傅应康为了寻找做琴头的一块骨头，坐车从重庆渝北区赶到荣昌，在各宰牛场的臭骨堆里乱刨。回来路上，他还将骨头层层包裹，害怕骨头太臭熏到公交车上的乘客。

除了精益求精，傅应康胆子也很大。他根据音响的振动原理，把苏州二胡琴筒宽9毫米的标准，加厚为18~20毫米，同时让琴筒的直径也稍微加大。为了试验自己的二胡，他把制作好的二胡拿到二胡爱好者中，让大家品鉴，品品音色如何。

2005年，在全国高档民族乐器创作大赛上，傅应康的这把"大胆"的手工二胡一举获得金奖。

"我当时还想,是不是搞错了,我不可能是金奖撒。"直到领奖当天,傅应康都不敢相信这是真的。几天后,他联系到了著名二胡演奏家宋飞,想询问一些专业意见。

"宋老师,苏州几十年没有改制法,但我改了。我想问问我的二胡还有没有传统的味道,这样的改造可不可以。"傅应康没敢提金奖的事,有些试探地问。

宋飞接过二胡,试着拉了一会儿说:"还不错,音量比较大,音色也还不错。可能因为北京气候原因,声音有点躁。"傅应康听完有些欣喜。

"还有没有问题?"宋飞问。

"合个影嘛。"傅应康说。

2005年的这块金奖,不仅是对傅应康的一次肯定,也成为应月斋二胡制作技艺的一次转折。周仲良虽未对傅应康表示肯定,但也打趣地说:"你获了金奖撒,那你出师了。"默认了他对二胡改良做出的努力。

从那以后,傅应康放开了手,不断地对二胡传统制法进行系统改良。除了二胡的发音部位琴筒,他还从琴头、蟒皮、音窗等地方改进,试图增加二胡形态美,将传统美和艺术美不断进行融合。

一木一器,毫厘间打磨精品二胡

在应月斋,一块好木是为二胡而生的。

或是紫檀、酸枝、花梨等名贵木材,或是红木家具等透着岁月感的老料,优质硬木都是做应月斋二胡的不二之选。

一把二胡,也只能倾心于一块好木。

应月斋推崇的就是一木一器,就是指一把二胡的所有木制结构,都由一整块木头完成。

"在一块木头无法完成的情况下,也需寻找花纹、年龄、木质等方面相近的木料才可替代。这样即使二胡作品色差小、整体感强,同时音源(琴筒、琴体)振动频率一致,使发音效果更好。"傅应康说。

应月斋对木料的执念,不仅体现在选材上,更体现在工艺的精研细磨上。一百多道程序,几十把工具,即便是做了几十年的傅应康也得花20多天才能制作出一把二胡。

震动发声的琴筒锯斜面是60度,前口外宽是51.9毫米,后口外宽是46.2毫米,长是131.9毫米。精确的数字,要用手一毫一毫地磨进琴筒里。

而琴筒上雅致的音窗，尺寸、花纹、镂空雕刻，更是一分一毫都不能差。

二胡最难的，其实是琴柱的制作。"无论是琴筒还是音窗，一步一步地做，都还能克服。但琴柱做错一下，就是重新来。"傅应康说。

呈F形结构的琴柱难在两点。一是要直。木料不仅要平整，并且要通过直尺来考察它是不是直角，一毫一厘都差不得。二是要正。琴柱分为上下两部分。上面连接弦轴的部分，钻眼要正。如果眼打不正的话，外观不工整，对音质也有影响。"我有一次琴轴已经做得很好了，结果多用了一点力，多磨了一点，整个轴就都废掉了。"为此，傅应康的徒弟牟毅心疼了许久。

除了对木头选材和工艺的执念，应月斋在工艺美感上也追求极致。

"二胡制作就是要不一样。"傅应康认为，对二胡的制作不应该标准化，批量化复制，而是应该在保证音色的基础上，把它作为艺术品做到极致。

琴头是二胡之首，应月斋巧妙地将原先直挺的琴头增加了弧度，并将传统琴头白色的骨质材料换成了一木一器的木质材料，更突显古朴典雅的风格。

蒙皮直接关系到二胡的音色与音质。为响应保护野生动物的号召，应月斋抛弃了蟒皮制作，也非采用厂家普遍使用的PVC材质，而是选择三层日用材料。一层女性用的丝巾，可以仿造蟒皮的花纹；二层尼龙绸；三层则是棉布。

"没有人喜欢人造皮二胡，如果没有蟒皮，有些人认为就不叫二胡了。"傅应康坦然，蒙皮的选择还是以蟒皮为佳。但是这种替代材料，一方面对音质的影响较小；另一方面蟒皮难以保持完全一致，而人造材料可以进行复制生产，更适合二胡乐队齐奏。

一琴一筒，两弦一柱，正因为傅应康等几代传承人对二胡制作的精益求精，才能让二胡焕发新的光彩。

申请非遗，悠悠弦音在传承

2010年，凭借精湛的工艺水平，应月斋的两把二胡分别在国际首届珍品二胡大赛中获得银奖和铜奖。

随着应月斋二胡制作的工艺水平越来越成熟，名气越来越大，开始有人建议应月斋去申请非遗，以获得更多的认可。

2018年，在非遗爱好者的推荐下，应月斋成功申请了重庆市沙坪坝区区级非遗传承项目，并于2019年通过了重庆市市级非遗传承的申请。

"二胡制作在重庆市就我这一家，申请很顺利。"申请成功后，第四代传承人傅应康把两个非遗项目的牌匾都挂到了自己的工作室里。在他看来，这是对几代人热爱的事业的肯定。

目前，应月斋正式拜师的一共有五个徒弟，都是通过线下活动或者网上建立联系的。五个徒弟来自各行各业，有的是设计师，有的是雕刻家，有的是机械工，从师最长的一位已有六年。

但在傅应康看来，徒弟们对应月斋二胡制作技艺的掌握还远远不够。

为了督促徒弟们学习技艺，在友人的帮助下，傅应康在观音桥开辟了一间工作坊，用来和徒弟们交流和研习技艺。

对于徒弟的研习，除了严格，傅应康更多的是勉励，"我和他们说，比起当年我自己摸索求师学艺，你们实际上是很幸福的。关于二胡制作，你们想知道什么，我都告诉。"

近年来，也有人不断向傅应康推荐想学习二胡制作的人才，但大多都被拒绝或在考察中。

"我还是会招，但是要招有热爱的、有毅力的。"傅应康也期待真正热爱和钻研二胡制作的人加入应月斋，将这门技艺继续传承下去。

傅应康的徒弟牟毅也表示："我们这几个徒弟其实各自在自己的领域都有一定的成就，但就是因为热爱、喜欢这个，才能每周来这里学习。"

除了师徒传承，傅应康也准备走进校园和展览会，去宣传二胡传统文化与制作技艺。他也经常鼓励身边学习二胡的孩子，如果拉二胡获奖了，就送他们一把二胡。

应月斋二胡制作未来是否考虑走向市场，傅应康持否定态度。

一方面，市场化背后暗含着二胡批量化、标准化生产的危机；另一方面，年过七旬的傅应康已经没有精力去探索未知的市场。"我希望能够在业余时间去做自己喜欢的事情，书法、绘画、收藏都是我的爱好。"

"我现在就是希望能够把他们（徒弟）带好，能够真正培养出人才，有一个两个就非常不容易了。"傅应康如是说。

2018年，在应月斋第一次拜师仪式上，傅应康身着一身墨绿色长衫，不曾经历过这种隆重场面的他，坐得有些拘谨，只是脸上止不住憨笑。

从行礼到斟茶拜师，再到互表心意，整个仪式进行了近40分钟。

虽然徒弟们提前嘱咐傅应康不必回赠他们什么礼物，但他还是悄悄准备了一份特殊的礼物——锉刀。

"送给你们一人一把锉刀,进了门,首先就要把事情做好。"

此刻的傅应康脸上依旧带着笑,但眼神却多了几分严肃与期许。

撰稿/武江民

编辑/武江民

审稿/周传勇

(原文2020年6月14日刊载于"非遗与传播"微信公众号)

24. 重庆漆器髹饰技艺

[非遗档案]

类别：传统技艺

级别：国家级非物质文化遗产代表性项目名录

所属地区：重庆市

收录时间：2008（第二批）❶

简介：重庆漆器髹饰技艺发展于秦汉，鼎盛于隋唐，延续至宋和明清时期，具有独特的地方风格。重庆漆器制作种类繁多，主要包括透明漆、黑推光漆、厚料漆、明光漆等各种髹饰技艺，产品可按用途分为生活、娱乐、装饰、旅游、收藏和兵器六大类数百个品种。其工艺复杂精巧，有制胎、髹漆、打磨等数十种，还有独创的研磨彩绘、蛋壳镶嵌、金银粉分光等特殊技法。重庆漆器产品曾出口到苏联和东欧等国家，并多次赴欧洲、美洲参加国际文化交流活动，还被当作国礼赠送给外国元首。

传承人名录：

国家级代表性传承人：程天德

市级代表性传承人：陈思碧、陈奇志、高玉平

《富贵牡丹》（王宗秀）| 陈欢

---

❶ 资料来源：中国非物质文化遗产网，http://www.ihchina.cn/Article/Index/detail?id=14545，最后浏览时间：2021-07-20。

蜀都赋（节选）

雕镂釦器，百伎千工。东西鳞集，南北并凑。

——（西汉）扬雄[1]

一座厂、一群人、一段世纪传承

"举之一羽轻，视之九鼎兀"，传统漆器优质华美，坚固耐温，在层层打磨中焕发出深厚的美学光彩。

重庆漆器髹（xiū）饰技艺是以天然大漆为主要原料，以手工制作为主，采用传统技法，尤其是以"研磨彩绘"在全国独具特色。

65岁的王宗秀，有一双"笨手"。手指头粗而短，里外都是茧皮，看上去好像被冻着了一样，泛出红色的血丝。

虽不起眼，一推一研，这双手却孕育了数百件古朴典雅的漆器作品。

走进王宗秀渝州路的家，一件件淡雅脱俗、赏心悦目的漆艺作品：挂饰、茶壶、茶托、漆画……在这100平方米的房子里随处可见。

"我从事的是重庆漆艺工作。"王宗秀介绍，漆艺是一种传统工艺技术，多使用大漆（漆树纯天然分泌物）在加入颜料后，变成漆料涂抹在器物上。此外，通过打磨和推光、雕填、镶嵌、彩绘、脱胎、髹饰等工序就可以制成各种精致、美观的漆艺品。

重庆漆器髹饰技艺历史悠久。20世纪以来，四川出土了大量战国以及秦汉时期的漆器。青川、荥经、羊子山、新都出土的战国至秦漆器，胎有厚木胎、薄木胎，其上铭文"成亭"（成都）。可见，战国和秦汉时期，巴蜀就已经成为漆器的重要产区。

到了近代，重庆漆器髹饰技艺得以大成，受到徐悲鸿、郭沫若等人的认可。1952年，相关作品还赴苏联展出，8件作品被莫斯科东方美术博物馆和列宁格勒博物馆收藏，后部分作品又被文化部选送赴越南及日本展出并被收藏。

---

[1] 选自杨雄《蜀都赋》，费振刚、仇仲谦、刘南平：全汉赋校注（上册），广东教育出版社2005年版，第214页。

"现在,从事重庆漆艺工作的人大多和这里有关。"王宗秀说的"这里"就是重庆市渝州路。

近代以后的重庆漆器髹饰技艺如何漂泊与变迁,都与这里的一个人和一座厂有关。

一个人和一座厂

一个人,是漆艺宗师沈福文,也是近现代以来重庆漆器髹饰技艺的集大成者。

1906年,沈福文出生在福建诏安县科下村,因为隔房叔公是漆器匠人,小时候的他总是混迹在叔公的漆器作坊里。制胎、上漆、研磨、镶嵌、雕填……每一道工序他虽做不好也总能搭把手。他在少年时期接受了系统的国画教育,青年时期又在杭州国立艺专和北平艺专接受了西式美术教育,漆艺和美术就在他的生命里扎下了根。

根据相关资料显示,东渡日本求学之时,经蔡元培介绍,沈福文进入日本著名漆艺大师松田权六的工作室研习漆艺。在那里,他发现,日本对传统漆艺的重视程度要远远高于中国。

他寻找到在中国早已失传的《髹饰录》手抄本,并通过与中国古代漆器和福州漆器反复试验对比,逐渐挖掘出几十种已经失传的古代漆艺制法,其中研磨彩绘、堆漆塑像两项工艺就成为重庆漆艺髹饰技艺的两大特色工艺。

1937年年底归国后,他同李有行教授创办四川省立高级工艺职业学校。川美成立后,他任实用美术系主任,成为将千年传统漆艺搬进大学的第一人。

一座厂是指重庆美术漆器厂(以下简称"漆器厂")。

1956年,沈福文在西南美术专科学校内部成立西南漆器试验工厂,这是漆器厂的前身。后厂子归重庆工艺美术公司管理,一直以来都是那个年代川美学生实习、创作的重要基地。

刚开始,漆器厂的员工都是从各个厂子"喊"过来的。"当时就是从各个厂子里调人过来,大家聚在一起搞漆艺。"王宗秀说。

这些人根据漆艺生产的工序被分成了三类工种:底胎制作、上漆与打磨、装饰。一件合格的漆器,从最开始的底胎制作、底胎打磨、聚底漆、固胎、裱布、反复刮灰、反复打磨,到根据设计图进行描绘、堆漆、贴银箔、晕金等要经过上百道工序。

王宗秀是1973年进厂的。根本不会美术的她成为一名漆艺髹饰的学徒工。"当时就是师傅做，我们聚在一堆看，然后再自己琢磨。"王宗秀刚去，一张密密麻麻的设计图纸就难住了她，"我当时一看就懵了，一点也看不懂。"从那以后，她每天下班回去，都会自己在家琢磨，不会就问，师傅也会时常指点她。

"我那个时候工资是十七块五，厂子里学徒学三年后是二十二块五，能涨五块钱。"王宗秀说。当时的漆器厂每日生产一些小件器皿，如瓶、盘、盒、糖缸、水瓶壳等。在那个朴素的年代里，在一个厂子里安安稳稳地待一辈子是大部分人的愿望。

这些人在漆器厂熬过了青春的岁月，也陪伴它走过了生命里的荣与衰。

老厂子的荣与衰

"漆器厂在70年代初那可是很红火的，一车一车的漆器被运到国外去。"朱焱的父亲是沈福文的姨侄，他也亲切地喊沈福文一声爷爷。

从小在渝州路长大的他看见了这座厂子的悲喜和变迁。

"漆器厂接待外宾阵仗最大的一次。那个阵仗不得了哟！我们当时就站在马路边，和他隔得很近。他前后围了两个保安，保安岁数大概是在40岁左右，人高马大，全部都戴着耳机的。"朱焱说。

从70年代中期开始，漆器厂就已经开始走下坡路。

"我们漆器厂也是很坎坷，当时我们厂子归重庆工艺美术公司管，除了漆器，还做乒乓球、做过机电。"王宗秀说，因为后期国家订单减少，漆器制作周期长、价格较贵，很难在当时有市场。总公司只能用其他车间生产的钱来补贴漆器厂。"当时乒乓球很挣钱，我们厂子是整个西南地区最大的乒乓球生产厂。"

补贴终归不是长久之计。20世纪90年代，漆器厂基本停产，职工纷纷外出谋生。

一座涵养了民族非遗50余年的老厂子慢慢消失在人们的眼中。

一朝漂泊难寻觅

2000年，沈福文仙逝。

2006年，重庆漆器厂正式宣告倒闭。

但重庆漆器髹饰技艺并没有随着沈老的去世和漆器厂的停产而停止前进的脚步。2002年，早已赋闲在家的原漆器厂职工高玉平萌生了一个想法：把漆器厂重新搞起来。

他"喊"来了自己的两位师傅——王宗秀和程天德,又"喊"来了几个漆器厂的老职工,几个人风风火火地成立了重庆明珠漆艺制品有限公司(以下简称"明珠漆艺公司")。

"总归是自己的老本行,大家都想做,也觉得舒服。"高玉平的明珠漆艺公司不仅迅速招到了员工,还得到了老一代职工的认可。2008年,在明珠漆艺公司的申报下,国务院批准重庆漆器髹饰技艺列入第二批国家级非物质文化遗产名录。

追根溯源,沈福文是重庆漆器髹饰技艺第一代传承人,而他的徒弟如陈思碧、查文生等就是第二代传承人,程天德则是第三代传承人。

由于申请意愿不同或是政策限制,这些传承人的头衔并不一致,如程天德是国家级传承人,胡香维、陈奇志和高玉平是市级传承人。

此外,不同传承人的漆器风格也各有千秋。陈思碧擅长梅花,又叫陈梅花;查文生擅长金鱼;蓝友智,又有人称他"蓝蝴蝶";程天德好作大号漆画,让山水缩于尺寸之间;陈奇志和王宗秀好作风景花鸟图,用漆"画"出万物风情……

在明珠漆艺公司,高玉平没有沿用漆器厂中模式化生产小件漆器的生产方法,而是发挥各位老师风格,主要做定制市场。但好景不长,由于员工出走和市场不景气,明珠漆艺公司产销情况也日渐下跌。

2008年,明珠漆艺公司关闭,重庆漆器髹饰技艺又开始了新的漂泊。

为什么重庆漆器髹饰技艺如此坎坷?

"这和我们漆艺本身的工艺要求是相关的。"王宗秀说。

传统的漆器制作要经过做底胎、打磨、髹饰三个步骤,几十道工序。但这里最烦琐的实际上是上漆和髹饰两个步骤。

上漆就是将胚胎打磨后上漆的过程。这首先要将底胎刮细瓦灰,用不同粗细度的砂纸进行打磨后,再上黑漆。上漆后要检查平整,再用砂纸打磨,然后再次上细灰、打磨、上黑漆,反反复复上好几次才可完成。而且在这个过程中,漆的晾干需要适宜的温度,一般在20~25℃。等待晾干后再上第二层漆,这样花费时间就会很长。

重庆漆器髹饰技艺的关键在于"髹饰"二字。髹饰即用漆漆物,除了传统的上漆,还要进行设计,将漆器打造成精美的工艺品。

重庆漆器髹饰技艺以研磨彩绘、堆漆为特色。研磨彩绘就是将漆下的纹饰磨显出来，可分为平地研磨彩绘、漆下研磨彩绘、高漆研磨彩绘多种，设纹的方法，或用彩漆描画花纹，或撒螺钿，或撒蛋壳粉、螺钿粉、干漆粉，或贴、扫金银箔粉再罩透明漆。堆漆，也就是高漆研磨彩绘，使得漆画在细节上有凸起感、立体感。

磨重或者磨多一下，作品都有可能被毁掉，工艺之精细可见一斑。

五代相传，仍将漫漫求索

虽然坎坷，但原来厂子里的人对漆艺的热情并没有减少。

离开明珠漆艺公司后，王宗秀与陈奇志共同开办了重庆奇秀漆艺工作室，主要钻研自己的作品设计和市场定制。程天德从高玉平手中接过明珠漆艺公司的品牌，也做起了自己的工作室。

由于王宗秀之前在厂子里都是从事装饰工艺，对胚胎、打磨不是很熟，她就请来了以前厂子里退休的老人来帮忙。"他们都很热情，也很支持我们。"王宗秀说，"我们有一次在展览的时候，以前厂子里的人过来和我们说，漆艺就应该这样。"

经营工作室，已经成为当前重庆漆器髹饰技艺延续的主要方式。但不同的工作室运营情况不尽相同，像奇秀漆艺工作室解散后，陈奇志的个人工作室主要和软装公司合作，进行产品的定制和生产。而王宗秀主要做自己的艺术品设计，如果遇到好的买家，再谈价格。

"现在其实是很难通过漆艺来独立生存的。"王宗秀说。现在的漆器市场虽然向好，但是由于漆器成本高、价格贵，一个小件就有可能上百上千元；而且制作周期长，艺术性强，往往很难大面积推广和促销。

难以维持生活，也成为重庆漆器髹饰技艺不断延续传承的障碍。王宗秀前前后后收过近三十个徒弟，目前仍然在从事漆器制作的只有两位。其他传承人也是一样，很多人登门拜访学习，但是都有人因为学习周期长、短期回报少而放弃。

"我觉得先是让他们（徒弟）有收入，能够稳定下来，未来可以做一些市场化的产品，然后做一些新的产品。漆艺还是需要不断地多做，毕竟是手工制作。"陈奇志说。

"那个就是原来厂子的地方。"采访结束的时候，住在23楼的王宗秀在阳台上指着外面一幢高楼大厦说。当时的我忘记拍下那幢写字楼的照片。下楼打开导航的时候，却发现已经搜不出重庆美术漆器厂的名字。

那座度过了半个世纪的工厂在这个时代似乎彻底哑了声,重庆漆器髹饰技艺也在历史的漂泊中沉寂下来,静静地等待着新的灿烂。

文/武江民

编辑/武江民

(原文2020年9月27日刊载于"非遗与传播"微信公众号)

研究篇

25. 木洞山歌的传播实践

[内容提要]

2011年11月，在"中国木版年画国际论坛"上，冯骥才首次提出了"非遗后"时代的概念，即完成了非遗认定之后的时代。学者高小康也指出，我国非遗保护实践进入了一个以"如何科学保护"为重点的"后申遗时期"。随着非遗的热度不断上升，采取什么样的措施保护非遗才行之有效成为探讨的焦点。那么现有的非遗保护中采取了哪些方式，涉及哪些传播主体，这些传播主体的传播实践包含哪些内容、存在的问题及解决办法，这将是本文重点探讨的问题。

在此前提下，本文以国家级非遗项目木洞山歌的传播实践为个案研究，以民俗传播为研究视角，通过访谈法、参与式观察法，结合文献分析，对木洞山歌各个主体及其传播实践、传播实践中存在的问题进行探索，从而分析木洞山歌的传播对策，并在此基础上，结合已有的研究和全国非遗传播实践概况，为非物质文化遗产的传播提出可行的建议。

本研究的主要发现总结如下：（1）随着社会语境的改变，木洞山歌的传播环境也发生了巨大的改变，年龄在20~40岁的群体中，会演唱木洞山歌的人很少，两三代人之间的山歌传承愈来愈少，山歌传唱的氛围逐渐消失，这带来了严重的传承问题；（2）非遗传承人媒介素养偏低使得非遗文化的传播渠道单一，主要通过现场表演完成文化传播；（3）非遗传承人大多没有受过高等教育，文化素质偏低，使得木洞山歌的创作与创新具有难度；（4）在木洞山歌的传播过程中，除了政府、非遗传承人两个传播主体，民间组织的参与性较低，没有发挥它的作用；（5）政府在木洞山歌的传播中发挥着主要作用，但只是解决了一些非遗的传播问题，并没有解决非遗文化的传承问题。根据研究发现，笔者从政府、非遗传承人、民间组织三个维度切入，针对国家级非遗项目木洞山歌的传播现状，提出以下建议：首先，利用新媒体搭台，从台前到幕后，挖掘个性故事进行传播；其次，打造非遗品牌，塑造非遗名人；再次，非遗项目的职业化管理，通过解决工作问题来提升非遗竞争力；

最后，加强政府组织和民间组织的交流与合作，为民间组织提供更多的展示平台和经济支持，激励双方的人才输入与输出。

高效传播对于非遗文化的长期发展来说尤为重要，这就需要采取恰当的传播方式。根据研究发现，笔者从木洞山歌的传播实践出发，针对非物质文化遗产的传播实践提出以下建议：首先，搭建非遗展示平台，建设非遗文化传播与展演的固定场所，或者通过文旅结合的方式将非物质文化遗产与旅游业开发相结合，为非遗发展吸引更多资金；其次，拓展非遗传播渠道，充分发挥政府的"推动作用"，挖掘线上传播方式，降低非遗传播成本，提高非遗传播的效率；最后，笔者认为非遗保护还需注入更多的经济动力，开发非遗的经济价值，与相关企业开展合作。

关键词：民俗传播；非物质文化遗产；木洞山歌；传播实践

一、我国非物质文化遗产传播实践概况

2005年3月26日，国务院办公厅发布《关于加强我国非物质文化遗产保护工作的意见》，其中提到，教育部门和各级各类学校要逐步将优秀的、体现民族精神与民间特色的非物质文化遗产内容编入有关教材，开展教学活动，广泛吸纳有关学术研究机构、企事业单位、社会团体等各方面力量共同开展非物质文化遗产保护工作。各级图书馆、文化馆、博物馆等公共文化机构要积极开展对非物质文化遗产的传播和展示。

1. 文旅结合，产业化发展

近年来，随着文化和旅游业的不断融合，多地出现了"文化+旅游""非遗+旅游"等发展模式，拓宽了地区文化的发展空间，促进了受众对地区文化的了解。非物质文化遗产本身就是一种旅游资源，它的多样性为旅游资源提供了丰厚的基础，再加上区域性的特点使得旅游资源更具独特性。反过来，旅游产业的发展又促进了地方文化和非物质文化遗产的传播、创新及转化为生产力的能力。

学者郭昕、车云凤、王萍对山西省非物质文化遗产旅游开发模式进行了研究，在现有的开发模式中，主要有文化博览园模式、旅游商品开发模式、文化旅游景区模式。❶ 文化博览园是一种以固定文化为核心，有特定文化内涵的主题园区。在山西省运城市万荣县，万荣笑话博览园是国内第一家以笑文

---

❶ 郭昕、车云凤、王萍："山西省非物质文化遗产旅游开发模式研究"，《价值工程》，2017年第23期。

化为载体的娱乐园，其与4A级景区李家大院相邻，二者相互依托，极大地提高了其在山西省的知名度。在山西省洪洞县，洪洞大槐树文化景区作为山西省最典型的景区，其以寻根祭祖为主，周边辅以多个旅游景点如洪洞大槐树、广胜寺、苏三监狱等形成一条较为完善的旅游路线，吸引大量游客。学者江娟丽、杨庆媛等对重庆市非物质文化遗产的旅游开发模式进行了探究，提出"中心外围—两翼'基础+发展+提高'不同组合模式""国家级文化生态保护区+省级文化生态保护区相结合的开发模式"等。在重庆主城区及主城周边地区、渝东南地区、渝东北地区非遗聚集区通过"非遗+乡村旅游+工业"等产业深度融合，构建"旅游+非遗文化"为引领的复合型产业链。❶

非遗本身不是现实生产力，必须通过转化，产生文化与经济效益，才能实现更好的保护与传承。地区文化、非物质文化遗产、旅游资源相互协调与配合，为地方经济带来活力，也为地方文化带来了生机。

2. 著书教学，助推教育传承

我国非物质文化遗产教育传承的形式主要包括个人、家庭、社会和学校四种，各种形式相互交融及互补，构成非遗教育平台。❷非遗的教育工作内容主要包括非物质文化遗产教育目标的构建、教育法规的建立、教育课程的开发和构建、教材内容体系的建构、教育的师资队伍的建设、网络教育的推行。❸

目前，我国多个省市通过立法、编撰教材、非遗进校园等形式推动非遗传承。2002年，"中国高等院校首届非物质文化遗产教育教学研讨会"的召开在国内开启了多学科、多层次、多角度地进行"文化遗产学"学科建设探索的良好开端，并对学科初创期的阶段性成果进行了系统总结。2008年，中国高校首届文化遗产学学科建设研讨会将文化遗产研究引入高等院校教育体制，开始建构"文化遗产学"的知识谱系和学科体系。❹2019年1月20日，北京市第十五届人民代表大会第二次会议通过《北京市非物质文化遗产条例》，自2019年6月1日起施行。该条例第五章第四十五条规定，学校和其他教育机构应当按照教育主管部门的有关规定，将非物质文化遗产纳入相关

---

❶ 江娟丽、杨庆媛、张忠训、苏康传："重庆市非物质文化遗产的空间格局及旅游开发模式"，《经济地理》，2019年第6期。

❷ 普丽春："论学校传承少数民族非物质文化遗产的教育"，《当代教育与文化》，2010年第1期。

❸ 张卫民："我国非物质文化遗产保护新路向——非物质文化遗产教育探究"，《民族艺术研究》，2005年第5期。

❹ 陈守明："面向非物质文化遗产教育传承的高校艺术设计课程群构建"，《湖南包装》，2019年第4期。

教育教学活动。

如今，越来越多的高校加入非物质文化遗产学科建设行列。江苏建筑学院建有大学生文化艺术中心，利用戏曲影像来展示戏曲的艺术形态和艺术风格，通过乐器、曲谱展示、经典剧目介绍等做法，让学生更直观、更全面地体验、认知徐州梆子戏。此外，为推动剪纸艺术进校园，江苏建筑学院特别邀请非遗传承人进课堂，讲述非遗文化知识，教授学生剪纸技艺，并用多媒体进行视频教学，丰富学生课后生活。❶ 重庆文理学院创办文化遗产学院，形成理论研究、保护、传承有效结合的"重庆模式"。❷

学校作为传统意义上对受教育者进行系统化、专业化教育的组织机构，是目前文化传播最便捷有效的传承场，高效的传播方式是助推非遗文化传承的关键。❸ 学校应为非物质文化遗产开拓发展空间，发挥其启发育人、创新发展的作用，为非物质文化遗产的传承做出更大贡献。

3. 技术搭台，数字化传播

随着Web2.0时代的到来，互联网技术不断推动新媒体朝着多样化的方向发展，推动了信息传播渠道的多样化发展，也丰富了非物质文化遗产的传播形式。

学者徐晨辰、肖希明对国内55个省级及省会城市公共图书馆的非物质文化遗产资源建设状况进行了网络调查，没有链接的图书馆除外，结果如下：非物质文化遗产专题数据库有11个，包括广西壮族自治区图书馆、山西省图书馆等；城市记忆类数据库有4个，包括首都图书馆的"北京记忆"数据库、浙江图书馆的"浙江记忆"数据库等；特定某项非遗资源数据库有13个，包括四川省图书馆"藏族唐卡数据库""绵竹年画数据库"、陕西省图书馆"秦腔秦韵专题数据库"等；含有非遗内容的文化数据库有5个，包括南京图书馆"江苏文化数据库"、太原市图书馆"并州文化、晋商文化"数据库等；非遗专题网站1个，即成都图书馆"蜀风雅韵专题网站""国际非遗节专题网站"。❹ 其中，广西民族博物馆建设了网站、微博、微信以及数字虚拟博物馆，以丰富的文化资源、先进的数字化设备为基础，有效地推动了非遗的普及。

在影像传播方面，1939年，郑君里执导、中国电影制片厂摄制的以少数

---

❶ 陈昕："非遗进校园的实现途径与实证研究"，《美术大观》，2016年第12期。

❷ 牟延林、谭宏、王天祥、刘壮、钟代军："非物质文化遗产教育传承：当代高校文化素质教育的新路径——以重庆文理学院为例"，《民族艺术研究》，2011年第1期。

❸ 林金金、王梦瑶："如何在学校教育中强化'非遗'传承"，《文化产业》，2019年第9期。

❹ 徐晨辰、肖希明："公共图书馆非物质文化遗产资源建设现状研究"，《新世纪图书馆》，2014年第11期。

民族为主题的大型纪录片《民族万岁》完成拍摄，到 1966 年，共制作了 15 部电影，包括反映白族社会生活和大理风土人情的《五朵金花》、反映滇中彝族历史的影片《阿诗玛》，涵盖了独龙族、凉山彝族、黎族、佤族等少数民族。❶ 20 世纪 80 年代以后，又涌现出一大批优秀的作品，比如，展现京剧艺术的《大红灯笼高高挂》、展现皮影艺术的《活着》、展现陕北民歌和安塞腰鼓的《安塞腰鼓》。近年来，《舌尖上的中国》《茶，一片树叶的故事》《我在故宫修文物》等非遗影像作品引起了极大反响，尤其是堪称"现象级"纪录片的《舌尖上的中国》使很多非遗项目从中受益。此外，国家把一系列优秀的非遗影像作品翻译成多国语言，提供给超过 40 个国家的电视频道放映，其内容涉及京剧、少林功夫、茶叶等非遗内容。❷

除了影视作品，影像传播还包括短视频、网络游戏、网络社区、动漫等数字新媒体产品。2019 年 3 月，在"快手非遗带头人计划"发布会现场，快手企业社会责任总监张帆表示："在文旅部非遗司的支持下，快手将首批在湖南湘西、贵州雷山、四川凉山试点选取非遗带头人，为其提供商业和管理教育、产业和品牌资源等，全方位支持其发展。"❸ 2019 年 4 月 16 日，抖音正式宣布推出"非遗合伙人"计划，通过加强流量扶持、提高变现能力、打造非遗开放平台以及开展城市合作等方式，助力非遗传播，提升年轻一代对非遗文化的兴趣。❹ 抖音、快手等当下热度较高的短视频平台，不但具备直播、纪录短片等传播手段，而且具有成本低、传播速度快的优势，符合当下的消费习惯，对于非遗未来发展具有不可或缺的作用。

二、信息共享：木洞镇政府对木洞山歌传播形式的创新

在历史上任何一个特定时期，民俗传播都处于动态的变化之中，世界上各个民族的民俗文化时刻都在发生变化。随着传播媒介的普及，大众传媒得以进入普通民众的生活之中，打破了自然村落的封闭状态，与外界信息的交流不断增加，村民的视野得到了极大拓宽，原本紧密内聚的村落发生了深刻

---

❶ 崔莹："论影像化在非物质文化遗产保护中的作用和意义"，《云南民族大学学报》（哲学社会科学版），2018 年第 6 期。

❷ 吴洁菲、谭振华："非遗保护的归宿：从政府主导到民众自觉——以遂昌石练'七月会'的保护与传承为例"，《丽水学院学报》，2016 年第 4 期。

❸ 腾讯科技："快手发布'非遗带头人计划'让传统文化活起来"，2019 年 3 月 28 日，https://tech.qq.com/a/20190328/010280.htm。

❹ 公众号抖音短视频 App："抖音总裁张楠：每一种非遗都应该被看见"，2019 年 4 月 16 日，https://mp.weixin.qq.com/s/eWtfk-y41Rlm8x12MBl_xA。

变化。现代技术的发展突破了时间和空间的限制,再加上社会分化的加强,加快了民俗活动的节奏,也为民俗文化的发展提供了更广阔的舞台,令其能够被不同地区的人所接受,实现信息共享。❶

新媒体环境下,人们生活在"媒介环境"中,和以往不同的是,除了少数人将口头语言作为最基本的传媒形式,许多人都已习惯使用现代传媒来获取、传播信息,比如手机、电视等。媒介逐渐参与民众生活,推动民众生活的网络化,网络用户的高速发展使得民众生活迅速织成一张基于 IP 技术的紧密的计算机网络,人们可以在这个网络中进行各种各样的生产和生活活动;网络还为个人提供了一个不与其他人相关的终端,加速个人化,使用者也可以按照自身需求来进行活动;同时,实现多媒体化,通过网络获取信息,不仅是文字和图片,还包括视频和音频。

在木洞山歌成为非物质文化遗产之前,山歌的发展处于分散状态,民众基于曾经的传唱习惯在日常生活中进行传播。但在这一时期,出现了少部分唱山歌的能手,其中具有代表性的有被称为"巴山猴"的潘中民,他是唯一一位能够演唱几千首山歌的演唱者,在当地小有名气。此外,还有一位山歌名人则是如今的木洞山歌国家级传承人喻良华,他既能演唱,又可以根据社会发展中的方方面面进行山歌创作。他的演唱和创作能力在当地很有名气,许多人慕名前去找他学习山歌演唱,这其中最具代表性的就是目前木洞山歌的 3 位市级非遗传承人李福美、高启兰、代正美。在教授徒弟技艺的同时,喻良华会带领弟子们到各个地方演出,演出类型包括文艺演出、商业演出以及公共演出,并获得相应的报酬。

2006 年 5 月,木洞山歌被列入第一批国家级非物质文化遗产名录。自此,木洞山歌分散的发展状况被打破,政府领头对山歌的发展历史、纸质资料进行收集和整理,并对传承人创作的各种歌曲原件集中整理。目前,已经出版的关于木洞山歌的书籍包括《木洞山歌音乐教材》《木洞山歌》《木洞镇文脉》等。

在社会发展过程中,木洞山歌的传播形式发生了诸多变化,木洞镇政府部门作为非遗文化传播的重要角色,除了进行纸质资料的整理,还提供了线上、线下两种传播形式,使得非遗文化涵盖的信息得以在木洞镇之外共享。

1. 从分散到集中,剧场式传播

从 20 世纪 50 年代开始,木洞山歌的歌手们在传统演唱形式的基础上,创作了一些适合在文艺舞台上表演的单支曲调山歌。随后出现了多支单曲山

---

❶ 仲富兰:《民俗传播学》,上海文化出版社 2007 年版,第 451 页。

歌，歌词内容相关，前后以曲调直接联结，或以朗诵相联而以唱为主的山歌联唱，再之后又加进人物表演、载歌载舞的山歌表演形式。到了20世纪80年代，又有了糅合道白、对话，并融入简单故事情节、塑造人物形象的山歌剧。❶

图1 沈福存剧场（木洞河街剧场）

过去，民间文化艺术开展主要依托木洞镇文体中心多功能室，举办木洞山歌传唱、培训教学，由于学习内容增加，参与人数不断增长，2017年，木洞镇建设了800多平方米的木洞河街剧场（图1），以展示木洞山歌为主题，承载非遗的传承、保护、演出，并结合时令开展文化演出。据木洞镇文化中心统计，从2017年1月起，木洞河街剧场以"周周演"的形式举办山歌文化表演活动，全年近100场，观众2万多人次（图2）。同年，木洞河街剧场被市文化委、市教委等单位评为木洞山歌非遗传承基地。

图2 "周周演"过程中，沈福存剧场公布的文艺演出部分节目单

木洞河街剧场的表演类型主要有两种，一种是公开演出，一种是接待演

---

❶ 刘顺伟、郑丽娟：《木洞山歌》，贵州人民出版社2005年版，第15页。

出,两种不同性质的演出会有不同的节目设置。

在公开演出中,受众群体主要是木洞居民及游客,除了木洞山歌专场表演,主要节目内容还有古典舞、现代舞、桑巴、新疆舞以及歌唱表演等。非遗传承人高启兰告诉笔者,由于木洞河街剧场的观众对木洞山歌的表演已经十分熟悉,因此很多人就不愿意再去观看同样的节目,想看一些新花样,❶ 所以公开演出中的节目内容呈现出多样化的特点,以此来留住观众,同时吸引新的观众。

笔者以 2019 年国庆节的三场公开演出为例(图3),节目表演的内容主要包括山歌快板、船工号子、抬石号子、山歌演唱、旗袍走秀,表演时间是在下午2~3 点,每场观看表演的人数不超过 50 人,观看表演的大多是中老年人,20~30 岁观众很少。国庆期间,年轻人更愿意和朋友去其他地方旅游,而不是留在镇上。

在现场的表演中,当没有设置山歌问答环节时,除了主持人中间串场,非遗传承人的表演与现场观众没有任何互动,整场表演结束时,非遗传承人也没有与现场观众进行交流,现场观众观看完表演,通常直接离开剧场,而不会去后台找非遗传承人进行关于非遗文化的交流和探讨,或是对非遗传承人的表演进行评价。非遗表演和现场观众的互动比较少,通常只是单向传播。

图3 2019 年 10 月 1 日,国庆节三天连演中,沈福存剧场中正在进行的文艺演出活动

在接待演出中,受众主要是国外观众及考察团队,根据观众的不同,表演内容也会随之做出相应的调整。笔者以 2019 年 8 月 7 日接待日本三条市代

---

❶ 摘自 2019 年 7 月 18 日对非遗传承人高启兰的访谈。

表团为例（图4），相较于公开表演，接待演出流程更加烦琐。在节目现场，主持先用中文串词，再由翻译进行翻译，这一过程中，会有大量的停顿，不能连贯进行，现场热闹的表演氛围在一定程度上被削弱，但节目一开始表演，交流团的人很快便能融入其中，在表演过程中会自发响起两至三次掌声。在山歌互动环节，非遗传承人首先会通过歌唱的方式向现场观众提问，然后再把歌词拆开，以单个问题的形式逐一提问，并对观众进行引导。在这个环节，观众大多会和周围的人进行交流，讨论问题的答案。虽然有着文化差异，但是交流团队依然能够回答一些简单的问题，比如"什么红来（出来）红满天？""什么红在田中间？"对于这类问题，日本三条市代表团的成员也能回答上，但类似于"哪样红在哪屋团转？""哪样红在脸上边？"这类问题，他们经过讨论也不能回答上来。提问环节结束后，非遗传承人会再次通过歌唱的形式公布答案。通过歌唱的形式进行提问和解疑，由于旋律简单，带动性很强，观众能够很容易就进行哼唱，现场观众能够听到现场的跟唱。问答环节结束之后，非遗传承人会一对一进行山歌教学，尽管语言不通，非遗传承人会重复几遍，并降低原歌曲的音调，以便于观众学习。每当观众学完一句，现场就会响起一阵掌声，虽然在发音上存在问题，但现场欢快的氛围会给予学唱的人更多的勇气。

图4　2019年8月7日，接待日本三条市代表团时，
喻良华和其余非遗传承人在沈福存剧场表演

在调研中，笔者发现，木洞山歌在演唱中会运用大量的衬词，比如"啊""呲""哟""嘛""哎""哦""呃"等，此外还有一些运用较多的衬词如"依哟""嗨呀依嘿咗嘞""哟嚆""哟喂""咚咚弄咚咚""嘛庆啦庆""哐扯

哐扯”等。而这些衬字、衬词、衬句没有实际意义，只是起到衬托的作用，它们大多来源于木洞民众常用的俚语。对于不了解木洞山歌歌词特点的人来说，这就大大增加了他们对山歌内容的理解难度，非遗传承人的演唱内容不能被现场的观众完全理解，同时在没有真实劳作场景的前提下，山歌的感染性也显得不足。此外，非遗传承人与观众缺乏良好的互动，尽管非遗传承人在舞台上的表演能够直观地展示在观众面前，但观众对非遗文化的产生背景、历史渊源等内容并不熟悉，因此非遗文化并不能真正被受众所接受，只是看一个和其他节目没有差别的表演。

木洞河街剧场是当下木洞山歌传播的重要渠道，也是非遗传承人展示民俗文化的主要场合。刘晓春等学者认为，舞台表演丧失了文化的“原生性”和“真实性”，没有真实的场景衬托，只是通过一些刻意的装扮和舞台艺术来展现民族文化，会削弱原有的神圣感和民族认同感，曾经被祖辈视为珍宝的东西似乎现在只是愉悦大众的工具，观众作为文化传承的直接载体，会产生对自身文化的轻视。笔者在调研时发现，舞台化虽然带来了文化的失真和浅层化，但其结果并没有所担心的那样严重，木洞山歌非遗传承人所表演的节目内容，大多是自身曾亲身经历的场景，即使不存在生活场景和田间劳作的氛围，在表演上也不会出现陌生感。同时，笔者在对非遗传承人采访中发现，对于山歌的喜爱是从小就逐渐培养起来，对于木洞山歌的认同感和归属感并不会因为场景的变化而改变。此外，影响舞台表演效果的因素，除了非遗传承人的表演，现场氛围对观众的影响很大，尤其是在互动环节，山歌问答的形式使得人们对于山歌的印象更加深刻，也使得传播效果更加明显。

2. 从线下到线上，物联网点单

2014 年，重庆市开始试行公共文化物联网点单，依靠科技的手段，全市搭建统一的公共文化物联网服务平台，以群众的不同需求为基础，以公共文化产品为内容，采取文化志愿服务的形式，实行百姓“点单”、政府配送的公共文化服务模式。2015 年，木洞镇文化中心实行公共文化物联网点单，各个村镇都可以通过网上预约、电话预约、短信预约、微信预约，或者直接在公共文化物联网服务平台上进行山歌教学的预约。

由表 1 可知，木洞山歌物联网点单的主要内容是综合性演出和木洞山歌培训，从 2015 年 5 月至 2019 年 10 月，物联网点单覆盖 6 个镇 25 个村，接受山歌培训 2154 人。2015 年，木洞山歌的配送次数为 6 次；2016 年，没有任何配送；2017年，木洞山歌的配送次数为4次；2018年，木洞山歌的配送次数为11次；2019年截至10月，木洞山歌的配送次数为8次，涉及6个镇，24个村。每次培训人数在30~300人，接受山歌培训的人数整体上呈下降趋势。

表1 国家级非遗项目木洞山歌配送情况一览表

配送时间	配送地点	配送主题	表演人员	观看人数	服务形式
2015/5/28	木洞镇保安村	木洞山歌综合性演出	木洞文化艺术团	220	志愿者服务
2015/5/28	木洞镇土桥村	木洞山歌综合性演出	木洞文化艺术团	210	志愿者服务
2015/5/29	木洞镇杨家洞村	木洞山歌综合性演出	木洞文化艺术团	200	志愿者服务
2015/5/29	木洞镇三社区荻玥少儿艺术团	木洞山歌综合性演出	木洞文化艺术团	300	志愿者服务
2015/6/16	双河口镇	木洞山歌培训	喻良华	50	志愿者服务
2015/6/16	双河口镇	木洞山歌赏析	喻良华	50	志愿者服务
2017/5/24	麻柳嘴镇 牌坊社区	木洞山歌培训	喻良华	60	志愿者服务
2017/11/22	麻柳嘴镇 牌楼村	木洞山歌培训	喻良华	189	志愿者服务
2017/11/22	麻柳嘴镇 平桥村	木洞山歌培训	喻良华	189	志愿者服务
2017/11/23	惠民街道 文化服务中心	木洞山歌培训	喻良华	189	志愿者服务
2018/4/13	麻柳嘴镇 牌坊社区	木洞山歌培训	喻良华	199	志愿者服务
2018/5/14	麻柳嘴镇 赚宝村	木洞山歌培训	喻良华	194	志愿者服务
2018/6/16	丰盛镇 小学	木洞山歌培训	喻良华	189	志愿者服务
2018/8/13	麻柳嘴镇 梓桐村	木洞山歌培训	喻良华	55	志愿者服务
2018/9/14	龙洲湾街道 龙州湾小学	木洞山歌培训	喻良华	40	志愿者服务
2018/10/22	麻柳嘴镇 麻柳街社区	木洞山歌培训	喻良华	55	志愿者服务
2018/10/22	麻柳嘴镇 平桥村	木洞山歌培训	喻良华	50	志愿者服务
2018/10/23	麻柳嘴镇 望江村	木洞山歌培训	喻良华	50	志愿者服务
2018/10/23	麻柳嘴镇 感应村	木洞山歌培训	喻良华	45	志愿者服务
2018/12/13	麻柳嘴镇 八角村	木洞山歌培训	喻良华	60	志愿者服务
2018/12/13	麻柳嘴镇 感应村	木洞山歌培训	喻良华	60	志愿者服务
2019/3/29	木洞镇 土桥村	木洞山歌培训	喻良华	40	志愿者服务

续表

配送时间	配送地点	配送主题	表演人员	观看人数	服务形式
2019/4/2	木洞镇　海眼村	木洞山歌培训	喻良华	30	志愿者服务
2019/4/11	木洞镇　墙院村	木洞山歌培训	喻良华	40	志愿者服务
2019/5/9	木洞镇　钱家湾村	木洞山歌培训	喻良华	50	志愿者服务
2019/5/10	木洞镇　庙垭村	木洞山歌培训	喻良华	40	志愿者服务
2019/5/17	木洞镇　景星村	木洞山歌培训	喻良华	60	志愿者服务
2019/6/28	木洞镇　中坝村	木洞山歌培训	喻良华	50	志愿者服务
2019/10/25	木洞镇　土桥村	木洞山歌培训	喻良华	40	志愿者服务

非遗传承人喻良华告诉笔者："木洞山歌的培训主要是在机关单位、村里还有一些学校，我们曾到西南大学、重庆文理学院表演过。像这种培训，一年有几十场吧，平时如果有事，就会安排得少一些，主要还是以手头上的工作为主。"[1] 目前进行山歌培训的主要是国家级非遗传承人喻良华，尽管6位市级非遗传承人也能进行山歌教学，但由于理论知识和音乐专业知识掌握得较少，不能进行这方面的教学。

在木洞山歌培训中，教学对象主要是乡村的老人，青年人、中年人人数几乎为零。以2019年10月25日在木洞镇土桥村的山歌培训为例。参与培训的人数为40人，平均年龄在60岁以上，他们大多数和喻良华一样，从小就接触木洞山歌，对山歌的演唱十分熟悉而且很亲切。81岁的郝远万老人十几岁就开始听木洞山歌，他告诉笔者："我们原来插秧啊、收谷子啊，都要唱山歌，我们那个时候几乎都会唱几句，现在让我们来继续学这个，感觉很亲切，现在唱得也不一样了，比原来好听多了，还是很有意思。"[2]

作为20世纪七八十年代木洞镇为数不多的娱乐消遣活动，人们在劳作和休闲时间，听山歌、唱山歌是必不可少的事情。但喻良华所教的内容和以前不同的地方在于，学员们从小接触的山歌并没有进行专业谱曲，只是十分随性地干唱，经过谱曲的木洞山歌，比以往动听，但也更难学，大多数学员只能进行和声部分的演唱，不能担任领唱的位置。喻良华领唱一句，下面的人跟唱一句，而没有教授演唱技巧。此外，由于山歌的衬词较多，有些歌曲衬词的数量甚至超过主歌词，大大增加了山歌歌词的记忆难度，很多情况下，

---

[1] 摘自2019年10月25日在土桥村对非遗传承人喻良华的访谈。
[2] 摘自2019年10月25日对土桥村村民郝远万的访谈。

第一天教完，第二天就忘了该怎么唱，尽管有些村子已经进行过两三次山歌教学，但真正掌握的人并不多，传播效率偏低。

喻良华说："现在教的人一般都是老年人，没有音乐基础，都是我唱一句，他们跟一句。现在巴南区在搞试点，所以让我们来教学。但这些老年人都是自己很随意地唱，不清楚木洞山歌的类别、曲派，也不懂山歌创作，也就只是跟着学学而已。而且他们年龄太大了，不符合收徒条件，我们收徒弟一般都是 50 岁以下，同时他们自身的专业素养或者说天赋不高，所以他们对木洞山歌的发展其实并没有太大的作用。山歌的演唱需要很多技巧，虽然老百姓也会唱几句，但没有学过音乐，唱得很随意，专业性不高。山歌的每个字的音高都不相同，有自己的曲派、风格。山歌之中包含了很多衬词，每首歌的衬词都不相同，学习起来难度很大，一些学员可能上午学了，下午就忘了。这就需要师傅手把手地教，言传身教、潜移默化地影响才得行。"❶ 图 5 为喻良华在土桥村培训时所用的课件。

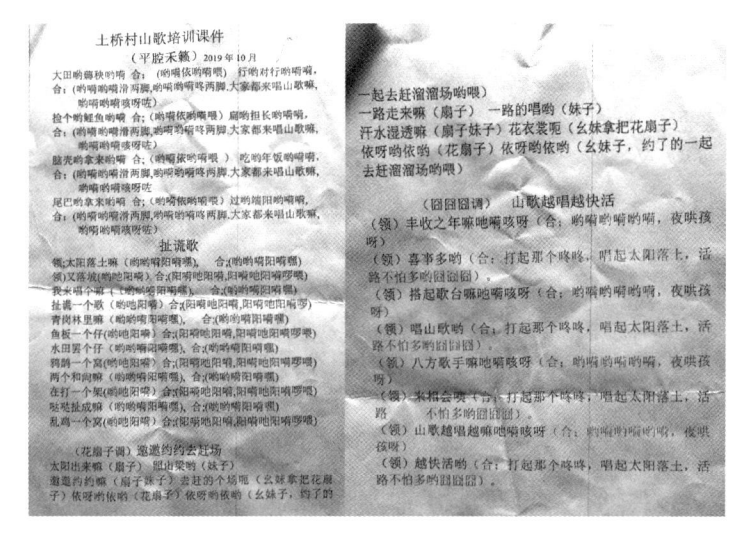

图 5　喻良华在土桥村进行山歌培训时所用的课件

物联网点单作为木洞山歌重要的传播渠道，帮助非遗传承人获得展示自身技能的机会和社会认同，增强了木洞山歌的影响力。但是，从木洞山歌配送情况表可以看出，木洞山歌的教学在时间上呈现出碎片化的特点，受众信息接收缺乏完整性。同时，受众的文化专业素质偏低，信息接收能力较弱，

---

❶ 摘自 2019 年 10 月 25 日在土桥村对非遗传承人喻良华的访谈。

碎片化的传播降低了传播效果。

有学者指出，经过长时间的流变和空间转换后，民俗文化能否继续存在，判断的根据应当是在这种文化赖以产生和存在的社会关系内部。特定人群对民俗文化的认同是其稳固发展的基本前提之一，缺少族群内成员的认同，民俗文化将无法延续，更不用提传承。而成员的认同，再加上反复、自觉地实践，民俗文化才能生生不息。学者高小康曾指出，一种文化活动能不能成为一种精神凝聚力量，形成一个群体的文化特征和传统，关键在于能不能使这个群体找到一种共享的、群体特有的归属感，并由此而形成代代传承的对这种身份归属的记忆、自豪和自尊，这就是特定群体的文化认同感。是真民俗还是伪民俗，最重要的差异就是这种群体认同感。❶

木洞山歌发展至今，已经演变出许多新的表演形式，比如舞台剧、山歌联唱、人物表演等，喻良华告诉笔者："如今，年轻人受流行音乐的影响，木洞山歌的演唱方法已经不能满足他们的需求，现在人们都喜欢有旋律、朗朗上口的歌曲，一直干唱不但不好听，而且迟早要被淘汰。"❷ 目前，改编之后的山歌，被很多人喜欢，也让他们很惊讶，这和他们原来的唱法有很多不同，不仅更加专业了，也更加动听了，而且也更容易让人接受。❸

因此，人们在民俗传播进程中可以看到一种特殊的把关现象，作为文化直接载体的非遗传承人并不是把关人，受众才是真正的把关人，只有得到他们的认同，才能最终被确认为民俗。非遗传承人喻良华所做的创新同样是为了迎合当下受众的文化需求，曾经的演唱方式在新的语境已经不被人们所接受，同时在呈现方式上，也不仅仅局限于在田间地头进行实地表演，舞台表演、视频录制、文字整合等形式，一方面是对非遗文化的保存，另一方面不免是对受众需求的一种迎合。

三、编码与传播：非遗传承人对木洞山歌的传承与创新

"编码解码理论"认为，任何信息在进入大众传播领域之前，都必须先进行编码，信息必须以某种符号的形式在传播领域流通，而"加工"就意味着材料的取舍，这就难以避免倾向性。

非遗传承人在非物质文化遗产的发展过程中，起到了信息整合、内容创新

---

❶ 转引自庹继光、刘海贵："民俗传播要素简论"，《新闻大学》，2012年第4期。
❷ 摘自2019年10月25日在土桥村对非遗传承人喻良华的访谈。
❸ 摘自2019年7月18日对非遗传承人李福美的采访。

的作用，在对非遗文化的编码和解码上，传承人有着较高的主动性。在采访中，喻良华告诉笔者，他小时候所接触的山歌并没有具体的分类，成百上千年也没有人专门作词作曲来教大家唱，自己听着周围的人唱就不自觉地学会了，可能一个人学会了这些，另一个人学会了那些，所以也不能严格区分。当一个地区出现比较出名、喜欢唱歌、声音好的人的话，其他人可能就学他的唱法。而另一个地区的人又会学习当地比较有名的人的唱法，所以没有严格的区分。虽然每个人的唱法有细微的差别，但是差别不大，久了之后可能有些雷同。

后来，人们开始对木洞山歌进行分类，发展至今，木洞山歌的主体包括禾籁和啰儿调。同时，劳动号子和表演歌也成为木洞山歌的重要组成部分。"我一直就在考虑这个问题，小的时候只是唱起耍，到十几二十岁的时候，我就在考虑这到底是怎么回事。慢慢就来思考这些问题，再来集中起来分类，想如何规范。后来，我开始教徒弟，教徒弟就必须规范起来，因为如果这个人这样唱、那个人那样唱的话就不行，所以自己就去要规范。后来退休了，我就开始去教民间的一些人。在木洞镇这一块，就是按照我们这一块来规范，我去其他地方教的话，也是按照木洞的规范来教。一来是，有些东西要试验，比如一个曲我要想着怎样让群众觉得好听，就要收集很多资料，比如老一辈的人唱的歌。可能各有各的特色，就要把他们的特色综合起来，抓住好的东西。随着社会的发展，现在社会的人都学了一些音乐。现在的人至少都是初中毕业、高中毕业，甚至是大学毕业。那么你用原来的方式去教他的话，他学都不会学，他听都听不懂。不仅连歌词听不懂，连曲调也听不懂，那种没有一点音乐基础的人教出来，你怎么去学嘛，你就要想办法怎样让它好听。"❶喻良华如是说。

为了使木洞山歌进一步规范，喻良华想了很多办法。"我想的第一步就是要把音准规范，音都不准，那别人怎么去学嘛。所以，我就把它规范起来，让它好听，别人才有兴趣来学。第二是节奏问题，现在任何事情都是有节奏的，就连我们平时的生活都是有节奏。所以，没有节奏是不行的，我就在琢磨怎么去教。所以，我出去唱，别人说你这个还挺好听的，原来木洞山歌很难听的。"

木洞山歌主要的特点是一词多调，一个词可以用很多的曲拍去唱，一句话就有很多种唱法，由此就成了很多首歌。喻良华在没有破坏它的主要特点的前提下进行了改编。比如，四句词构成一首木洞山歌，那么这四句词甚至可以唱出来几百首歌。根据词牌去套，就是一词多曲，那么还有一曲多词。

---

❶ 摘自2018年10月22日对非遗传承人喻良华的访谈。

而曲子的诞生则是根据字行腔,有一个原则就是字音不能倒字,比如说太阳的太,就不能唱成 tai(一声),就是必须要按照木洞语音来唱。目前,喻良华整理的山歌曲谱都被收录进了《木洞山歌》一书。

显然,非遗传承人在非遗文化的传承与传播中发挥着举足轻重的作用,他们通过对民间艺术和传统文化进行整理、表演、创新、传播,将过去的风俗习惯、社会生活以文艺表演的形式传递给下一代。随着时代的发展,民间艺术和传统文化的生存空间、社会环境等都发生了巨大的变化,尤其是信息技术的不断突破,使非遗传播得以突破时间和空间的限制,同时在表演形式上有了诸多变化。

通过对木洞山歌非遗传承人的传播实践活动进行观察和分析,笔者发现非遗传承人的传播实践活动大致可以分为两种:展演式传播和新媒体传播。

展演式传播指的是木洞山歌非遗传承人在木洞镇内或巴南区其他乡镇参加各种形式的民俗文化表演活动、商业演出,还通过组织大型音乐比赛,增强各个村子村民的参与程度和认知程度。非遗传承人在获取经济报酬、社会认可的同时,在一定程度上扩大了木洞山歌的文化影响。其中,关于沈福存剧场的表演和物联网点单部分已在前文进行了叙述,本节不再论述。

新媒体传播是相比较于传统的传播方式而言,一方面指的是非遗传承人主动地运用微博、微信、抖音短视频等社交媒体,对木洞山歌的文化进行传播;另一方面指的是非遗传承人有意地接受传统媒体、教育机构等社会组织的采访,利用他们的平台对传统文化和民间技艺进行传播,进一步丰富木洞山歌的表现形式、拓宽传播范围。

1. 展演式传播

20 世纪 80 年代,在巴县开展的民间歌谣集成普查中,有 150 余名歌手演唱或提供了资料,其中有 26 名歌手的山歌收入县集成卷。1991 年,重庆市文化局命名第一批"民间歌手"40 名,木洞地区就占了 37 名,其中 4 名"特级民间歌手"全在该地区,每名特级民间歌手都能唱 500 首以上的山歌。

除了在生产、生活、民俗活动中演唱山歌,木洞民众还会举办一些传统歌会,常见的有薅秧歌会、丧葬歌会、榨菜歌会等。据非遗传承人喻良华回忆,每当举行歌会,其他村庄会唱山歌的村民会聚在一起比赛,每个人会提前准备好自己要演唱的内容。每当婚丧嫁娶时,村子里的村民会聚到一起,山歌是茶余饭后主要的娱乐活动,村民通过山歌独唱、山歌对唱的形式比赛,而比赛的获胜者将会获得"歌王"的称号,这对当时喜欢山歌的人来说是巨大的荣誉。近年来，又有一些新型的节日赛歌会，如春节赛歌会、国庆赛歌会、中秋歌会、山歌擂台赛、社区山歌演唱等。举办传统歌会、山歌演唱比赛是木洞居民早期主要的娱乐活动方式，在这一过程中，人们在展示自己的唱功、和其他人交流、获得社会认同的同时，也促进了木洞山歌的发展。

图6 木洞河街景点，居民们通常在这里聚会、散步

除了传统歌会和山歌比赛，由国家级非遗传承人喻良华组建的山歌队伍，会在熟人介绍和政府安排下，到各地进行商业演出和文艺演出，每场演出的费用大约每人100元。在巴南区的22个城镇中，非遗传承人已经去表演过的就有圣灯山镇、麻柳嘴镇、丰盛镇、二圣镇、接龙镇、石滩镇、石龙镇等20个城镇。在外演出的过程中，木洞山歌的名气也越来越大，很多人都知道木洞镇唱山歌的喻良华，这给山歌队伍带来了更多的商业演出，很多人也是在这个时候开始知晓并学习木洞山歌。

展演式传播使木洞山歌在空间范围上的影响得到了提高，这一过程也使其基本功能逐渐发生改变，"由过去民众娱乐和传统文化、价值信念的传递，更多转向自我实现和推动经济发展等外向型功能"❶。非遗传承人实际上已成为文化产品的生产者，这种角色的转变使木洞山歌的展演活动不再仅仅是传承民族传统文化的一部分，同时是人们生活息息相关的一部分。

2. 新媒体传播

在列入国家级非物质文化遗产名录之前，木洞山歌的传播方式十分单一，即通过口口相传的方式，人们在田间劳作、节假日、婚丧嫁娶等情况下，家

---

❶ 孙信茹、赵亚净："非遗传承人的传播实践和文化建构——以大理石龙白族村为研究个案"，《当代传播》，2017年第3期。

人、朋友及其他乡镇居民聚在一起，进行山歌演唱。随着信息技术的进步，木洞山歌有了更多的传播形式，同时对音乐的保存也不再局限于对文字资料的保护，而是通过拍摄视频、录制音乐来增加受众接触木洞山歌的机会。

截至2019年7月14日，秦萩玥的《喊山喊太阳》《什么红来红满天》《邀一轮明月朗朗》《美丽传说话木洞》《木洞榨菜》《禾籁之声》《乡音》《我在木洞等你》8张专辑，以及《乡音》《我在木洞等你》的音乐MV，在QQ音乐、酷狗音乐、腾讯视频的点击量约为16.3万。此外，非遗传承人还会使用微信、QQ、抖音等社交媒体，其中使用最多的是抖音短视频。非遗传承人秦萩玥的抖音账号"萩玥"目前拥有2万粉丝，发布动态29条，非遗传承人李福美、高启兰抖音账号粉丝量和动态则只有寥寥。❶ 对非遗传承人已经发布的31条抖音动态进行整理后发现，与木洞山歌相关的动态16条，与萩玥艺术团相关的动态10条，涉及个人生活的动态5条。从已发送的动态来看，非遗传承人并不重视对新媒体的利用，正如他们在访谈中所提到的：

"平时会在抖音上发一些关于木洞山歌的小视频，但文化中心的工作太多了，所以只是做一些记录。"❷

"一般都不用抖音这些，也不会用，精力也很有限。"❸

"平时都是看一些有意思的视频，自己很少拍视频发到抖音上面，我都没有注册，很多功能都不会操作。"❹

"我喜欢把自己的身边事拍下来，很有意思，顺便把视频放到抖音上，但并没有想过利用它来传播木洞山歌。"❺

"平时也会看抖音上面一些视频，自己就很少专门拍了视频发出来。"❻

通过上面的记录可以发现，尽管非遗传承人有媒介使用的意识，却没有自主创作的意识，对社交媒体的使用通常是为了满足信息需求和娱乐需求，而没有注重把木洞山歌向外传播，主动性十分薄弱。而主动性较低的原因之一就是非遗传承人的媒介素养偏低，也没有受到过任何形式的培训，对于社交媒体也仅仅局限于使用它获得娱乐享受，而没有充分利用其进行资料的查询、学习其他非遗项目传承人有效的传播方式，以及了解木洞山歌在社交媒

---

❶ 秦萩玥抖音账号595180024，李福美抖音账号dyeb6qb5iy09，高启兰虽使用但未注册。
❷ 摘自2019年7月12日对非遗传承人秦萩玥的采访。
❸ 摘自2019年7月12日对非遗传承人喻良华的采访。
❹ 摘自2019年7月18日对非遗传承人高启兰的采访。
❺ 摘自2019年7月18日对非遗传承人李福美的采访。
❻ 摘自2019年7月18日对非遗传承人代正美的采访。

体上的传播情况。

新媒体的出现,既给木洞山歌带来了发展的机遇,也带来了更大的挑战,民俗传播中的信息不是一成不变的,民俗事象在流传过程中受诸种因素的影响而产生变化,其变化主要体现在两个方面:一是民俗自身的变异,因为民俗是传播的信息内核,民俗发生变异后,传播的内容必然产生巨大的变化;二是传播者的误读,由于传播者对某一民俗的理解不够透彻,甚至有意曲解,所传播的信息与原本的内容有很大差距。因此,非遗传承人要能够跟随社会语境的改变来转变自己的思维方式、提高自身的综合能力,不仅能进行山歌演唱,还要懂得如何把非遗文化转换为通俗易懂的信息传播出去,让更多的人了解、熟悉甚至爱上非遗文化,否则面临的将是被时代淘汰的命运。

四、共通意识:民间组织助推木洞山歌的普及

1. 木洞红阳艺术团的传播实践

非物质文化遗产产生于民间,并根植于民间,虽然它的传承性、群体性特点使得它在很大程度上具有自发性,但是能以组织化、团体化的方式表现出来。在非遗保护的工作中,政府的支持起着至关重要的作用,缺少各级政府的支持,文化保护工作也将一事无成,但这并不代表政府主导一切,因为这会打击民间组织参与文化保护工作的积极性,同时会因为理解不够透彻而使"民俗"变成千篇一律的"官俗"。因此在遗产的保护过程中,我们要意识到:民众是无形文化遗产的创造者、传承者,是无形文化遗产真正的主人。❶

在木洞山歌的传播主体中,除了政府和非遗传承人,民间组织也扮演着重要的角色。有学者认为,民间组织指的是民间非营利组织,一般包括社会团体、民办非企业单位、基金会等;也可以理解为以农民为参与主体,以农村为活动场地,并以追求农村经济活动效率和农民社会福利为目标,独立于政府和企业之外的社会组织。❷ 本文所研究的民间组织指的是长期活跃在社会文化活动中,处于政府和企业之外,并以非物质文化遗产的传播为重点的非营利组织。

在木洞镇,与木洞山歌相关的民间组织有且只有一个,那便是木洞红阳艺术团(见表2)。木洞红阳艺术团的前身是红阳文艺社,下设山歌队、舞蹈

---

❶ 苑利:"无形文化遗产保护与我们所应秉承的原则",《民族文学研究》,2005年第4期。
❷ 佟玉权、邓光玉:"农村非物质文化遗产保护中的民间组织作用",《教育文化论坛》,2012年第6期。

队、曲艺小品队、合唱队、乐器队，其性质是老年人协会，组织成员全部为退休的老年人，他们都具备一些表演才艺，利用自己的空余时间，进行节目的排练，同时到各地进行文艺表演。

表2 木洞红阳艺术团成员基本情况表

序号	姓名	性别	年龄	在艺术团内的工作
1	徐仁林	男	72	主持、唱歌、舞蹈、小品表演
2	刘显芳	女	57	主持、唱歌、舞蹈、小品表演
3	周世芬	女	56	木洞山歌非遗传承人、唱歌、舞蹈、小品表演
4	姚文佩	女	56	主持、唱歌、舞蹈、小品表演
5	余长惠	女	54	唱歌、舞蹈
6	刘世全	男	66	唱歌、乐器、小品表演
7	陈琼	女	55	唱歌、舞蹈、小品表演
8	杨英	女	56	唱歌、舞蹈、小品表演
9	袁昌文	女	56	唱歌、舞蹈、小品表演
10	何绍芳	女	61	唱歌、舞蹈、小品表演
11	陶生玉	女	52	唱歌、舞蹈、小品表演
12	刘开芬	女	56	唱歌、舞蹈、小品表演
13	李得兰	女	54	唱歌、舞蹈、小品表演
14	李开永	女	56	唱歌、舞蹈、小品表演
15	周成志	男	68	木洞山歌非遗传承人、乐器、小品表演
16	何秀贵	女	76	服装、道具
17	李正平	男	63	音箱
18	张玉	女	52	唱歌、舞蹈
19	朱中秀	女	57	唱歌、舞蹈
20	简绍惠	女	52	唱歌、舞蹈
21	郭明群	女	52	唱歌、舞蹈
22	易联惠	女	55	唱歌、舞蹈、小品表演

2011年4月18日，木洞红阳艺术团成立，其发展重点是以学唱木洞山歌为主，把木洞山歌这一非物质文化遗产传承下去。根据木洞红阳艺术团内部的数据统计，自2011年6月25日至2012年4月28日艺术团的演出记录如表3所示。

表3 红阳文艺社演出记录表

演出时间	目录	演出部分内容	观看人数
2011.06.25	木洞镇庆祝建党90周年	山歌、舞蹈	4000人以上
2011.06.27	一社区庆建党90周年	讲红色故事	600人以上
2011.07.01	木洞新转盘义演	下马酒之歌,讲红色故事等14个节目	800人以上
2011.09.12	镇文化站中秋节演出	红阳文艺社专场演出,16个节目	1000人以上
2011.10.05	文艺社演出下社区（新转盘）	山歌、舞蹈等14个节目	3000人以上
2011.10.22	送文化下乡到栋青村演出	计划生育演出、舞蹈、车灯、莲萧独唱等16个节目	3000人以上
2011.11.11	镇文化站主办"辛亥革命"	获三等奖"中华颂"	3000人以上
2011.11.20	木洞后湾黄正国80寿辰	山歌、舞蹈、车灯、小品、独唱	800人以上
2011.12.28	下三社区庆祝元旦演出	山歌、舞蹈、车灯、小品、独唱	2000人以上
2012.01.12	慰问木洞巡警平台	山歌、舞蹈、车灯、小品、独唱	2000人以上
2012.01.13	慰问政府退休干部迎春会	山歌、舞蹈等10个节目	500人以上
2012.01.17	木洞文化站红歌迎春走进新农村	演出获二等奖	500人以上
2012.01.18	木洞文化站中央电视台采访山歌	山歌联唱,船工号子等	200人以上
2012.04.28	石庙留观应老人80寿辰	山歌、舞蹈、车灯、独唱	1000人以上

从表3可以看出,木洞红阳艺术团演出类型主要包括重大节假日的庆祝活动、送文化下乡、慰问演出、文艺表演比赛以及商业演出,节目内容主要有木洞山歌、舞蹈表演、车灯、小品等,观看表演的人数超过2万人。从木洞红阳艺术团的演出记录可以看出,它在一定程度上还具备了政治宣传的功能,弥补了在同一时期木洞山歌所不具备的功能。节目形式的多样性缓解了木洞山歌单独表演带来的审美疲劳。现任木洞红阳艺术团团长刘显芳告诉笔者:"加入艺术团的成员都是退休人员,他们本身都具备一些才艺,这就为多样化的节目形式奠定了基础,而纯粹的山歌表演尽管在表演初期受到了观众的好评,但随着观看次数的增加,大多数人都已审美疲劳。"❶

---

❶ 摘自2019年8月17日对现任木洞红阳艺术团团长刘显芳的访谈。

2014年，为了解决公共文化服务产品供给与群众文化需求不对接、资金使用效能不高、阵地空壳现象突出、群众参与不方便等问题，重庆市巴南区开始实行公共文化物联网服务。❶ 在这一时期，木洞红阳艺术团开始参与物联网点单服务，木洞镇一共有14个村、3个社区，截至2019年9月，木洞红阳艺术团通过物联网点单已经去过一社区、二社区、钱家湾村、杨家栋村、庙垭村、松子村、墙院村、景星村、土地恼村、海眼村、土桥村共11个地点进行文艺表演。

图7 2019年9月10日，在木洞镇一社区进行的巴南区公共文化物联网文艺演出，红阳艺术团成员正在进行表演

笔者以2019年9月10日在木洞镇一社区的文艺演出为例（见图7、图8），文艺演出的地点在木洞镇山歌广场，观看现场表演的人数大约在100～200人，经过笔者粗略统计，这些观众三分之二以上是50岁以上的老人，50岁以下的人则很少。刘显芳告诉笔者：在以往的表演中，前来观看的人也基本是50岁以上的人，至于年轻人，工作导致他们并没有多余的时间来看节目。而前来观看的人中，他们大多能够唱一些木洞山歌，所以山歌表演很受欢迎。❷ 表演过程中，在歌唱类节目表演时，台下观众的注意力并没有放在舞台上的表演，而是会和周围的人攀谈，直到台上的演员把歌曲演唱完毕。到

---

❶ 《中国文化报》："重庆市巴南区：公共文化服务物联网实现菜单式派送"，2015年8月7日。http://www.sdwht.gov.cn/html/2015/ts_0807/23468.html。
❷ 摘自2019年8月17日对现任木洞红阳艺术团团长刘显芳的访谈。

了表演小品和相声时，台下观众的注意力都集中在台上，根据表演的内容会做出起哄、鼓掌等反应，台下还会有一些观众拿出手机拍视频记录。而到了山歌问答环节，是整个表演的高潮，主持人通过山歌演唱向现场观众提问。"什么老了空心心？""什么老了一包茎？""什么老了甜蜜蜜？"对于这些问题，现场的观众几乎都能回答上来，当被抽到的人回答错误时，便会引起大家的争论，在一番讨论下，便会有一小群人一起说出正确答案。在山歌问答环节，几乎现场的人都能融入，大家在回答问题的过程中学习山歌的唱法，同时收获互动的欢乐。

图8　2019年9月10日，木洞镇一社区
居民正在观看木洞红阳艺术团表演

2. 木洞红阳艺术团在非遗传播中的作用

通过观察与分析，作为民间组织的木洞红阳艺术团在木洞山歌的传播中主要发挥了以下几个方面的作用。

第一，农村公共文化产品的有效供给者。

"为了丰富表演的内容，增加人们对节目的兴趣，艺术团会不断更新自己的节目类型，目前已经有快板、小品、二人转、木洞山歌等节目类型，所准备的节目数量在18~25个。每次表演结束，都会有人来询问我们下次什么时候再来。"❶木洞红阳艺术团团长刘显芳在访谈中提到。在红阳艺术团的表演

---

❶ 摘自2019年8月17日对现任木洞红阳艺术团团长刘显芳的访谈。

中，观看表演的受众在年龄结构上呈现出高龄化，他们大多是留守老人或者在家帮助自己的子女带孩子的老人，而中年劳动力大多外出工作。而这些高龄化的群体对手机、电脑等媒介的使用并不熟悉，导致他们的娱乐活动相对较少，对于文艺活动的需求也就越多。而政府实行的公共文化物联网点单，正好解决了这一现象带来的一些问题。但在送文化下村的过程中，木洞山歌的非遗传承人受人数和时间的限制，并不能为所有有需求的人提供文化服务，因此作为民间组织的红阳艺术团就承担了部分文化传播的责任。在外出表演过程中，艺术团成员在获得经济报酬和社会认同的同时，也使木洞山歌得以传播。

公共文化产品的非竞争性和非排他性决定了文化产品的配送需要政府的介入，通过各级政府的资金支持来实现。但是政府提供农村公共服务的能力受到各方因素的限制，不能达到理想效果。[1] 而民间组织的重要作用就是它可以帮助政府部门分担压力，向社会提供更多的服务，增强民众的参与意识，提高民众的参与能力，形成全社会主动参与保护的文化自觉。而民间组织本就是由来源于最基层的社会成员组成，对于文化的流通与交流有着不可忽视的作用。

第二，非物质文化遗产的传承与传播者。

在木洞山歌的传播中，非遗传承人现有的文艺演出主要是围绕木洞河街剧场进行接待演出和公开演出，以及各类比赛项目和物联网点单中的山歌教学，受时间和精力限制，在送文化下乡上付诸实践较少，而木洞红阳艺术团填补了非遗传承人在这方面的缺位。

木洞镇14个村、3个社区中，红阳艺术团已完成11个地点的演出，每个村或者社区的表演次数都在2次及以上。木洞镇作为木洞山歌的发源地，木洞居民的成长都有木洞山歌的陪伴，他们对山歌有着最原始的情感寄托，是最具接近性的受众，也是木洞山歌得以延续的基础。红阳艺术团的送文化活动既满足了当地居民的文化需求，也营造了良好的传播环境。

在传承与创新上，刘显芳告诉笔者："对艺术团人员的入团要求，首先要有一定的才艺表演基础，对待表演要有浓厚的兴趣，不能半途而废，其次要有充足的时间，并且获得家人的同意和支持。"[2] 红阳艺术团现有成员中，有

---

[1] 佟玉权、邓光玉："农村非物质文化遗产保护中的民间组织作用"，《教育文化论坛》，2012年第6期。

[2] 摘自2019年8月17日对现任木洞红阳艺术团团长刘显芳的访谈。

一名木洞山歌市级传承人和一名区级传承人，分别是周世芬和周成志，艺术团内部除了进行一些歌舞编排，山歌教学则是其主要的内容，这也为普通民众学习山歌提供了机会和平台。作为周世芬的弟子，刘显芳目前创作的最具代表性的山歌是《吃都吃不完》，在外出表演中，受到很多人的好评。但是具备创作能力的弟子只占少数，和一些非遗传承人一样，在作词上并没有太大问题，而在作曲方面则十分困难，这也是木洞山歌的创新所面临的问题。

非物质文化遗产是人类世代相传的、无形的、活态的文化遗产，它扎根于民间，通过口传心授的方式，附带着一个民族独特的生活生产方式、民族个性、民族审美，它的呈现方式和传承手段呈现出多样性、复杂性、动态性，与人的思维理念、生活方式、生活环境等有着密切的联系。❶ 民间组织成员的成长环境与非物质文化遗产的发展息息相关，他们对于文化遗产的特性十分熟悉，对于非遗文化的接收显得更简单，在当下非物质文化遗产的传承鲜有人问津的背景下，民间组织则是非遗传承与传播强有力的后备军。

五、小结

民俗文化传播的主体是人。随着社会语境的改变，木洞山歌的传播产生了巨大的改变，这种改变主要体现在传播方式和传播主体上。

首先，传播方式的改善，从口口相传到如今的新媒体传播。当今民俗生活的时代，一切文化均处于新媒体环境之下，媒体日益成为阐释社会和民俗生活变迁的重要力量。❷ 信息技术的进步从表面上看，生成了很多对民间文化生存不利的条件；但实际上，无论是从时间上还是从空间上，都大大缩短了人们交流互动的距离，通信技术使信息毫无阻碍地迅速传播至各个领域，为原本不同社群、毫无交集的人与人认识和联系提供了条件，还可以表现民俗文化和民俗生活。如今多样化的传播手段已经打破了时间和空间的限制，可以让民众接触到更多的民俗事项和民俗信息，各个区域的民俗文化也可以相互交流。在木洞山歌的传播实践中，政府所采用的物联网点单的方式，一方面实现了送文化下乡，满足了民众的文化需求；另一方面实现了文化强化，各种民俗文化不仅得到了传播，还强化了人们的民族意识。

其次，传播主体由单一性向多样化转变。曾经的木洞山歌仅仅是人们在

---

❶ 曹莎："非政府组织在非物质文化遗产保护中的现状探析"，《山东省农业管理干部学院学报》，2012年第2期。

❷ 马蕊："探索新媒体时代的民俗传播之路"，《戏剧之家》（上半月），2014年第3期。

田间劳作时舒缓疲劳的工具，山歌的传唱仅仅局限于巴南地区，而没有突破地域的限制。如今，不管是民间组织或是政府部门，都已不仅仅局限于对当地居民传播。尤其是政府部门，从沈福存剧场的使用到物联网点单的实行，政府部门一直扮演着十分重要的角色。2005 年 3 月 26 日国务院办公厅发布《关于加强我国非物质文化遗产保护工作的意见》，其中提到非遗保护工作的原则是：政府主导、社会参与，明确职责、形成合力；长远规划、分步实施，点面结合、讲求实效。

木洞山歌传播实践关系如图 9 所示。

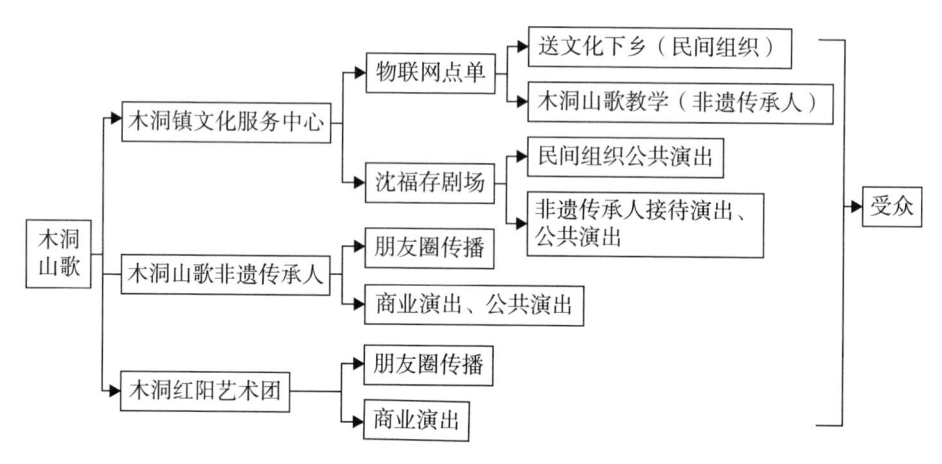

图 9　木洞山歌传播实践关系图

学者吴洁菲、谭振华认为，非遗保护的最终归宿在于从政府主导到民众自觉，非遗作为一种民间文化，属于民众的生活方式，只有发挥民众的主体作用、激发民众自觉，才能真正实现非遗项目的活态传承。❶ 笔者在对木洞山歌的调研中发现，政府部门的参与极大地推动了木洞山歌的对外传播，"国家在场"并不意味着"民众退场"，相反，"国家在场"推动了"民众进场"。充分发挥政府的"主场优势"，对于非遗传播来说具有重要意义。

（本文摘录自西南政法大学新闻传播学院 2018 级硕士研究生周传勇毕业论文）

---

❶ 吴洁菲、谭振华："非遗保护的归宿：从政府主导到民众自觉——以遂昌石练'七月会'的保护与传承为例"，《丽水学院学报》，2016 年第 4 期。

26. 荣昌夏布的品牌传播

[内容提要]

非物质文化遗产（以下简称"非遗"）是中华民族传统文化的瑰宝，也是我国对外打造文化大国的主要组成部分。笔者在读研期间加入"非遗与传播"团队，在采访非遗传承人时，意识到改善非遗传播现状已经成为保护非遗的首要任务。品牌传播作为非遗传播的后起之秀，在非遗的活化传承中占重要位置。由此，研究那些品牌传播具有典型性的非遗项目，可为身处困境的非遗项目提供借鉴和参考。

品牌传播作为一种被广泛运用的商业手段，是非遗走向市场化、商业化的必经之路，也是对非遗进行生产性保护的重要途径。笔者在查找分析大量文献资料的基础上，以荣昌夏布的品牌传播为典型案例，通过深度访谈法与田野调查法，深入荣昌夏布的产销中心，结合文献分析、文本分析，考察荣昌夏布的品牌传播。

笔者通过对荣昌夏布品牌的历史背景、品牌传播情况以及可能存在问题进行调查研究，发现目前荣昌夏布在经过一段时间的发展后，其品牌传播的核心理念得到重视，品牌传播的途径和手段逐渐多元化，呈现整合化趋势；但在品牌传播的过程中，还存在品牌定位不明确、宣传效率低下等问题。

在了解现状的基础上，进一步分析荣昌夏布品牌传播过程中的构成要素后，本研究采用SWOT分析法，剖析其在前期的品牌传播中已形成的品牌优势，也分析了诸如品牌传播缺乏专业视角，传播方式传统、品牌视觉设计、品牌文化不足等一系列问题。本研究结合荣昌夏布在非遗品牌市场竞争日趋激烈和媒介多元化发展的大环境下，提出要突破这一困境，就需要在根本上改善品牌传播整体生态，构建品牌传播管理系统，政府、协会和商业主体良性互动，并确立品牌传播定位，建立独有的品牌特色，结合多种品牌传播渠道和手段，从而在大众心中树立优秀的品牌印象，全方位多角度形成品质可靠的荣昌夏布区域品牌。通过多方位塑造完备的品牌传播系统，荣昌夏布可以整体有效地扩大产品的影响力，提升品牌价值。

关键词：非物质文化遗产；品牌传播；荣昌夏布；SWOT

余明阳教授在《品牌传播学》中这样定义品牌传播：品牌传播是指品牌所有者通过各种传播手段，持续与目标受众交流，最优化地增加品牌资产的过程。他认为其构成元素包括传播主体、传播受众、目标受众和品牌资产，品牌传播战略有助于品牌信息传播达到一致性。他还认为品牌传播学研究的基本范畴主要包括品牌传播战略、品牌传播信息、传播手段与媒介、受众心理和品牌效果等。

结合拉斯韦尔提出的5W传播模型，并将具体的品牌要素结合，可以发现，品牌传播实质上就是将品牌的相关信息按照品牌所有者的意图编码并运用各种手段传播给目标受众，并与之进行交流沟通，从而构建品牌资产的过程。它的构成要素有：传播主体，即品牌的拥有者；传播内容，品牌识别系统的诸要素，包括品牌的产品和企业要素、符号要素、文化象征要素；传播方式，品牌传播手段包括广告、公关、人际关系及各种媒介资源等；目标受众，在品牌传播的概念里，品牌传播的对象并不仅限于消费者，也包括消费者在内的"受众"，凡是能接触到信息的都是品牌传播的受众，品牌传播上的受众强调的是沟通的平等；传播效果，即品牌资产，短期的效果是刺激购买，长期的效果是品牌忠诚。品牌传播的最终目的是增加品牌资产，品牌传播学上的品牌资产也就是强化受众对品牌认知和品牌忠诚，形成品牌偏好。其中，品牌识别是传播者对传播内容的编码，品牌形象是消费者对品牌传播信息的解码，品牌忠诚和品牌认知既是品牌资产，也是传播效果。

一、传播主体：政府、企业、传承人和公众

传播主体即传播活动中的传播者，品牌传播中的传播者即品牌拥有者。荣昌夏布作为"国家地理标志证明商标"[1]，传播主体多元而非单一，传播路径和形式也实现了多样和互动，政府、企业、传承人甚至公众都是荣昌夏布的传播主体，多个主体以各自的力量和多样的形式进行传播，联动形成强大

---

[1] 2013年3月，"荣昌夏布"成功注册为国家地理标志证明商标。该商标是指由对某种商品或者服务具有监督能力的组织所控制，而由该组织以外的单位或者个人使用于其商品或者服务，用以证明该商品或者服务的原产地、原料、制造方法、质量或者其他特定品质的标志。农产品证明商标，第一可以证明产品的原产地，第二能证明产品的特定品质，由国家工商总局认定并授予。

合力，共同发出荣昌夏布品牌传播的和声。

1. 政府

政府作为管理者，利用政府资源为本地非遗项目进行推广和宣传是应尽之责。通过宏观指导，在财政、税收、投资环境等方面给予企业、传承人和民间组织优惠和保护，发挥市场机制的内在活力，形成非遗开发规模经济，政府部门已经成为地区非遗发展的重要引擎。

近年来，荣昌区委、区政府高度重视非物质文化遗产保护开发工作，于2010年出台了《中共荣昌县委荣昌县人民政府关于加强全县非物质文化遗产保护开发的意见》，按照"保护为主、抢救第一、合理利用、传承发展"的思路，探索"以文化带动产业、以产业促进文化"的路径，通过编制规划、开展普查、建立体系、保护资源、重视人才、建立基地、搞好开发七个方面，着力对荣昌夏布等非物质文化遗产实施保护传承、开发利用工作。除了拥有荣昌夏布、荣昌陶器、荣昌折扇三大国家级非遗项目，目前荣昌已经挖掘整理出市（省）级非遗项目14项，区级非遗项目87项；国家级代表性传承人2名，市级代表性传承人24名，区级代表性传承人58名。

为生动、形象、具体地反映荣昌夏布的历史、现状以及发展前景，荣昌区文化委员会主持编辑出版了《荣昌夏布》，推动并参与兴建中国夏布小镇、夏布博物馆等公共教育基地，提出走"夏布产业+非遗+旅游"的融合发展之路，打造"非遗之城"等战略，对荣昌夏布及当地其他非遗项目的推广功不可没。

2. 企业

企业作为品牌拥有者和产品生产者、经销者，理所当然是传播的主力。非遗企业或者非遗项目的开发者可以通过市场运作，进行多元化非遗品牌包装与非遗品牌推广，努力兼顾历史传统与现代创意，在体现非遗的传统文化内涵的同时，提高非遗的市场竞争力。相关企业还可以加强与文化项目的对接，融合创意、市场、资金、人才，推动非遗文化的协同创新；与政府建立联系交流机制，为普通非遗爱好者、非遗传承人、非遗民间组织与政府的沟通搭建桥梁，同时加强与媒体线下的非遗活动合作，使之提升宣传广度，增强对受众的吸引力。

以品牌形态存在的某些地方"老字号"，自身就具有文化遗产、非遗技艺、非遗传承人等品牌资产。随着非遗文化推广的深入及品牌激活的现实需要，这些品牌需要在广告宣传、企业宣传片、产品包装等内容上着重推广非遗文化，运用现代企业运营能力，呈现非遗技艺。企业在不断尝试新方式的过程中，新的营销方式也在激励这些"老字号"持续自我造血和创新。例如，荣昌本地夏布品牌加合夏布的现任董事长、第七代创始人黄秀英即为夏布制造技艺的区级传承人，她的父亲黄良谓是中国第一个将夏布带出国门的人，当时就创造了夏布的免检品牌，一度被称为"夏布大王"。❶

3. 传承人

传承人既是非遗项目代言人，也是企业品牌代言人。在品牌传播中，他们如果能够积极参与各层级非遗活动，充分发挥个人品牌价值，在不断提升非遗技艺的同时，参与各类非遗培训项目，或是以创业者的身份，自建品牌，聚焦区域市场，积极收集各类信息和资源，都将给该项目的宣传推广带来一定的影响力。尤其是新一批45岁以下的非遗传承人。这部分群体多有传承家族的背景，学历背景较好，品牌建设意识强，且具有一定的新媒体推广能力，在品牌建设方面，对非遗项目、市场行业和自身优势有客观、理性的判断。传承者这个传播主体在非遗的品牌传播中也必不可少。

传统非遗产品制造企业拥有非遗项目影响力，在长期经营过程中，积累了一定的公关资源。如果企业和传承人联合起来，由企业对传承人进行个人形象的塑造、包装和推广，利用个人品牌宣传非遗产品，进而带动产业发展，也不失为一个良策。

4. 公众

互联网时代的民众普遍具有自觉参与、自主传播的主体意识，善于利用互联网平台分享消费体验，发表品牌评价，所以每一位荣昌夏布的用户都可能成为夏布的自媒体、发言人、见证者。

公众评价总体还是比较客观、理性，而且公众传播互动性强，能够更贴近地影响更多的普通用户和潜在用户。中外很多企业已经利用社交媒体设置议程和话题，进行口碑传播，非遗产品在当下和未来还需要更为有效利用社交媒体，开发动员公众这一巨大资源，让公众用他们愉悦的消费体验为非遗筑就赞誉的口碑，从而形成企业、媒体、民众联动的传播矩阵。

二、传播内容：产品特性和文化内涵

1. 地域限制的产品特性

荣昌夏布出产于当地独特的地理环境和地域文化，产品的生产和加工都源于本地地域背景下。对于这类区域性产品而言，一旦脱离当地地域背景，

---

❶ 信息来自夏布博物馆和加合夏布工作人员口述。

就不再具有同类型的产品特质。荣昌夏布是在当地湿润气候、光照时间等条件下孕育而成的，一旦脱离荣昌的气候条件，很难再出产同类型的产品。

重庆市荣昌区是夏布的传统产地，也是中国最适宜种植苎麻的生态区域之一，其中又以盘龙镇最为集中，种植历史已有3000多年。明末清初，湖广移民到四川，带来湖广麻布生产经验，与荣昌生产技术融汇交流，历经数辈传承，工艺精益求精，技术不断精进。清康熙后期，荣昌夏布已形成商品生产，成为中国最早出口的纺织品。笔者在荣昌区调研期间，很多声音都表达过同样一点："夏布在我们这边（荣昌区）的历史就很深厚，不管是厂里的工人、做生意的老板，还是村里的村民，都对荣昌夏布都很自信，首先，我们老祖宗代代相传下来的技术确实是全国乃至全世界都比不了的；其次，就算手艺别人能学去，他们也没有我们这么好的原料，因为其他地方种不出这样的苎麻。"

出于对地理标志产品的保护，国家要求申请"荣昌夏布"地理标志的使用企业必须严格在出产地范围内。由此可见，荣昌夏布的产品具有区分同类产品的特性，这一不同特性从侧面突显了荣昌夏布的高品质，其品位、安全性、特色均是其他同类产品不可比拟的。因此，不少企业或是个体经营户都会抓住荣昌夏布这一地理标志产品独特的产品特性进行宣传，在品牌传播内容选择时，都是主打荣昌的特殊地域条件和荣昌出产夏布的独特品质。

2. 源远流长的文化内涵

荣昌夏布品牌传播的核心内容不限于反映夏布的产品特质，更要反映荣昌乃至重庆的人文风貌，在宣传推广时，赋予荣昌夏布独特的文化内涵，将它的文化属性精炼进而进行传播，成为荣昌独特的地域标识。例如，人们一提起夏布便会想起荣昌和它独特的纺织文化、移民文化，以及夏布所反映的西南地区天气炎热的地域特色。

对荣昌夏布而言，传播文化内涵会比单纯传播产品特性更有市场竞争力，更能反映产品的独一无二。荣昌夏布的文化源远流长，其种植和纺织加工历史可追溯到6900年以前，比丝绸更为久远。夏布是手工绩麻成纱，再用手工木织机织造而成的苎麻布。苎麻是中国古老的并蕴含了深厚文化底蕴的天然纤维，因此，苎麻被誉为纺织品的活化石。据《汉书》记载，早在西汉初年，四川地区的苎麻布生产就有一定规模，织造工艺相当成熟，以苎麻为原料的"蜀布"已经出口到印度、阿富汗等国。荣昌夏布以洁白细腻、光洁度高闻名于世，从唐代开始，夏布大量进贡皇家。唐代的夏布织造技艺就已经达到

"轻如蝉翼，薄如宣纸，平如水镜，细如罗绢"的超高品质，成为皇室和达官贵族喜爱的珍品，史称"富贵丝"。

同时，苎麻是中国特有的资源，占全球份额的96%以上。国际上称之为"中国草"。数年来，荣昌夏布的品牌传播把这种优势一脉相承。在做品牌推广，尤其是针对国际市场的开发上，特别重视"中国传统手工纺织品""纺织活化石""万年衣祖"等概念。无论是政府还是企业个体经营者的传播内容，也都统一这样的传播思路："世界夏布看中国，中国夏布看荣昌。"

在笔者采访加合夏布首席运营官叶锡先生时，他也强调了荣昌夏布这一特有的文化特性："苎麻在西方国家被称为'China Grass'，可以说欧美、日韩、东南亚对于品牌的认知度比较到位。现在，我们夏布出口，只要给外国人说这是China Grass，他就会觉得你这个东西绝对是高档的东西、是好东西。"

三、传播方式：多种方式协同并进

根据访谈内容可知，荣昌区政府及一些夏布企业在荣昌夏布品牌传播上都做了许多工作，主要有如下几种传播方式。

1. 打造旅游项目，展示荣昌夏布文化底蕴

为生动、形象、具体地反映荣昌夏布的历史、现状以及发展前景，荣昌区政府推动并参与兴建中国夏布小镇、夏布博物馆等公共教育基地，提出走"夏布产业+非遗+旅游"的融合发展之路，打造"非遗之城"等战略。

为了充分挖掘夏布产业，荣昌走"夏市产业+非遗+旅游"的融合发展之路，打造集夏布博览、研发、信息发布、展示展销、体验式旅游于一体的3A级"非遗之城"景区。中国夏布小镇景区占地100余亩，建筑面积5.3万平方米，由24栋明清风貌建筑构成。景区以"政府引导，市场为主体"为经营理念，据荣昌区文旅委介绍，夏布小镇目前已入驻45家商户，其中全国知名的夏布企业有10家，高校科研机构进驻7家。❶

中国夏布博物馆是中国夏布小镇中的核心景点与重要组成部分，位于小镇景区中心位置。博物馆以国家级非物质文化遗产——夏布织造技艺为主旋律，在注重对传统文化遗产的保护、展示、科普的同时，更致力于向公众传播荣昌夏布品牌，助推夏布产业的发展。该博物馆由重庆布典实业有限公司出资打造，于2018年4月竣工建成。

---

❶ 数据由荣昌区政府文化委员会非物质文化遗产保护中心提供。

夏布作为国家级非物质文化遗产，其立身之本就是夏布作为中国最古老的纺织品、夏布织造技艺作为传统手工艺本身的文化艺术价值。建立一个"活的"夏布博物馆，把种麻、收割、打麻、绩麻、挽麻团、牵线、穿扣、刷浆、织布、漂洗及整形、印染等每一个环节都展现出来，使它成为下一代了解夏布文化的教育基地，成为现代人熟悉夏布这种古老手工艺的场所，这对夏布品牌的传播具有重要意义。

2. 形象塑造下的公益营销活动，提升品牌知名度

公关是一种以组织形象为主要目的的传播行为，是能有效提高品牌知名度的重要手段。它是一种以树立正面公众形象为主要手段的传播活动，相较于商业广告的传播方式更为隐蔽，能潜移默化地影响受众对产品的态度和认知，建立起受众对品牌的忠诚，进而刺激购买和引导受众进行二次传播。其中，公益活动营销是企业进行公关和品牌推广活动的一种有效方式。

在2019年全国两会上，多位来自非遗领域的代表和委员出席了大会。作为代表和委员，他们认真履行自身职责，察民情、聚民智，在深入研究、反复论证的基础上积极为非遗代言、为行业发声，也成为各大媒体关注的热点。时任重庆市荣昌区委书记曹清尧也在这群身体力行宣传非遗的人当中。他自称是荣昌夏布的"代言人"，作为全国人大代表，两次参加全国人大代表会议，他的身上都带着夏布产品。2017年全国两会时，衣服上别着一朵夏布材质海棠花的曹清尧面对记者镜头，呼吁非遗传承需要"动起来"而非"冻起来"。到了2018年参会时，他身上的夏布元素变为一身笔挺的中山装。两会记者见面会开始之前，这位书记就现场给荣昌特产打起了"广告"，向大家介绍荣昌陶做的花瓶、荣昌夏布做的花束，以及自己身上夏布做的中山装。

随着非遗保护的深入开展，与非遗传承、传播和转化相关的社会公益品牌将不断涌现，规模和影响力不断扩大。荣昌夏布在利用打造公益品牌达到推广自身目的的道路上，已经有不止一家在前行。2018年7月，"妈妈制造重庆荣昌夏布合作社"挂牌仪式在夏布小镇举行。该项目希望通过对中华传统非遗手工艺的梳理，联合设计师共同创作既具有东方文化符号，又符合国际化审美的文创产品，再交给具备一定生产技能的低收入女性制作，使这些女性通过劳动获得报酬、改善生活。"妈妈制造"平台的运营，吸引了更多年轻人关注传统手工艺，有效促进了传统文化的传承，同时探索了将非遗手工艺和现当代艺术相结合的模式，受到公众的广泛认可。

近年来，一批与非遗有或多或少关联的电商微商品牌应运而生，通常以

手艺手作、工匠品质等作为品牌传播和平台营销的核心卖点,以非遗相关制成品、衍生品等为主要销售产品,是基于互联网和移动互联网运营的线上品牌。例如,荣昌知名夏布企业壹秋堂加入唯品会打造的"唯爱工坊"电商公益平台。

这类平台聚焦非遗手工艺,将非遗与扶贫开创性结合,探索出"电商+非遗+扶贫"的非遗扶贫新经济特色化路子,在精准扶贫的同时实现非遗活化传承,创新践行电商精准扶贫。壹秋堂创始人綦涛在接受访谈时表示,"国家政策的扶持与夏布市场的扩大给非遗传承事业带来了曙光,我们的夏布有更多的机会去展示自己,我们不断参加展会,参加国际展,进行国际交流,与政府与商家合作,就是想让更多的人去关注夏布、了解夏布、认同夏布。"

3. 组织品牌传播活动,提升品牌竞争力

针对特定目标市场开展有效的品牌传播活动,必须选择合适的品牌传播渠道。对品牌传播渠道的合理选择和组合,才能有效实现品牌价值,获得良好的品牌传播效果。目前,荣昌夏布的品牌传播活动也越来越丰富。

2016年,张义超[1]正式成为重庆市荣昌夏布推广发布会指定设计师。2016年10月27日,中国国际时装周2017春夏系列活动期间,"荣昌夏布·张义超"创意时装发布会在北京饭店金色大厅举行。发布会以"荣耀中国草·昌盛巴渝根"为核心精神,由重庆市荣昌区人民政府、重庆市纺织工业联合会主办,意在向全世界充分展示荣昌夏布的原材料来源、手工编织过程、夏布产品等方方面面,借以深度解读荣昌地区的历史文化,推动国家非物质文化遗产与国际潮流完美融合。

张义超以荣昌夏布为主要创作基础,结合重庆市荣昌区的特色代表:海棠花、阶梯窑、安陶、折扇等同样原生态的文化因子,用时尚、艺术的创作手法融合提升,创作出60套夏布时装作品。盛典已持续举办3年,所有创作都围绕夏布和荣昌本地特色,向世界展示这种古老的纺织品与现代审美碰撞出的美妙火花。

2019年9月25日晚,由重庆市纺织服装联合会主办,中国纺织工业联合会、中国服装协会、中国服装设计师协会指导支持,合集置和文化创意有限公司承办,为期六天的"2019中国重庆国际时尚周"在荣昌圆满闭幕。"中

---

[1] 张义超,中国设计师协会时装艺术委员会执行委员,2003年荣获中国十佳时装设计师、2009年获旭化成·中国时装设计师创意大奖,2014—2016年连续三年担任重庆国际时装周艺术总监,2016年世界旅游峰会开幕式"山水重庆"主创设计师。

国重庆国际时尚周闭幕盛典'繁荣昌盛好'暨荣昌夏布·张义超非遗时尚大秀"成为张义超荣归荣昌的证明。大秀在中国夏布小镇门前进行，当晚的盛况在荣昌宣传部的官微上高清直播、新华社现场云上图片直播。据悉，当晚线上点击观看次数超过十万（见图1）。

图1　2019年"荣昌夏布·张义超"非遗时尚大秀

近年来，荣昌区委、区政府在落实荣昌夏布"走出去"上做了诸多努力。笔者在采访荣昌区委宣传部工作人员时，他们表示将通过旅游"大篷车"、开体验店等形式在国内推广夏布，还将利用一些重要的活动在国际层面推广。比如2019年举办的中国（深圳）国际文化产业博览交易会、中国西部文化产业博览会、"双11"电商购物节、文化旅游商品创意大赛等活动，荣昌夏布都在积极争取亮相，并且扶持有想法有意愿的企业参加。以加合夏布为例，笔者在调研时得知，仅2019年，加合夏布的品牌运营团队就参加了80余次各类文化推广活动。

除此之外，利用官方渠道、宣传媒体创新节目形式，视听多维度呈现非遗文化，也是荣昌政府推广荣昌夏布品牌的方法之一。荣昌区各级电视媒体，整合各类视频制作平台，以专题节目、文化综艺节目、公益类节目、纪录片、娱乐节目及常规综艺的板块栏目等形式，多样化地呈现非遗文化。在节目定位、策划、视听表达各方面，均以较高水准呈现非遗，对大众认知、理解非遗文化发挥了引导作用。目前，荣昌夏布登上了央视纪录片《传承》（第一集）、中国国际时装周，荣昌夏布做的折扇成为首届智博会赠送给外国贵宾的指定礼物，夏布折扇的制作过程也作为第二届智博会5G直播的视频内容。

4. 尝试新销售模式，打通线上线下

2018年，杭州云栖大会上提出未来五大"新"趋势：新零售、新制造、新金融、新技术与新能源,并称未来这五个新的发展将会深刻地影响中国、世界乃至未来的所有人。"新零售"概念抛出后,迅速引起了大众热议,各大互联网巨头都发表了对这个概念的看法。总结起来,新零售的最大趋势是线上线下相结合,电商与线下实体商业,应该由原先的独立、冲突,走向混合、融合,通过精准化、体验为主的模式,去了解消费者,满足并引导消费需求。对零售商而言,也能通过预测消费数据,把控生产,达到零售升级。❶

而社群营销模式则是指在网络社区营销及社会化媒体营销基础上发展起来的用户连接及交流更为紧密的网络营销方式。网络社群营销的方式,主要通过连接、沟通等方式实现用户价值。其营销方式人性化,不仅受用户欢迎,还可能成为继续传播者。❷

2019年7月,加合夏布引入新零售商业模式,聚焦未来母婴市场,专注婴童苎麻系列产品的研发,以"打造中国母婴麻生活"为口号,围绕妈妈群体,以社群营销为核心,打造"加合麻麻"生活品牌,目的是推动荣昌夏布系列非遗产品走进国内母婴消费市场。加合夏布董事长黄秀英在访谈时表示:"为改变当前局面,加合夏布率先进行产业转型升级,从价值链条的销售方式创新为切入点,引进新零售模式社群营销方式,同时以纺织科技为动力,以'加合麻麻'母婴系列产品开发为龙头,以社群营销模式为核心,打开巨大的国内消费市场,为荣昌夏布赢来第二次蜕变。"

按照《加合夏布2025年发展规划》,该企业的现阶段目标为"升华加合夏布品牌知名度",加合夏布期望以"加合麻麻"这个新品牌为切入点,打入国内市场,以扩大其品牌影响力,提高品牌美誉度。在新零售方式和社群营销模式的实施方面,加合夏布的具体措施是在荣昌本地选出数个"十佳宝妈"代言人,利用她们的个人社群为加合麻麻品牌进行口碑传播。选出的宝妈不仅可以获得相应的补贴,还能够免费在荣昌区传统工艺工作站接受夏布手工制品培训。那些留守家中的妈妈们,不但可以通过居家就业创业来脱贫致富、实现人生价值,也可以将手作之物更好地融入生活,把充满母爱温度的产品,传递给更多的孩子们。这也是黄秀英创立加合麻麻品牌的初心。

目前,"宝妈"的队伍还在不断扩大,虽然这种模式还在运行初期,但加

---

❶ 山东大众报业(集团)有限公司_齐鲁壹点:新零售商业模式,到底是什么? http://baijiahao.baidu.com/s?id=1639192474078488563&wfr=spider&for=pc2019-07-16。
❷ 冯英健:《网络营销基础与实践》(第5版),清华大学出版社2016年版,第313-319页。

合麻麻的知名度在荣昌区的母婴圈子里已经有了巨大提升。这种结合 SNS❶ 模式和新零售模式的新型推广方式结合了场景和线上，实现双线传播。

5. 树立个人品牌，增加品牌的故事性表达

传统非遗产品制造企业，拥有非遗项目的影响力，在长期经营过程中，积累了一定公关资源。这部分企业的传承人多为企业领导者和高级管理人员。传承人既是非遗项目代言人，也是企业品牌代言人。传承人充分发挥个人品牌价值，积极参与各层级非遗活动，对接行政单位，收获大客户订单，积极发挥个人品牌价值，拓展线下销售渠道的经营，以专卖店、专柜作为品牌主要推广窗口。这类中小型企业一般会更加重视传承人个人品牌价值推广，对传承人个人形象的塑造、包装和推广是必不可少的品牌运营内容。

加上新一批 45 岁以下的非遗传承人，多有传承家族的背景。这部分群体学历背景较好，品牌建设意识强，具有一定的新媒体推广能力。品牌建设方面，对非遗项目、市场行业和自身优势有客观、理性的判断。传承人以创业者的身份，自建品牌，聚焦区域市场，积极收集各类信息和资源。在不断提升非遗技艺的同时，参与各类非遗培训项目，乐于提升品牌管理业务水平，能够自建微店、淘宝、公众号等自媒体，进行品牌推广。

以重庆市荣昌区加合夏布董事长黄秀英为例，作为第七代夏布技艺传承人，凭借多年来对麻纺织行业的改革发展做出的突出贡献，2019 年她被授予"中国麻纺织行业改革开放 40 年杰出人物"的荣誉称号。这些年，加合夏布在推广自身品牌的同时，也在不断地树立黄秀英个人的品牌。目前，她已经被新华社、重庆商报等多家媒体专访、发表报道，她的故事也被越来越多的人所知悉。

作为加合夏布"首席发言人"的她，至今依旧行走在荣昌夏布推广的第一线。她举办各种讲座、培训班和展览，向广大农村妇女、特校的学生传授夏布手工技艺，帮助他们学会一技之长，实现他们在家门口创业的愿望，助推荣昌夏布文化的传承。

壹秋堂也有同样的例子。成立壹秋堂之后，创始人綦涛拜国家级非遗夏布织造技艺传承人颜坤吉为师，并举行了拜师仪式。笔者在问及为什么举行隆重的拜师仪式并邀请媒体报道时，綦涛表示："拜师除了觉得自己要成为夏

---

❶ SNS，全称 Social Networking Services，即社会性网络服务，专指旨在帮助人们建立社会性网络的互联网应用服务。SNS 营销指的是利用这些社交网络建立产品和品牌的群组、举行活动、利用 SNS 分享的特点进行病毒营销之类的营销活动。

布的真正传承人,还有很重要的一点就是,虽然颜坤吉师傅是国家级大师,但是他也是最底层的手工艺人,很多人都不知道他。我想通过我拜师的行为,让大家知道他,同时想让更多人关注那些不被大家所知道的手工艺人。"

四、目标受众:满足文化需求和生活需求

1. 受众的文化需求

目前,随着人员流动性的增大和人民消费水平的日益上升,受众对产品的需求不再只满足于产品的物理属性,更多关注"情怀"和文化内涵,尤其是非物质文化遗产这类蕴含传统文化和民族情怀的产品。与此同时,荣昌夏布这种地理标志产品由于特殊的地域属性,在很多受众心中不只是一种产品,更多的是地理产品赋予的一种对家乡或者是对该地域的特殊情感,满足了受众的情感诉求。所以,荣昌夏布产品的受众定位主要有夏布文化爱好者和荣昌游客。

将文化元素融入工艺产品创作,是文化创意产品产生的源泉。荣昌壹秋堂夏布开发的夏布民族风盘扣包、夏布拼布包系列,荣昌祥云阁的夏布仿古画、夏布牡丹屏风,加合夏布研发的海棠花夏布包、夏布折扇等,都是荣昌夏布的代表性文创产品(见图2)。

图2 夏布文创产品

2. 受众的生活需求

受众在选择产品时都是带着一定目的性的,能满足受众一定需求的产品才能在市场上获得一席之地。荣昌夏布在重庆有着较好的产品认可,就是来源于它满足了受众最基本的生活需求——夏日衣着凉爽。

来自山野的天然苎麻夏布符合现代人返璞归真的生活品位和低碳环保的生活理念。苎麻具有天然抑菌、防霉、防蛀的功能，被誉为"千年不烂软黄金"。苎麻还具有沟状空隙，能够吸收人体皮肤上的油脂和汗液，并能保持干爽和透气。苎麻纤维独特的优越性使夏布的需求量逐年增长。

笔者在荣昌夏布本土品牌壹秋堂调研时，工作人员表示，夏布做的是手工，但是想要做成产业，就要有量化、标准化的产品；夏布做的是产品，但想要做成品牌，就要提高夏布的实用价值。

近年来，非遗元素越来越多地被应用于日常生活用品中，包括现代服装、家居等多个领域，在保持原始的文化和地域特色的基础上，夏布企业也不断创新和改进，将产品大规模推向市场，促使夏布受众从小众向大众发展。

五、传播效果：引导消费行为，提高文化附加值

1. 引导消费行为

品牌传播的最终目的是增加品牌资产，品牌传播学上的品牌资产也就是强化受众对品牌的认知度和忠诚度，以及形成的品牌偏好。大卫·艾克教授在品牌资产的五星模型中认为，构筑品牌资产的5大元素是：品牌知名度、品牌认知度、品牌联想度、品牌忠诚度和其他资产。其中，品牌忠诚度是品牌资产中最重要的一项。品牌忠诚度是指人们在购买决策中多次表现出来的对某个品牌所具有的特殊偏好。

对荣昌夏布而言，本身就成长于人际传播中，积累了一定的本地市场，但本地资源有限，要想取得长足发展就应该着力拓宽外部市场，与外部受众建立联系。在这个过程中，品牌主要以提升知名度为主要目标，并有意培养一批目标受众。在改革开放初期，"夏布大王"黄良谓把荣昌夏布带到深圳、出口日本韩国时，这个工作已经开始。

在经过认知阶段后，进入情感阶段的受众对产品的表层认识开始转向深层的情感共识，对产品情感的加深伴随的是喜爱程度的加强。在这一阶段中，有效的沟通将会形成品牌美誉度，这一阶段相比认知阶段注重接触频次，更注重品牌传播的内容。荣昌夏布的品质和纯手工织造技艺得到外国市场的高度肯定。在行为阶段，品牌传播的最终目的就是培养品牌忠诚度形成购买行为并刺激多次购买行为。目前，夏布在国际市场上的需求量每年达160万匹左右，并开始向越南、缅甸、阿联酋、新加坡、意大利等"一带一路"国家的新市场拓展。

2. 提高文化附加值

有着良好品牌溢价能力的产品在市场上有更强的产品竞争力。荣昌有十万人会夏布纺织，把朴素的夏布做成具体的产品，给这些基础的夏布注入更多的附加价值，是荣昌夏布企业当作己任的事。"一张纸不值钱，当你在上面作了画、把它剪成剪纸或者做了贺卡的时候，文化意义自然就高了。你的具体产品层次，造就了这张纸的附加价值。"荣昌夏布将夏布和茶文化、国画、书法等具有中国特色的元素相结合，在最大限度地传承民间工艺基础上创新。这不仅是对中国传统文化的传承，也是对苎麻夏布创新性研发的一大开拓。

图3　荣昌夏布折扇为第一届智博会提供的伴手礼之一

经过数年的努力，荣昌夏布的文化价值得到较大提升。例如，2018年，荣昌夏布折扇入选中国国际智能产业博览会官方伴手礼（见图3）。2019年，荣昌夏布携手中国电信，再次登上智博会的舞台，将高科技与传统手工艺相结合，展示重庆非遗文化的独特魅力，让游客充分感受科技与传统工艺的融合之美。除了重庆智博会，荣昌夏布也是上海世博会、亚洲艺术节及中东欧地方领导人会议等国际性特选礼品。同时，夏布产品以自主品牌频频活跃在中国国际时装周等舞台上，产品附加值比以前提高了数倍甚至数十倍。❶

（本文摘录自西南政法大学新闻传播学院2018级硕士研究生刘思明毕业论文）

---

❶ 王彬："基于重庆荣昌夏布产业现状的品牌产品开发策略研究"，《山东纺织经济》，2015年第6期，第12、13、44页。

27. 重庆市非遗传承人的媒介素养

[内容提要]

在传统社会，人们对外在世界的把握主要依靠亲身参与和感知；而在现代社会，媒介平台的发展不仅为社会成员提供了更多获取新闻和信息的渠道，也提高了对社会成员媒介素养的要求。媒介已然成为社会成员赖以生存的社会环境的重要组成部分，但媒介是把双刃剑，社会成员都有提高媒介素养和接受媒介素养教育的必要。作为肩负非遗技艺传承与非遗文化传播的重要群体，非遗传承人媒介素养水平的高低，影响着其对当前媒介环境的认知，影响着其媒介使用行为，也关系着非遗信息能否有效传播。目前，学界有关非遗传承人这一特殊群体媒介素养的研究极其缺乏，因此，本研究将着重探讨在如今的媒介环境下，非遗传承人的媒介素养现状，对其进行归因分析与反思，并总结非遗传承人与新闻媒体的互动关系。本研究首先以使用与满足理论为理论视角，将使用与满足理论与日本学者竹内郁郎提出的"使用与满足"过程的基本模式相结合，以重庆市非遗传承人群体为研究对象，使用问卷调查、深度访谈和文献研究等方法，从媒介使用动机、媒介使用行为、媒介使用态度三个维度分析重庆市非遗传承人的媒介素养现状；其次，笔者对重庆市非遗传承人的媒介素养现状进行了归因分析，并从大众传播媒介、政府及非遗传承人自身三个方面提出建议；最后，笔者试图对重庆市非遗传承人与新闻媒体的互动关系进行探究，提出提升路径。

经研究发现，重庆市非遗传承人的媒介使用动机以认知动机、个人和社会整合动机为主，媒介使用行为与媒介使用能力存在不足，尤其是在信息辨别能力和媒介技术掌握程度方面较弱，在对媒介的使用态度上缺乏科学、理性的认识。总的来说，重庆市非遗传承人的媒介素养受传播环境、媒介环境、非遗传承人自身和媒介素养教育环境四方面因素的影响。改善非遗传承人的媒介素养现状，需从加强对新媒介信息的把关、更新非遗传承人培养观念，以及增强非遗传承人的媒介素养学习意识三方面着手。此外，研究还发现，在重庆非遗传承人与新闻媒体的互动模式中，一方面，非遗传承人传播意识有所增强，非遗新闻的传播渠道也更加多元化；另一方面，两者的互动以重庆本地新闻媒体为主，基本由上级单位牵线，新闻媒体依然掌握着非遗新闻传播的主导权。两者的互动关系需靠非遗传承人、新闻媒体和非遗保护机构三方合力完善。具体表现为，非遗传承人提高自身媒介素养水平，积极配合新闻媒体，新闻媒体及从业人员提高非遗新闻的数量与质量，相关部门制定详细的非遗传播策略。

笔者认为，本研究一方面可以为重庆市非物质文化遗产传承和传播工作的开展提供帮助；另一方面也可以通过研究重庆市非遗传承人媒介素养的现状，为今后进行同类型研究提供参考。

关键词：非遗传承人；媒介素养；使用与满足理论；互动模式

一、研究设计与研究实施

1. 问卷的设计与实施情况

（1）调查问卷的设计。

《重庆市非遗传承人媒介素养调查问卷》由调查对象的个人基本情况、媒介使用行为、媒介使用动机、媒介使用态度、对媒介素养教育的认识与态度五个部分组成。

调查对象的个人基本情况部分为单选题，包括调查对象的性别、年龄范围、传承人类别、学历水平和主要生活环境等问题。

调查对象的媒介使用行为部分由单选题、多选题和打分题三种题型组成。媒介使用时长和媒介使用能力为单选题，媒介接触种类、媒介接触途径及获取信息的途径为多选题，调查对象至少需从给定的选项中选取一个选项作答。调查对象的媒介使用能力和信息辨别能力，如"是否能拍摄图片、拍摄短视频和录制音频等""是否能明确区分大众传播媒介上的新闻和广告"等题目题型为打分题，计分方式为5点积分，1分表示完全不能，5分表示完全能。

媒介使用动机部分为多选题，媒介使用态度部分的题型为多选题和打分题，调查对象对媒介素养教育的认识和态度部分由单选题和打分题组成，主要考察调查对象接触媒介的目的、对媒介的认知和理解能力、对信息的态度，以及对媒介素养教育的了解程度和参与度。

（2）问卷调查对象的确定。

2019年8~10月，笔者曾联系重庆市文化和旅游发展委员会非遗处（以下简称"重庆非遗处"）和重庆市非遗保护中心相关工作人员，了解重庆市各级非遗传承人的管理办法，并获取了重庆市各区县非遗保护中心办公室或负责人的联系方式，随后笔者逐一联系，希望能通过各区县非遗保护中心与所属辖区非遗传承人之间的QQ群、微信群传播调查问卷。此外，笔者在微信公众平台"非遗与传播"采写期间结识了一部分非遗传承人，因此，笔者利用已有的非遗传承人联系方式，邀请其参与问卷的填写，由此收集了本研究的初始样本。在此基础上，笔者采取滚雪球抽样的方式，邀请认识的非遗传承人帮忙联系或通过QQ、微信等社交类软件传播问卷，进一步扩大问卷的调查样本。在滚雪球抽样的过程中，笔者也尽量兼顾重庆市国家级、市级和区级（县级）非遗传承人的样本数量在总样本中的占比。

（3）信度和效度检测。

"信度"即测量的稳定性、一致性和可靠性，是指采用相同的手法对同一对象进行重复测量时，产生相同结果的程度。❶如果多次测量结果差异越小，则信度越高，测量的稳定性、一致性和可靠性也就越高。为了判断检验结果的一致性、稳定性和可靠性，以及评估测量误差对检验结果的影响，我们需要对数据进行可靠性分析。Nunnally（1978）提出 Cronbach's α 的值应该大于或等于0.6，并且数值越大，越能反映良好的可靠性。本文使用SPSS 23.0进行可靠性分析，具体情况见表1。问卷量表整体的Cronbach's α 值为0.856，说明量表整体有较高的可靠性水平，数据的可靠性较高。

表1　问卷克隆巴赫Alpha系数

克隆巴赫Alpha	项数
0.856	17

"效度"即有效性，是指在具体的研究中，一个经验测量是否能够反映被测量概念的真实含义，或者说，研究者是否获得预期的测量结果。❷如果测量指标和抽象概念越接近，则测量效度越高；反之，则越低。在《重庆市非遗

---

❶ 陈阳：《大众传播学研究方法导论》（第二版），中国人民大学出版社2015年版，第68页。
❷ 陈阳：《大众传播学研究方法导论》（第二版），中国人民大学出版社2015年版，第70页。

传承人媒介素养调查问卷》编制完成后，笔者首先征求了身边问卷编制经验丰富的同学的意见，对问卷的合理性和逻辑性进行完善，随后根据导师的意见对问卷进行了二次修改。最后，在问卷的前测阶段，笔者根据调查对象的作答反馈，再次对问卷的题目设置、选项设置以及题项之间的逻辑性进行了修改、调整，以更好地保证该调查问卷的效度。

(4) 问卷的发放和回收。

2019年8~10月，笔者对重庆市主城区及周边区县的部分非遗传承人发放了问卷。问卷发放以网络调研和实地发放相结合的方式进行，以网络调研为主，以实地发放为辅。由于重庆市对非遗传承人采取分级管理的办法，全市非遗传承人群体数量庞大且分散，即便是同一非遗项目的非遗传承人也可能较分散，若依赖实地发放问卷则存在联系不便、工程量大、耗费时间等困难。因此，笔者通过重庆市非遗处将电子版问卷转发至各区县非遗保护中心，再由各区县非遗保护中心转发至所属辖区内的非遗传承人联系群，由非遗传承人直接填写和提交。此外，笔者还实地走访了在"非遗与传播"工作期间曾经采访过的部分非遗传承人，对其采取当场发放问卷和当场回收问卷的方式，并邀请其帮忙转发问卷给同是重庆市非遗传承人的微信好友，进行滚雪球抽样，扩大调查问卷的样本规模。

在实地调研过程中，由于笔者的学生身份让部分调研对象有抗拒心理，不愿配合调研，也有部分非遗传承人因公事繁忙或出于个人原因，无法接受调研，还有部分非遗传承人因地处偏远，难以获取其联系方式而无法参与此次调研，因此，经过整理，此次调查共发放问卷150份，回收128份，回收率为85.3%。笔者为尽可能地避免误差，保证数据的有效性，在问卷中设计了用以甄别无效问卷的题型。例如，在调查问卷的第16题"您是否会'主动'联系媒体宣传非遗，和媒体进行互动"中，笔者设置了"是"和"否"两个选项，若选择"是"的调查对象在第18题"您平均一年'主动'联系媒体宣传非遗，与媒体进行互动的次数是多少"中，选择了"0次"，该选项与调查对象的实际采访经验存在矛盾之处，则将该问卷视为无效问卷，从而笔者得到有效问卷的数量为116份，有效回收率为90.6%。调查问卷发放和回收具体情况见表2。

表2　问卷发放和回收情况

发放问卷数量（份）	回收问卷数量（份）	问卷回收率	有效问卷数量（份）	有效回收率
150	128	85.3%	116	90.6%

在完成调查问卷的发放和回收之后，笔者对所得到的有效数据进行整理、编号、归纳、统计和分析，将问卷调查结果作为访谈资料的补充，从而试图了解重庆市非遗传承人媒介素养现状，发现其与新闻媒体的互动模式，总结其媒介素养的影响因素并提出建议。

2. 访谈的设计与实施情况

（1）访谈提纲的设计。

为补充和验证问卷调查结果，笔者设计了《重庆市非遗传承人媒介素养深度访谈提纲》，访谈问题涉及访谈对象的年龄、工作年限、学历水平等基本情况，其对大众传播媒介的使用习惯、与媒体的互动经历、对新闻媒体的了解程度、对媒介素养的认识程度，以及其与新闻媒体互动关系的建议等内容。笔者通过与访谈对象的面对面交流与直接沟通，观察其访谈期间的情感变化，得到其对特定问题真实、自然的回答，从而收集更加丰富且生动具体的调研结果，致力于深入分析重庆市非遗传承人媒介素养的现状。

（2）访谈对象的确定。

笔者曾在读研究生期间采写过程中了解到非物质文化遗产，接触到部分重庆市非遗项目及国家级、市级和区级非遗传承人。在平时的采访活动中，笔者逐渐了解非遗传承人这一特殊群体，并结识部分重庆市的国家级、市级和区级非遗传承人。笔者还通过重庆市非遗处相关负责人，得到重庆市部分区县非遗保护中心的联系方式。据了解，目前重庆市共有60名国家级非遗传承人，711名市级非遗传承人，以及上千名区级非遗传承人。因此，笔者考虑到需尽量兼顾访谈样本数量在总样本中的占比情况，挑选了22名非遗传承人作为访谈对象，其中包含4名国家级传承人、8名市级传承人和10名区级传承人。访谈对象涵盖渝中区、渝北区、江北区、九龙坡区、南岸区、北碚区、巴南区、沙坪坝区、江津区、梁平区、荣昌区11个辖区，访谈对象所属非遗项目包含曲艺、传统音乐、传统美术、民间文学、传统技艺、传统医药、民俗、传统戏剧八大类别。访谈的实施以实地访谈和电话访谈相结合的方式进行。

3. 调研基本数据统计

（1）问卷调查基本数据统计。

在116名调查对象中，男性调查对象共有78人，占比67.2%；女性调查对象共有38人，占比32.8%，具体统计见表3。

表3 调查对象性别分布情况统计

	类别	频数（人）	百分比（%）
性别	男	78	67.2
	女	38	32.8

在所有调查对象中，7人的年龄在21~30岁，占比6.0%；28人的年龄在31~40岁，占比24.1%；31人的年龄在41~50岁，占比26.7%；28人的年龄在51~60岁，占比24.1%；22人的年龄在61岁及以上，占比19.0%，具体统计见表4。

表4 调查对象年龄分布情况统计

	类别	频数（人）	百分比（%）
年龄	21~30岁	7	6.0
	31~40岁	28	24.1
	41~50岁	31	26.7
	51~60岁	28	24.1
	61岁及以上	22	19.0

在所有调查对象中，传承人类别为国家级的有16人，占比13.8%；传承人类别为市级的有52人，占比44.8%；传承人类别为区级的有48人，占比41.4%，具体统计见表5。

表5 调查对象传承人类别分布情况统计

	类别	频数（人）	百分比（%）
传承人类别	国家级	16	13.8
	市级	52	44.8
	区级	48	41.4

在所有调查对象中，小学学历有 9 人，占比 7.8%；27 人的学历为初中，占比 23.3%；34 人为高中学历，占比 29.3%；大专学历有 36 人，占比 31.0%；本科学历有 10 人，占比 8.6%，具体统计见表 6。

表 6　调查对象学历分布情况统计

	类别	频数（人）	百分比（%）
	小学	9	7.8
	初中	27	23.3
学历	高中	34	29.3
	大专	36	31.0
	本科	10	8.6

在所有调查对象中，主要生活环境为城镇的调查对象共有 82 人，占比 70.7%，农村的调查对象共有 34 人，占比 29.3%，具体统计见表 7。

表 7　调查对象主要生活环境分布情况统计

	类别	频数（人）	百分比（%）
主要生活环境	城镇	82	70.7
	农村	34	29.3

（2）访谈对象基本信息统计。

调研时，笔者采取面对面访谈和电话访谈的方式，共对 22 名重庆市非遗传承人进行了深度访谈，其中男性访谈对象共有 13 人，女性访谈对象共有 9 人。

在访谈对象的传承人类别方面，4 名为国家级传承人，8 名为市级传承人，10 名为区级传承人。

访谈对象的学历以大专为主，共有 9 人；其次是高中学历，共有 7 人；初中学历为 4 人；小学和本科学历各 1 人。

访谈对象的平均年龄为 53.14 岁，其中，年龄在 20 岁及以下和 21~30 岁的各有 1 人，年龄在 31~40 岁的有 2 人，年龄在 41~50 岁的有 6 人，年龄在 51~60 岁的有 5 人，年龄在 61~70 岁的有 2 人，年龄在 71 岁及以上的有 5 人。

访谈对象的平均从业年限为 29.36 年，其中从业 41~50 年的访谈对象最少，只有 1 人；从业 21~30 年的访谈对象最多，共有 5 人。从事非遗技艺工作不超过 10 年的有 4 人，从业 11~20 年以及 31~40 年的访谈对象各有 4 人，从业51~60年和61年及以上的各有2人。

二、现状分析

本节通过对问卷调查所得数据和深度访谈所得信息进行综合分析，对重庆市非遗传承人的媒介素养从媒介使用动机、媒介使用行为、媒介使用态度这三个维度一一分析并进行总结，以探析重庆市非遗传承人的媒介素养现状。

（一）媒介使用动机：以求知需求与整合需求为主

1. 认知动机、个人和社会整合动机为首要动机

"使用与满足"理论作为一种受众行为理论，将受众看作有着特定"需求"的个人，将其媒介接触行为看作基于特定的需求行动来"使用"媒介，从而使这些需求得到满足的过程。1973年，卡茨与格里维奇、赫斯一同归纳出个人使用媒介的五大类需求：一是认知需求，即获得信息、知识和理解；二是情感需求，即情绪的、愉悦的或美感的体验；三是个人整合需求，即加强信息、稳固身份地位；四是社会整合需求，即加强与家人、朋友等的接触；五是疏解压力需求，即逃避或转移注意力。❶

因此，笔者将非遗传承人的媒介使用动机归纳为三类：认知动机、情感和疏解压力动机、个人和社会整合动机。

根据数据分析发现，91名调查对象使用大众传播媒介的目的是了解新闻资讯，占比78.4%；64.7%的调查对象是出于和亲朋友好友联络的需求接触媒介；61.2%的调查对象是为了查找资料而接触媒介；54.3%的调查对象是为了专业学习交流而接触媒介；另外，为了宣传活动和娱乐休闲而接触大众传播媒介的调查对象分别占比52.6%和43.1%。由此可见，认知动机及个人和社会整合动机是调查对象接触媒介的首要动机。

表8 接触媒介的目的

使用大众传播媒介的目的	响应		个案百分比
	个案数	百分比	
了解新闻资讯	91	22.1%	78.4%
和亲朋好友联络	75	18.2%	64.7%

---

❶ 郭庆光：《传播学教程》（第二版），中国人民大学出版社2011年版，第166页。

续表

使用大众传播媒介的目的	响应		个案百分比
	个案数	百分比	
查找资料	71	17.3%	61.2%
专业学习交流	63	15.3%	54.3%
宣传活动	61	14.8%	52.6%
娱乐休闲	50	12.2%	43.1%
总计	411	100.0%	354.3%

笔者在整理访谈资料时发现，一些访谈对象也与大多数的问卷调查对象一样，有着相同的媒介使用动机。

01号和访谈对象均是曲艺类非遗项目的传承人，年近八旬，在访谈过程中提到："我们现在年纪大了，唱不动了，在非遗传承方面，现在唯一能做的就是回忆、记录、整理并总结成册，供后人参考。"❶他们在日常的媒介使用过程中，除了基本的社交需求，更多的是与同道中人进行专业学习交流，将其交流成果整理成册，方便今后用于学习、传承。有着类似认知动机、个人和社会整合动机的访谈对象还有12号、15号、16号、20号、21号等访谈对象：

"过去这个行业之间缺少交流，现在我有责任站在更高的高度去收集整理，增加其观赏价值、艺术价值。"❷

"平时基本都关注手工类的微信公众平台和网站，这类知识性强的新闻和信息对非遗技艺的提升有很大帮助。"❸

"现在非遗类的电视节目比以前多得多了，比如央视科教频道的《琴动山河》节目，非遗技艺在时政新闻中的出现频率也高了，这类节目和新闻资讯占据我大部分的媒介使用时间。"❹

"各种有关非遗的新闻资讯我都有所关注，一方面是学习非遗技艺，另一方面是学习传播技术——从别人的传播推广中总结经验、吸取教训。"❺

"我用的是老人机，手机主要用来电话联络，民俗类非遗项目的节目很少

---

❶ 摘自01号和02号访谈对象，国家级非遗代表性传承人。
❷ 摘自03号访谈对象，国家级非遗代表性传承人。
❸ 摘自12号访谈对象，市级非遗代表性传承人。
❹ 摘自15号访谈对象，市级非遗代表性传承人。
❺ 摘自16号访谈对象，区级非遗代表性传承人。

在电视上看到，如果有，那我一定会认真看完。"❶

"我做这项非遗纯粹是我由少年时到老年时的兴趣爱好，无论是谁，只要愿意来向我了解，与我交流这项非遗技艺，我都非常欢迎。"❷

人的社会本质决定其需要人际交往与交流。对于非遗传承人这一特殊群体来说，他们在使用媒介时有明确的目的和动机。一方面，他们享受着大众传播媒介在社交、信息获取、娱乐消遣方面的便捷；另一方面，他们利用不同媒介的特点，将其"为己所用"。例如，及时了解非遗的发展现状，专注非遗技艺的创新与提升，制定适用于自身发展的传播方式等。正如高萍教授在《当代媒介素养十讲》一书中所述，"当代人们已经产生了对媒介的绝对依赖性，人们不仅仅是寻找有趣的信息消遣娱乐，更重要的是来自内心，生发于人的心理需求，这种绝对依赖性主要体现在求新心理、求知心理和情感需求。"❸

2. 交叉性分析：年龄是影响媒介使用动机的主要因素

如表9所示，在情感和疏解压力动机方面，$F=2.359>1$，说明组间差异大于组内差异，$Sig=0.058>0.05$，可以看出调查对象的年龄对情感和疏解压力动机不具有影响。在认知动机及个人和社会整合动机方面，F 值均大于1，Sig 值均小于0.05，可以看出认知动机及个人和社会整合动机在年龄上差异显著，说明调查对象的年龄与认知动机、个人和社会整合动机呈显著性相关关系。

表9 单因素方差分析

		平方和	自由度	均方	F	Sig
认知动机	组间	1.236	4	0.309	2.598	0.040
	组内	13.203	111	0.119		
	总计	14.439	115			
情感和疏解压力动机	组间	2.229	4	0.557	2.359	0.058
	组内	26.220	111	0.236		
	总计	28.449	115			

---

❶ 摘自20号访谈对象，市级非遗代表性传承人。
❷ 摘自21号访谈对象，区级非遗代表性传承人。
❸ 高萍：《当代媒介素养十讲》，中国人民大学出版社2018年版，第107页。

续表

		平方和	自由度	均方	F	Sig
个人和社会整合动机	组间	3.534	4	0.883	5.316	0.001
	组内	18.447	111	0.166		
	总计	21.981	115			

结合表10，对比认知动机、个人和社会整合动机的均值折线图（见图1和图2）可知，在不同年龄阶段，认知动机、个人和社会整合动机均值分布比较陡峭，均值差异较大。在认知动机方面，61岁及以上的调查对象的认知动机显著低于其他年龄段的调查对象。在个人和社会整合动机方面，21~30岁的调查对象在个人和社会整合动机显著高于其他年龄段的调查对象。

表10 描述统计

		个案数	平均值	标准偏差	标准错误	平均值的95%置信区间 下限	平均值的95%置信区间 上限	最小值	最大值
认知动机	21~30岁	7	0.8571	0.24398	0.09221	0.6315	1.0828	0.50	1.00
	31~40岁	28	0.7679	0.37223	0.07035	0.6235	0.9122	0.00	1.00
	41~50岁	31	0.7419	0.40561	0.07285	0.5932	0.8907	0.00	1.00
	51~60岁	28	0.6964	0.31445	0.05942	0.5745	0.8184	0.00	1.00
	61岁及以上	22	0.5000	0.26726	0.05698	0.3815	0.6185	0.00	1.00
	总计	116	0.6983	0.35435	0.03290	0.6331	0.7634	0.00	1.00
个人和社会整合动机	21~30岁	7	1.2381	1.24297	0.46980	0.0885	2.3877	0.33	4.00
	31~40岁	28	0.5595	0.27297	0.05159	0.4537	0.6654	0.00	1.00
	41~50岁	31	0.6559	0.31604	0.05676	0.5400	0.7718	0.00	1.00
	51~60岁	28	0.5476	0.31706	0.05992	0.4247	0.6706	0.00	1.00
	61岁及以上	22	0.4545	0.26318	0.05611	0.3379	0.5712	0.00	1.00
	总计	116	0.6034	0.43719	0.04059	0.5230	0.6839	0.00	4.00

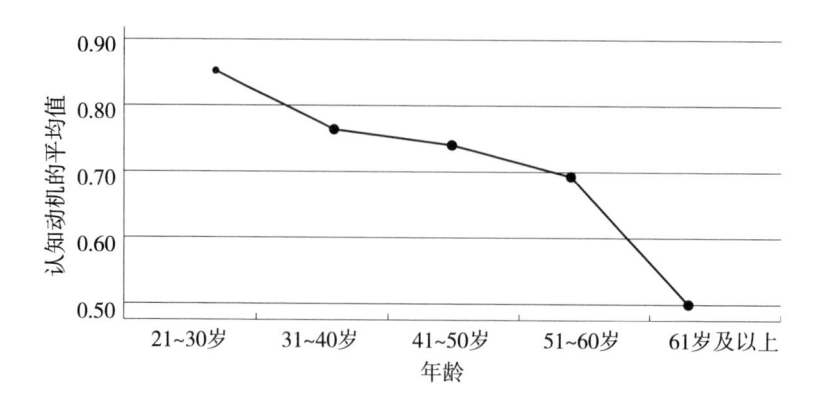

图 1　认知动机的平均值

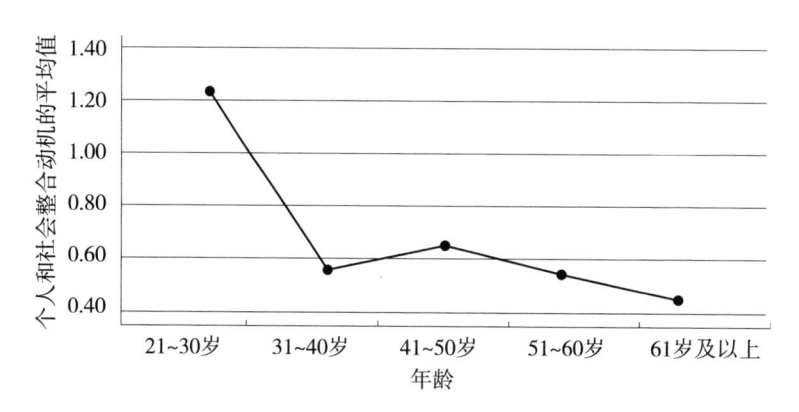

图 2　个人和社会整合动机的平均值

笔者使用 SPSS 分析媒介使用动机与各变量关系，结果发现，调查对象的性别、学历水平、传承人类别、主要生活环境对媒介使用动机均不具有影响。媒介使用动机只与调查对象的年龄具有显著性差异，且认知动机、个人和社会整合动机在年龄方面的差异显著。但由于非遗传承人群体的特殊性，非遗技艺熟练且高超、制作经验丰富的非遗传承人年龄普遍偏大，基于此，笔者认为，现阶段重庆市非遗传承人的认知动机、个人和社会整合动机与其非遗技艺的成熟度不匹配，在一定程度上会给非遗技艺的创新与发展带来阻碍，这也会为新时代非遗传承人的思想观念带来负面影响。

受众如何在自己的动机和需求激发下对待和利用媒体信息，是"使用与满足"理论的一个重要研究点，有学者以受众的动机和目的是否得到满足来判断传播效果的有无与大小。非遗传承人群体对非遗新闻和信息的获取需求自然比其他群体更强烈,在访谈过程中,访谈对象在肯定大众传播媒介所带来的获取新闻和信息、方便社交与拉近距离等便利的同时,也表达了提高非遗新闻、非遗信息的数量与质量的需求。访谈对象普遍认为,随着国家对非物质文化遗产的重视,非遗新闻的数量在逐渐增加,但大多流于形式,缺少具有深度的非遗新闻报道,无法满足他们在该方面的需求。

(二)媒介使用行为:接触行为与使用能力的差异

在不同时代,个人的媒介使用行为会有所不同,瑞典学者曾指出:"媒介行为即所使用内容的量、所使用的内容形式与使用方式,而媒介使用是个人期望借由消费某媒介内容以满足某功能。"[1] 在本研究中,媒介使用行为是指重庆市非遗传承人使用大众传播媒介实现自身的特定"动机"的活动,包括媒介接触种类、媒介使用时长、获取新闻和信息的主要途径、媒介使用能力、信息辨别能力、媒介接触途径六个方面。

1. 交叉性分析:年龄、学历水平影响媒介使用行为

(1)年龄的差异性分析。

如表11所示,调查对象的年龄对媒介使用行为具有影响。在媒介使用行为方面,$F=2.503>1$,说明组间差异均大于组内差异,$Sig=0.046<0.05$,可以看出媒介使用行为在年龄上有显著性差异,说明调查对象的年龄与其媒介使用行为呈显著性相关关系。结合表12与图3的均值折线图可知,在不同的年龄阶段,媒介使用行为的均值分布比较陡峭,均值差异较大。在媒介使用行为方面,调查对象的年龄越大,媒介使用行为越低,且61岁及以上最为陡峭,说明61岁及以上的调查对象的媒介使用行为较低。

表11 单因素方差分析

		平方和	自由度	均方	F	Sig
媒介使用行为	组间	2.947	4	0.737	2.503	0.046
	组内	32.671	111	0.294		
	总计	35.618	115			

---

[1] 李鲤:"网络电视节目满意度评估:基于'媒介使用行为'的考量",《当代传播》,2016年第6期,第86页。

表 12　描述统计

		个案数	平均值	标准偏差	标准错误	平均值的95%置信区间 下限	平均值的95%置信区间 上限	最小值	最大值
媒介使用行为	21~30岁	7	3.4762	0.34969	0.13217	3.1528	3.7996	3.11	4.11
	31~40岁	28	3.3651	0.47513	0.08979	3.1808	3.5493	2.11	4.11
	41~50岁	31	3.3513	0.69926	0.12559	3.0948	3.6077	1.11	5.00
	51~60岁	28	3.2540	0.41116	0.07770	3.0945	3.4134	2.33	4.11
	61岁及以上	22	2.9545	0.56099	0.11960	2.7058	3.2033	1.89	4.11
	总计	116	3.2634	0.55653	0.05167	3.1611	3.3658	1.11	5.00

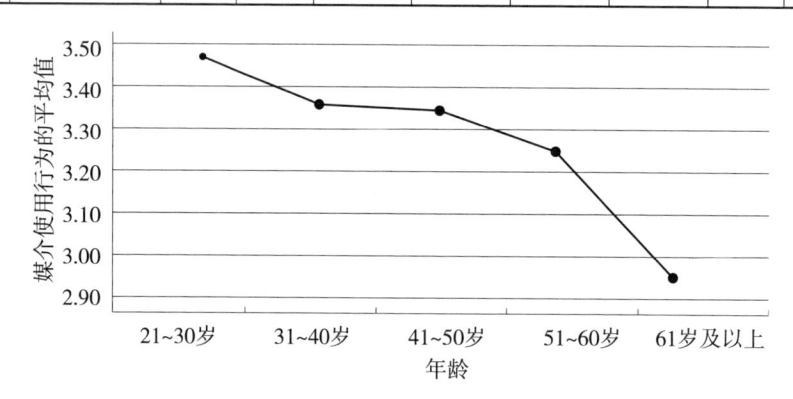

图 3　媒介使用行为的平均值

（2）学历水平的差异性分析。

如表 13 所示，调查对象的学历水平对媒介使用行为具有影响。在媒介使用行为方面，$F=3.2>1$，说明组间差异大于组内差异，$Sig=0.016<0.05$，可以看出媒介使用行为在学历水平上差异显著，说明调查对象的学历与其媒介使用行为呈显著性相关关系。结合表 14 与图 4 的均值折线图可知，在不同学历水平上，媒介使用行为的均值分布比较陡峭，均值差异较大。在媒介使用行为方面，小学学历的调查对象的媒介使用行为最低，大专学历的调查对象的媒介使用行为最高，本科学历的调查对象的媒介使用行为略低于大专学历的调查对象。

表13 单因素方差分析

		平方和	自由度	均方	F	Sig
媒介使用行为	组间	3.682	4	0.921	3.200	0.016
	组内	31.936	111	0.288		
	总计	35.618	115			

表14 描述统计

		个案数	平均值	标准偏差	标准错误	平均值的95%置信区间 下限	平均值的95%置信区间 上限	最小值	最大值
媒介使用行为	小学	9	2.7037	0.61614	0.20538	2.2301	3.1773	1.89	4.00
	初中	27	3.2099	0.58009	0.11164	2.9804	3.4394	1.11	4.11
	高中	34	3.2908	0.49917	0.08561	3.1167	3.4650	2.11	4.22
	大专	36	3.4074	0.50044	0.08341	3.2381	3.5767	2.33	5.00
	本科	10	3.3000	0.59271	0.18743	2.8760	3.7240	2.44	4.11
	总计	116	3.2634	0.55653	0.05167	3.1611	3.3658	1.11	5.00

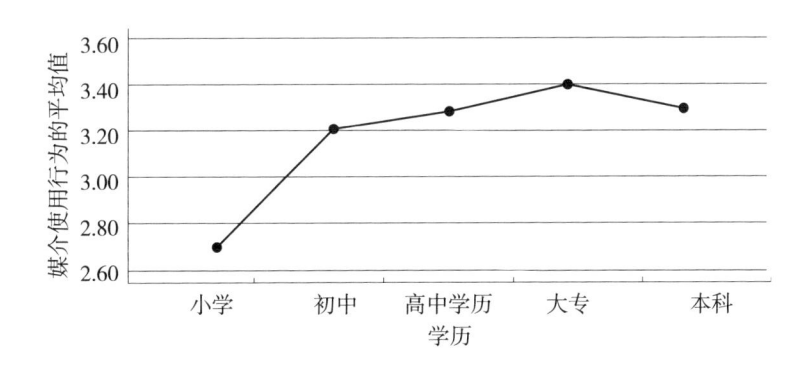

图4 媒介使用行为的平均值

由此可见，调查对象的年龄与学历水平对其媒介使用行为具有一定影响，年龄越大，其媒介使用行为越低。调查对象的年龄大多集中于31~60岁这一阶段，并且调查对象的学历水平大多为高中和大专，虽然本科学历的调查对象的媒介使用行为略低于大专学历的调查对象的媒介使用行为，但是在一定程度上能够体现出学历水平对媒介使用行为的影响。

217

2. 媒介接触行为频繁，使用能力水平不一

在调研过程中，笔者了解到，每一名调查对象每天都会发生使用媒介的行为，无论时间长短，但调查对象的媒介使用时长集中于平均每日 0.5~4 小时这一时间段；调查对象的媒介接触种类、获取新闻和信息的主要途径均以手机为主，其次是电视。调查对象认为，智能化的移动设备能在多个方面满足他们的日常使用需求，也更加方便快捷。尽管如此，电视这一传统媒介在他们心中的权威性依然没有完全被新媒介所替代。

笔者还了解到，一些非遗传承人在参与非遗工作前学历水平较低，参与非遗工作后，不仅在技艺方面有所专研，而且在文化水平方面也有所提升。以 01 号和 12 号访谈对象为例：01 号访谈对象表示，自己 11 岁便开始拜师学技艺，在过去那个年代只上过小学，但是拜师进团后，由于技艺的需要，不仅有专业老师传授技艺，还有文化课老师教认字拼写，以便写词创作，现在已基本达到高中学历水平。12 号访谈对象则表示，在自己被评选为非遗传承人后，自身技艺已达到一定高度，其选择继续到高校就读本科，学习更多文化知识，以便日后为自己的非遗技艺传承与发展寻求更大的发展空间。

美国媒介素养研究者詹姆斯·波特在《媒介素养》一书中提到，"媒介素养有三大重要基石：你的个人定位、知识结构和技能。"[1] 在一定程度上，媒介环境对媒介行为具有影响。在智能化移动互联网时代，人们面临媒介时的选择比过去更加复杂。首先，不同的个人定位会促使其选择不同的媒介平台和媒体机构。其次，知识结构则是在个人定位基础上的经验感知与理性升华，从而构建起媒介素养的知识维度。最后，人们不再是单纯地阅读、观看媒介所发布的新闻和信息，而是凭借所构建的知识维度，在源源不断的信息量中筛选、分类、归纳和整理信息，辨别新闻和信息的真伪；在具备使用各种大众传播媒介搜索所需信息能力的同时，还要有意识或无意识地评估信息的有效性等。[2] 换句话说，每一个人都不再是过去"被动"接受信息的受众，在使用媒介时，都有意识或无意识地扮演着"把关人"的角色。

非遗传承人也是如此。无论是在媒介接触种类、获取信息的主要途径上，还是媒介使用能力、信息辨别能力上，他们都已根据个人定位和知识结构进行了选择，只是部分非遗传承人没有意识到这是自己"主动"选择的结果，而将其归结于"个人习惯"或是"经验和阅历"。正如 15 号访谈对象对笔者

---

[1] 高萍：《当代媒介素养十讲》，中国人民大学出版社 2018 年版，第 2 页。
[2] 高萍：《当代媒介素养十讲》，中国人民大学出版社 2018 年版，第 2-3 页。

所表述的那样，"我是一个遵循传统的人，虽然手机方便快捷，但我还是更倾向于通过传统媒体获取新闻和信息。"❶

"我认为，媒介使用行为的差异与年龄和阅历有关。你的年龄不同、人生阅历不同，会让你对事物的看法也有所不同，你的主观意识会支配你的行为。"❷

"肯定有年龄因素的影响，年纪偏大的非遗传承人对高科技、新事物的接受能力较弱；还有受教育程度的影响，文化程度越高，你对新事物的接受能力要强一些，而且你的生活和工作环境也需要你具备一定程度的媒介技能。"❸

笔者在问卷调查和深度访谈中了解到，虽然大部分非遗传承人表示自己有明确区分新闻和广告的能力，也能辨别虚假新闻和信息，但两者相比之下，非遗传承人在辨别新闻和信息真伪方面的能力有所欠缺，也有一定局限性。08号访谈对象就表示，十分了解自己所从事了42年的非遗项目，只敢确保自己能迅速、准确地分辨与这一非遗项目有关的新闻和信息，其他行业的新闻和信息只能凭借生活阅历去判断。其还表示，"我们能做的就是不能将自己未经核实的信息随便传播出去，不能让自己成为虚假信息的源头。"❹

"中医或养生方面的新闻，我们内行一眼就能看出哪些是夸大其词，哪些是真材实料，毕竟我们是专业的。我们的阅历和专业水平决定了我们在这方面的知识结构。"❺

在媒介使用能力方面，重庆市非遗传承人对"是否需要掌握一定的拍摄技巧宣传非遗"这一问题存在不同的观点。认为"有必要掌握"的访谈对象表示"掌握一定的媒介使用技巧，有助于非遗传承人对自己的非遗技艺做针对性传播"。"非遗传承人作为非遗信息的传播者，就要认识各种大众传播媒介，学会利用它们传播非遗。"❻

"虽然不够专业，但是我会拍摄非遗作品的图片发布在朋友圈，因为我要满足市场需求，满足我的客户群体的需要。"❼

而认为"不必掌握"的访谈对象，一是以年龄为由，表示"我年纪大了，没精力学，也学不会"；二是以自身职责为由，认为非遗传承人的工作重心不

---

❶ 摘自15号访谈对象，市级非遗代表性传承人。
❷ 摘自06号访谈对象，区级非遗代表性传承人。
❸ 摘自07号访谈对象，市级非遗代表性传承人。
❹ 摘自08号访谈对象，国家级非遗代表性传承人。
❺ 摘自10号访谈对象，市级非遗代表性传承人。
❻ 摘自22号访谈对象，区级非遗代表性传承人。
❼ 摘自13号访谈对象，市级非遗代表性传承人。

在于传播，如"我会拍摄图片，但是我觉得非遗传承人没有必要自己宣传"；三是以传播效果为由，表示"自己宣传不专业、没有效果，有专业的团队在宣传就够了"。

"个人认为，非遗传承人会不会宣传、了不了解媒介并不重要。作为非遗传承人，重心应是多花时间、精力在非遗技艺的提升上。"❶

"站在我的角度，一方面，我的年龄比较大了，没有心思和精力去学新的媒介技术，这些都是年轻人玩的；另一方面，非遗传承人没有必要自己宣传非遗，一是你不懂怎么传播，宣传没有多大效果；二是自己宣传，会给别人造成一种'王婆卖瓜自卖自夸'的不良印象，要别人说你好，你才是真的好。"❷

"我使用的是老年机，只会打电话和接电话，现在年纪大了，记忆力不行。"❸

不同的非遗传承人在运用媒介技术的用途上也有所不同。06号和12号访谈对象提到，除了拍摄图片、视频，自己还会制作PPT用于外出上课或是专题讲座；而15号访谈对象则表示，自己在重庆工商学院开设了非遗选修课，但一直都是口头传授，从来不制作PPT，不使用多媒体技术，因为这些都不如"言传身教"的表达效果好。

08号访谈对象表示，自己平时经常拍摄图片，有的是用于宣传蜀绣作品，有的是日常工作记录，用于向国家汇报自己作为国家级非遗代表性传承人的工作成果。16号和18号访谈对象均表示，自己所属的公司会有专门的宣传团队制作音频作品或者新闻稿件在电视、报纸、微信公众平台、公司网站等平台进行非遗宣传与传播。

此外，在成为非遗传承人前，曾毕业于新闻传播专业，且从事过媒体行业的17号访谈对象表示，目前自己不想也不需要太多宣传。一是因为该非遗项目已有一定的知名度，有稳定的受众群体；二是因为其认为目前媒体的新闻传播没有针对性，也不够深入、准确；三是自身的媒介使用能力较强，本领过硬，会依据该非遗项目的发展状况，自行选择适当的时机进行该非遗项目的传播与推广。

（三）媒介使用态度：主观判断多于客观认识

社会成员的媒介使用态度并不是一成不变的，而是会随着媒介环境的改

---

❶ 摘自09号访谈对象，区级非遗代表性传承人。
❷ 摘自20号访谈对象，市级非遗代表性传承人。
❸ 摘自21号访谈对象，区级非遗代表性传承人。

变、媒介使用行为的改变发生潜移默化的变化。在本研究中，媒介使用态度是指重庆市非遗传承人对大众传播媒介的基本认知与使用后的用户反馈，包括对大众传播媒介概念、传播特征与传播方式的认知与理解，对新媒介的态度及对大众传播媒介所发布内容的态度五个方面。

1. 交叉性分析：年龄、学历水平影响媒介使用态度

（1）年龄的差异性分析。

如表15所示，调查对象的年龄对媒介使用态度具有影响。在媒介使用态度方面，$F=4.967>1$，说明组间差异均大于组内差异，$Sig=0.001<0.05$，可以看出媒介使用态度在年龄上有显著性差异，说明调查对象的年龄与其媒介使用态度呈显著性相关关系。结合表16与图5的均值折线图可知，在不同年龄阶段，媒介使用态度的均值分布比较陡峭，均值差异较大。在媒介使用态度方面，31~40岁的调查对象略高于21~30岁的调查对象，之后随着调查对象年龄的增加，媒介使用态度逐渐降低。

表15 单因素方差分析

		平方和	自由度	均方	F	Sig
媒介使用态度	组间	8.374	4	2.094	4.967	0.001
	组内	46.788	111	0.422		
	总计	55.162	115			

表16 描述统计

		个案数	平均值	标准偏差	标准错误	平均值的95%置信区间 下限	平均值的95%置信区间 上限	最小值	最大值
媒介使用态度	21~30岁	7	3.6571	0.66045	0.24963	3.0463	4.2680	2.60	4.60
	31~40岁	28	3.7857	0.60841	0.11498	3.5498	4.0216	2.20	4.80
	41~50岁	31	3.5226	0.67858	0.12188	3.2737	3.7715	1.80	5.00
	51~60岁	28	3.4500	0.51819	0.09793	3.2491	3.6509	2.40	4.40
	61岁及以上	22	2.9818	0.79020	0.16847	2.6315	3.3322	1.40	4.00
	总计	116	3.4741	0.69258	0.06430	3.3468	3.6015	1.40	5.00

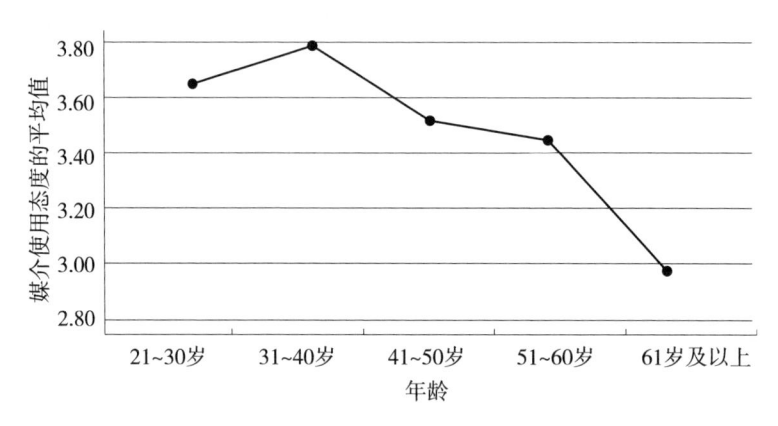

图 5　媒介使用态度的平均值

（2）学历水平的差异性分析。

如表 17 所示，调查对象的学历水平对媒介使用态度具有影响。在媒介使用态度方面，$F=6.821>1$，说明组间差异大于组内差异，$Sig=0.00<0.05$，可以看出媒介使用态度在学历水平上差异显著，说明调查对象的学历与其媒介使用态度呈显著性相关关系。结合表 18，对比媒介使用态度的均值折线图（见图 6）可知，在不同学历水平上，媒介使用态度的均值分布比较陡峭，均值差异较大。在媒介使用态度方面，小学学历的调查对象的媒介使用态度最低，大专学历的调查对象的媒介使用态度最高，本科学历的调查对象的媒介使用态度略低于大专学历的调查对象。

表 17　单因素方差分析

		平方和	自由度	均方	F	Sig
媒介使用态度	组间	10.884	4	2.721	6.821	0.000
	组内	44.278	111	0.399		
	总计	55.162	115			

表 18 描述统计

		个案数	平均值	标准偏差	标准错误	平均值的 95% 置信区间 下限	平均值的 95% 置信区间 上限	最小值	最大值
媒介使用态度	小学	9	2.5111	0.60919	0.20306	2.0428	2.9794	1.40	3.20
	初中	27	3.4370	0.65876	0.12678	3.1764	3.6976	1.80	4.60
	高中	34	3.4588	0.69200	0.11868	3.2174	3.7003	1.60	4.60
	大专	36	3.7333	0.54511	0.09085	3.5489	3.9178	2.60	5.00
	本科	10	3.5600	0.65184	0.20613	3.0937	4.0263	2.20	4.60
	总计	116	3.4741	0.69258	0.06430	3.3468	3.6015	1.40	5.00

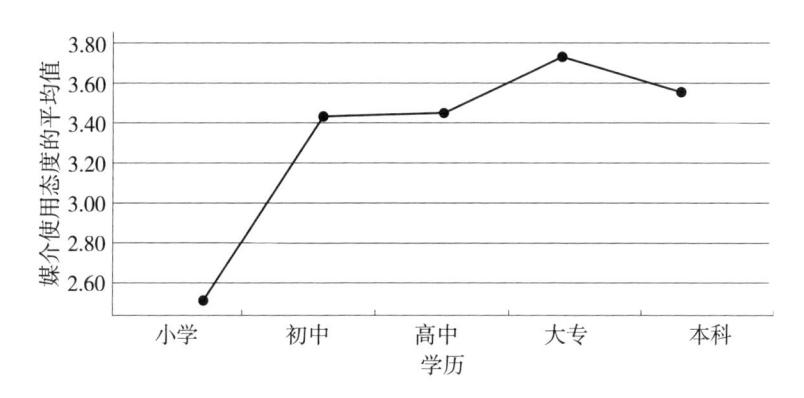

图 6 媒介使用态度的平均值

由此可见，与媒介使用行为相同，年龄和学历水平与媒介使用态度具有显著性相关关系。21~30岁的调查对象媒介使用态度比其他年龄阶段的调查对象更高；大专与本科学历的调查对象比其他层次学历水平的调查对象更高。

为了说明媒介使用行为与媒介使用态度之间是否存在线性相关关系以及关系的紧密度与方向，笔者采用 SPSS 进行了数据分析，分析结果如表 19 所示；媒介使用行为与媒介使用态度之间正相关显著。可见，媒介使用态度与媒介使用行为之间具有一定程度的影响。

表19 媒介使用行为与媒介使用态度相关性分析

		媒介使用行为	媒介使用态度	对媒介素养教育的认识和态度
媒介使用行为	皮尔逊相关性	1	0.690**	0.514**
	Sig.（双尾）		0.000	0.000
	个案数	116	116	116
媒介使用态度	皮尔逊相关性	0.690**	1	0.547**
	Sig.（双尾）	0.000		0.000
	个案数	116	116	116

基于问卷调查数据和深度访谈信息的整合，笔者了解到：首先，调查对象基本了解大众传播媒介的概念、传播特征，并且有近一半的调查对象表示自己了解新闻信息的生产发布过程，但是这些认知主要是根据日常使用行为结合自身阅历所形成的，而不是基于专业的、系统的学习所了解的。其次，对新媒介的出现，调查对象普遍表现出接受态度，认为"即使不容易掌握，也应该学习使用，这是一种与时俱进的表现"。最后，调查对象认为电视、报纸所发布的新闻和信息的可信度更高，手机位于第三位，大多数调查对象认为网络新闻和信息的可信度较低，或是表示自己无法轻易判断。

2. 媒介使用态度缺乏理性

在整理问卷调查和访谈资料的过程中，笔者发现重庆市非遗传承人接触最频繁的大众传播媒介是手机，其次是电视；获取新闻和信息的最主要途径也是手机，其次是电视。但在问及"当大众传播媒介对同一事件的新闻报道不一致时，您更倾向于相信哪些大众传播媒介"这一问题时，重庆市非遗传承人都选择"更愿意相信电视新闻"，对网络新闻可信度的态度表示"完全不可信""不太可信"或"不确定"的所占比重比"基本可信""完全可信"更多。笔者认为，重庆市非遗传承人在媒介传播信息判断与辨别能力上稍显欠缺，其接触频繁的媒介与可信度高的媒介存在矛盾之处，也表明虽然其对新媒介的使用较多，但依然在网络新闻和信息的辨别方面显得犹豫不决、模糊不清，表现出媒介信息价值判断能力的不足。这在一定程度上与重庆市非遗传承人缺少对新闻信息生产发布过程的认识与理解有关。

03号访谈对象在与笔者谈论新媒介和传统媒介时就表示，移动电子设备方便携带和使用，使用手机的受众也比观看电视、读报或是听广播的受众更占据主动权,受众在手机上能看到的新闻和信息、能听到的声音也比电视上更多,这更有助于受众了解事实的真相。但是在笔者问及"您更愿意相信哪些媒介上所发布的新闻和信息"时,03号访谈对象表示更愿意相信电视、广播上所发布的新闻,即便不同的传统媒体对新闻报道所呈现的观点不一致,但是新闻事实的真实性和可信度都更高。

学者刘海龙认为:"如果对媒体的信息生产过程和特点缺乏理性的认识,就和印刷时代的不具读写能力的文盲一样寸步难行。"❶ 尽管部分非遗传承人在访谈过程中表示,"新时代的非遗传承人"这个身份包含"传播+传承"的双重责任,非遗的推广也离不开各种大众传播媒介的传播,在与媒体的互动过程中,他们也了解了传播的作用,懂得了媒介技术的意义。但是非遗传承人这一群体的年龄整体偏高,他们对媒介的认知与理解、对媒介的接受度与认可度存在差异,有的访谈对象会无意识地表现出矛盾心理。

以07号访谈对象为例,在访谈过程中,他表示,"现在很多人都不愿意走进书店花钱买书、报纸来看,很多新闻和信息用手机一搜就有了,手机的传播速度太快了,现在的传播方式多种多样,如果一味守旧,不接受新媒介、新技术,受众范围太小,信息量太少,我们应该紧跟时代的步伐,及时调整。"❷ 随后,当笔者询问其对新闻可信度的看法时,他提到,"新媒介上的新闻和信息就像是'快餐',营养价值相对较差,如果不加以改善,可能会'来得快去得也快',因此更愿意选择传统媒介。"❸ 这一方面反映出其使用新媒介和传统媒介的矛盾心理。另一方面也反映出绝大多数受众的心声——希望新媒介能够兼顾传播速度、传播范围和传播质量之间的关系。

"我平时接受电视台的采访次数最多,电视台的节目质量是最高的,无论是摄影、编导等方面都更专业。但是整体而言,媒介传播的内容越来越肤浅了,只能说是传播渠道比以前更多,信息量大了,信息质量却没有跟上。"❹

"过去我们是按时订阅报纸,现在带着手机随时随地就能了解新闻资讯,肯定更愿意使用手机。但是新媒体的信息量太大了,不像传统媒体那样有严格的信息把关,所以如果出现同一新闻事件有不同的声音这一情况时,我认

---

❶ 比尔·科瓦奇、汤姆·罗森斯蒂尔:《真相:信息超载时代如何知道该相信什么》,陆佳怡、孙志刚、刘海龙译,中国人民大学出版社2013年版,第7页。
❷ 摘自07号访谈对象,市级非遗代表性传承人。
❸ 摘自07号访谈对象,市级非遗代表性传承人。
❹ 摘自03号访谈对象,国家级非遗代表性传承人。

为电视、报纸上的新闻信息更靠谱一些。"❶

"各种媒介的概念、传播特点、传播方式这些，我都不了解，也不太关注，平时只是简单关注、了解一下自己感兴趣的新闻。过去我们有看报的习惯，现在都说纸媒要消亡了，而且我平时所使用的非遗制作材料在重庆没有实体店可以买到，必须在线上购买，现在是不得不习惯使用手机。"❷

"现在的新媒体平台很多，人人都能参与，人人都能是'记者'，有的电视台、报社等传统媒体不敢报道的新闻，在网上也有人爆料。换个角度而言，这也是一个很大的弊端，假新闻易在网上泛滥，传统媒体虽说传播速度没那么快，但是新闻是经过层层筛选、过滤、审核过的。"❸

表示"当不同媒介对同一事件的新闻报道不一致时，更倾向于相信手机和电脑"的调查对象虽少，但也有近四成的人，这也是基于个人日常媒介使用习惯与社会阅历两者相结合所积累的。

"短视频的崛起使得更多新闻都'动起来'了，更加鲜活，不少传统媒体也都纷纷转型，使用手机获取新闻和信息的优点就比电视、报纸多得多，我认为网络新闻的可信度和真实性还是比较高的。"❹

"我认为传统媒体和新媒体的新闻信息可信度都较高，相比之下，我更愿意选择新媒介，现在的人们人手一部手机，对手机的依赖高，新闻报道的面更广、内容更丰富。"❺

此外，由于对媒介概念、传播特征、新闻信息生产发布过程以及对新媒介的态度等方面的了解程度有差异，重庆市非遗传承人使用自媒体的能力、自媒体的传播效果有待提高。03号访谈对象表示，自己除了会在朋友圈发布日常活动的图片和视频，还建立了该非遗项目的相关微信公众号，完全由个人写作、编辑。但在传播效果方面，笔者了解到，该微信公众号自创立到目前为止，只发布了两篇推文，第一篇发布于2019年7月9日，第二篇发布于2019年8月8日，单篇阅读量均不到20。该访谈对象也表示，自己能力有限，希望能和专业团队一起合作，致力于正确的、有深度的非遗新闻和信息传播。

13号访谈对象告诉笔者，"我认可微信、微博、抖音这些平台的传播方式，我也想搭建起这些新平台，但是我没有这么多时间经营。并且，媒介是

---

❶ 摘自08号访谈对象，国家级非遗代表性传承人。
❷ 摘自09号访谈对象，区级非遗代表性传承人。
❸ 摘自10号访谈对象，市级非遗代表性传承人。
❹ 摘自04号访谈对象，市级非遗代表性传承人。
❺ 摘自06号访谈对象，区级非遗代表性传承人。

把双刃剑,要想利用好,就需要真正懂这一行的人来帮助我,单凭我个人的力量是难以实现的。"❶

综上所述,笔者认为,可以从调查对象对大众传播媒介的概念、传播特征、传播方式的了解程度上,反映出重庆市非遗传承人对媒介环境具有一定程度的认知水平。但是,由于"年龄大""认识不充分""信息量大""网络新闻缺乏监管"以及"新媒体平台门槛低"等主客观因素的影响,重庆市非遗传承人对新闻和信息的真实性与可信度辨别主要依赖"个人媒介使用习惯"和"新闻发布平台是否权威"来判断,缺乏对大众传播媒介的理性认识与对信息真伪的理性判断。这更加凸显出"我们每天接触的新闻是不是我们需要知道的"这一问题的答案的重要性。同时,"时间不充足""对媒介的认知不全面""使用能力不足"等原因,导致非遗传承人在自媒体运营方面"力不从心"。

(本文摘录自西南政法大学新闻传播学院2017级硕士研究生宋倩茹毕业论文)

---

❶ 摘自13号访谈对象,市级非遗代表性传承人。

28. 2020年中国非遗概况

中国是一个多民族的国家,悠久的历史和灿烂的古代文明为中华民族留下了极其丰富的文化遗产。《中华人民共和国非物质文化遗产法》(2011年)规定:"非物质文化遗产是指各族人民世代相传并视为其文化遗产组成部分的各种传统文化表现形式,以及与传统文化表现形式相关的实物和场所。"

本文从非遗名录及传承人现状、非遗法规与政策、非遗学术与教育、非遗新媒体传播、非遗产业化五个方面介绍2020年中国非遗概况。

通过对文献资料的梳理,"非遗与传播"发现了中国非遗2020年的一些新变化:(1)中国新增太极拳和送王船2项世界级非遗项目,第五批国家级项目推荐名单面向社会公示。(2)非遗立法方面,国家新增1项部门规章,新增47项地方性法律法规。(3)非遗政策方面,文化和旅游部出台《关于推动数字文化产业高质量发展的意见》,山东、青海等地也根据"非遗+扶贫"的定位,推出一系列非遗保护政策。(4)受制于新冠肺炎疫情的影响,与非遗相关的活动多在线上举办,例如线上学术会议、非遗直播带货等。其中后者正在成为助力非遗产业化发展,实现各地脱贫攻坚和乡村振兴的辅助利器。(5)短视频平台正在成为非遗传播的重要渠道。目前1327项国家级项目在抖音和快手平台上的曝光率分别达到96%和72%,越来越多的传承人选择入驻短视频平台进行专业知识学习和尝试商业变现。

一、非遗名录及传承人现状

(一)世界级非遗名录

2020年新增世界级非遗项目:太极拳、送王船。

2003年10月17日,联合国教科文组织第32届大会通过《保护非物质文化遗产公约》(以下简称《公约》),中国于2004年加入《公约》。

作为履行《公约》缔约国义务的重要内容之一,中国积极推进向联合国教科文组织申报非物质文化遗产名录(名册)项目的相关工作。截至2020年12月,中国列入联合国教科文组织非物质文化遗产名录(名册)项目共计42

项（见表1、表2、表3），总数位居世界第一。

表1 列入人类非物质文化遗产代表性名录的项目（34项）

入选时间	项目名称
2001年5月	昆曲
2003年11月	古琴艺术
2005年11月	新疆维吾尔木卡姆艺术；蒙古族长调民歌
2009年9月	中国篆刻；中国雕版印刷技艺；中国书法；中国剪纸；中国传统木结构建筑营造技艺；南京云锦织造技艺；端午节；中国朝鲜族农乐舞；妈祖信俗；蒙古族呼麦歌唱艺术；南音；热贡艺术；中国传统桑蚕丝织技艺；龙泉青瓷传统烧制技艺；宣纸传统制作技艺；西安鼓乐；粤剧；花儿；玛纳斯；格萨（斯）尔；侗族大歌；藏戏
2010年11月	中医针灸；京剧
2011年11月	中国皮影戏
2013年12月	中国珠算——运用算盘进行数字计算的知识与实践
2016年11月	二十四节气——中国人通过观察太阳周年运动而形成的时间知识体系及其实践
2018年11月	藏医药浴法——中国藏族有关生命健康和疾病防治的知识与实践
2020年12月	太极拳；送王船

制表：非遗与传播。

表2 列入急需保护的非物质文化遗产名录的项目（7项）

入选时间	项目名称
2009年10月	羌年；黎族传统纺染织绣技艺；中国木拱桥传统营造技艺
2010年11月	麦西热甫；中国水密隔舱福船制造技艺；中国活字印刷术
2011年11月	赫哲族伊玛堪

制表：非遗与传播。

表3 列入优秀实践名册的项目（1项）

入选时间	项目名称
2012年12月	福建木偶戏后继人才培养计划

制表：非遗与传播。

在 42 个项目中，人类非物质文化遗产代表作 34 项（含昆曲、古琴艺术、新疆维吾尔木卡姆艺术和蒙古族长调民歌）；急需保护的非物质文化遗产名录 7 项；优秀实践名册 1 项。其中，太极拳和送王船是 2020 年 12 月入选的项目。

从 2008 年至今，太极拳申报人类非物质文化遗产之路已走过 12 个年头，如今终于尘埃落定。

太极拳自 17 世纪中叶形成以来，世代传承，习练者遍布全国各地，并在海外有着广泛传播和传承。太极拳对于习练者的性别、年龄、体质、职业、民族没有限制，通过习练太极拳，人们在修身养性、强身健体的同时，也传承着中华民族的文化基因。

送王船的申遗有些特别，由中国和马来西亚联合申报。送王船是广泛流传于我国闽南地区和马来西亚马六甲沿海地区禳灾祈安的民俗活动。在闽南，这一民俗活动大多每三四年在秋季东北季风起时举行；在马六甲，则多在农历闰年于旱季择吉日举行。无论是在我国闽南还是马六甲沿海，送王船这一习俗的起止时间都较长，短则数日，长则数月。

（二）国家级非遗名录

2020 年 12 月 18 日，文化和旅游部将第五批国家级项目推荐名单向社会公示，共推荐 337 项非遗。

联合国教科文组织《公约》要求"各缔约国应根据自己的国情"拟订非物质文化遗产清单。建立国家级非物质文化遗产名录，是我国履行《公约》缔约国义务的必要举措。

国务院先后于 2006 年、2008 年、2011 年、2014 年公布了四批国家级项目名录（前三批名录名称为"国家级非物质文化遗产名录"，2011 年《中华人民共和国非物质文化遗产法》实施后，第四批名录名称改为"国家级非物质文化遗产代表性项目名录"），共计列入 1372 个国家级非物质文化遗产代表性项目（以下简称"国家级项目"）。

2019 年 6 月 20 日，文化和旅游部发布《关于推荐申报第五批国家级非物质文化遗产代表性项目的通知》，第五批国家级项目推荐申报工作正式启动。2020 年 12 月 18 日，文化和旅游部将第五批国家级项目推荐名单向社会公示，共推荐 337 项非遗，其中，新列入 198 项，扩展 139 项。公示期 20 个工作日，从 2020 年 12 月 22 日至 2021 年 1 月 19 日结束。

推荐项目名单中，新列入的 198 个项目涉及非遗十大门类中的九个门类，缺少传统医药相关项目。（注：国家级名录将非物质文化遗产分为十大门类，

28．2020年中国非遗概况

其中五个门类的名称在2008年有所调整，并沿用至今。十大门类分别为：民间文学，传统音乐，传统舞蹈，传统戏剧，曲艺，传统体育、游艺与杂技，传统美术，传统技艺，传统医药，民俗。）其中，传统技艺，传统体育、游艺与杂技，民俗是此次推荐名单新列入项目中占比最多的三个门类（见图1）。

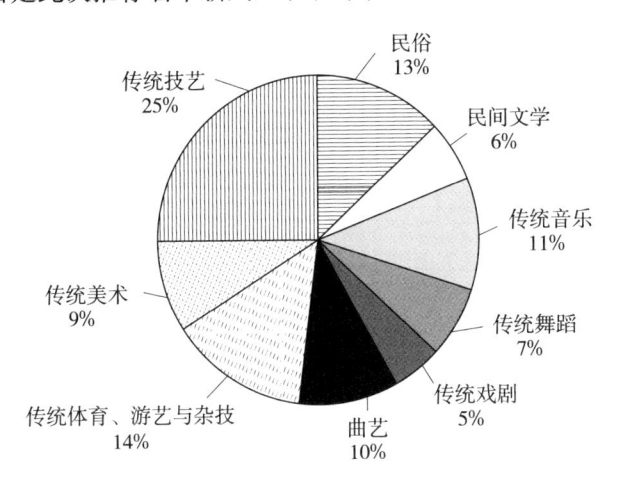

图1　第五批国家级项目推荐名单新入选项目门类分布图

制图：非遗与传播。

在推荐项目名单中，139个扩展项目涵盖了十大门类，其中，传统技艺、传统美术是占比最多的两个门类（见图2）。

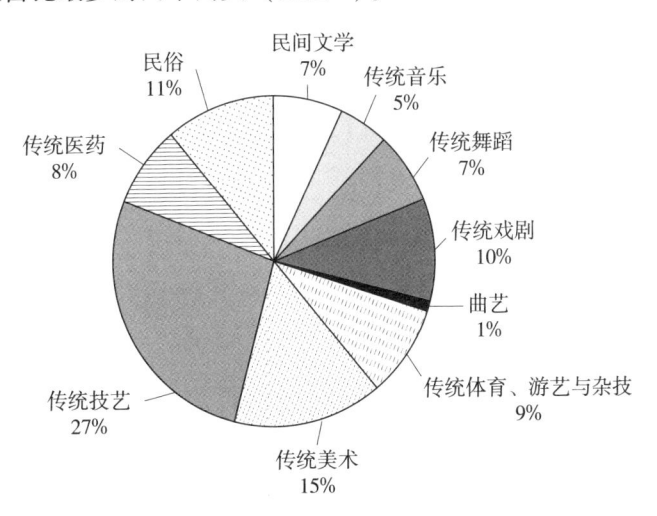

图2　第五批国家级项目推荐名单扩展项目门类分布图

制图：非遗与传播。

(三) 国家级非遗传承人

各级非物质文化遗产代表性传承人不仅肩负着延续传统文脉的使命，彰显着遗产实践能力的最高水平，还不断地将个性创造融入传承实践活动中，对确保非物质文化遗产的持久传承发挥着不可替代的作用。因此，保护代表性传承人是非物质文化遗产保护工作的重要内容。

2007年、2008年、2009年、2012年、2018年，国家文化主管部门先后公布了五批国家级非物质文化遗产代表性项目代表性传承人，共计3068人（见图3）。

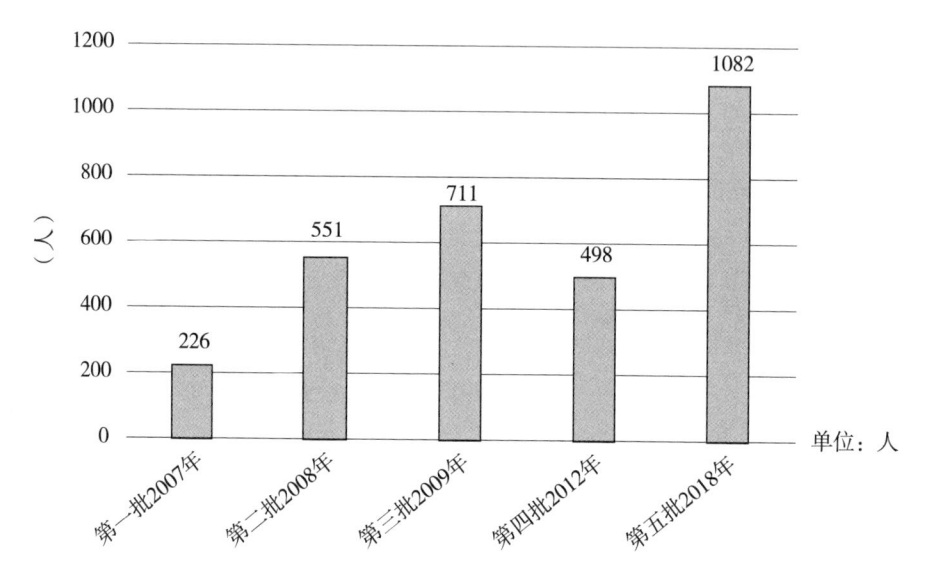

图3 国家级非物质文化遗产代表性项目代表性传承人批次统计图

制图：非遗与传播。

按所属门类来看，在3068名国家级项目代表性传承人中，传统戏剧、传统技艺、传统音乐三大门类的代表性传承人最多，分别有784人、518人、380人（见图4）。

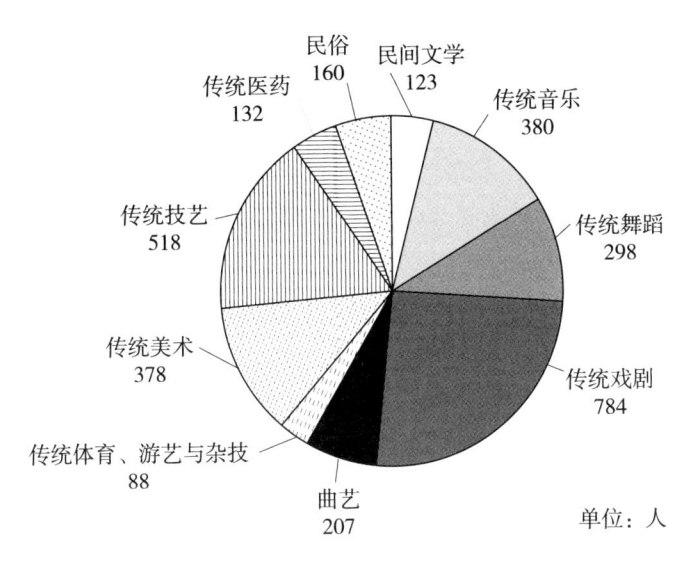

图中数据：
- 民俗 160
- 民间文学 123
- 传统医药 132
- 传统音乐 380
- 传统技艺 518
- 传统舞蹈 298
- 传统美术 378
- 传统戏剧 784
- 传统体育、游艺与杂技 88
- 曲艺 207
- 单位：人

图 4　国家级非物质文化遗产代表性项目代表性传承人分类统计图

制图：非遗与传播。

按照地区来看，浙江省、江苏省、山西省、河北省、福建省的国家级项目代表性传承人数量名列前茅，分别有 196 人、178 人、149 人、149 人和 143 人。按性别来看，传承人还是以男性为主，2327 名男性国家级项目代表性传承人占总数的 75% 以上。

二、非遗法规与政策

（一）非遗立法

保护人类非物质文化遗产已达成世界共识。联合国教科文组织通过《公约》（2003）和《保护和促进文化表现形式多样性公约》（2005）以来，参与《公约》的缔约国已有 178 个。在政府主导和社会各界的共同努力下，中国非遗保护在政策法规制定、工作规划、普查工作的展开、名录体系的建设、保护机制的完善，以及信息化保护和宣传等方面都取得了显著成效。

1. 国家层面

2020 年新增部门规章：《财政部关于提前下达 2021 年非物质文化遗产保护资金预算的通知》。

截至 2020 年年底，全国人大常委会、国家发改委、财务部、文化和旅游部等国务院各机构共颁布 55 部非物质文化遗产的中央法律法规，55 部中央法规中包括 2 部法律、5 项行政法规和 48 项部门规章。

由全国人大常委会颁布的《全国人民代表大会常务委员会关于批准〈保护非物质文化遗产公约〉的决定》是第一部关于非物质文化遗产保护的法律法规，该部法律于 2004 年发布与实施。2011 年通过的《中华人民共和国非物质文化遗产法》则是目前我国非遗保护最重要的立法。

其中，2020 年发布与实施的部门规章是《财政部关于提前下达 2021 年非物质文化遗产保护资金预算的通知》。除此之外，《国家级非物质文化遗产代表性传承人认定与管理方法》（以下简称《办法》）是 2019 年发布，于 2020 年 3 月 1 日实施的部门规章。

该《办法》是在 2008 年施行的《国家级非物质文化遗产项目代表性传承人认定与管理暂行办法》（以下简称《暂行办法》）的基础上修订完成的，较之 2008 年的《暂行办法》，《办法》主要变化有：增加了对认定管理对象政治修养和公民责任的要求；调整了认定管理申报认定程序及认定管理对象应承担的义务；明确了每五年开展一次认定的基本工作周期；确定了认定管理对象"应当立足于完善非物质文化遗产传承体系，增强非物质文化遗产的存续力，尊重传承人的主体地位和权利，注重社区和群体的认同感"的目标；补充了认定管理对象使用财政经费报告制度；细化了取消认定资格的五种情形。

2. 地方层面

2020 年新增 47 项地方性法律法规。

截至 2020 年年底，全国共颁布 1856 项地方性法律法规。其中，法规 69 项，规章 12 项，规范性文件 288 项，地方工作文件 1475 项，行政许可批复 12 项。

2020 年新增 47 项地方性法律法规。其中，法规 5 项，分别是《福州市非物质文化遗产保护规定》《日喀则市非物质文化遗产条例》《铜仁市非物质文化遗产保护条例》《大理白族自治州非物质文化遗产保护条例》《怒江傈僳族自治州非物质文化遗产保护条例》；规章 2 项，分别是《梅州市非物质文化遗产代表性项目管理办法》《广州市非物质文化遗产保护办法》；规范性文件 6 项；地方工作文件 34 项。

3. 相关法律纠纷

2020 年新增审结案件 382 篇。

截至 2020 年年底，据北大法宝显示，与非遗相关的司法案例与裁判文书有3111篇。其中，2020年审结案件有382篇。案件主要涉及民事、行政和知识产权。

民事案件涉及与非遗相关的借贷纠纷、合同纠纷、租赁纠纷等，如"罗世礼、田林县国家级非物质文化遗产保护传承展演中心民间借贷纠纷案"。行政案件则涉及认定非遗代表性传承人的认定和法定职权问题、商标专用权的行政裁定、商标注册争议等，如"单县三羲春（周记）餐饮有限公司与国家知识产权局商标纠纷案"。知识产权案件则涉及商标权、著作权、表演权等权利纠纷，如"泸州老窖股份有限公司与吴长海侵害商标权纠纷案"。

（二）非遗政策

1. 国家层面

2020年，文化和旅游部联合山东省人民政府共同主办了第六届中国非物质文化遗产博览会。会议传达学习了国家层面对非遗保护的重要指示精神，通报了近年来非遗保护传承工作的进展，对下一步的非遗保护重点工作进行了研究，例如实施中国传统工艺振兴计划，有力提升传统工艺传承水平、增强再创造能力；实施曲艺传承发展计划，专项推进曲艺类非遗项目传承发展。

（1）非遗扶贫。

2018年7月，文化和旅游部、国务院扶贫办印发通知，确定了第一批10个"非遗+扶贫"重点支持地区，支持设立非遗扶贫就业工坊（以下简称"非遗工坊"）。非遗工坊旨在帮助贫困人口学习传统技艺，提高内生动力，促进就业增收，巩固脱贫成果。

截至2020年年底，各地的国家级贫困县共设立非遗扶贫就业工坊近1000家，为当地的脱贫攻坚工作贡献了力量，如湖南省花垣县十八洞村的非遗扶贫就业工坊"七绣坊"，2020年7月开设网络店铺，到9月仅2个月时间，网店销售额达到1380万元。目前，该工坊已累计培训绣娘800余名，带动500人就业，其中建档立卡贫困户132人。

（2）非遗数字化。

非物质文化遗产作为近年来备受重视的保护对象，在数字化保护方面做了重要探索。相关部门从颁布法律、出台意见和启动数字化试点工程等方面，对非遗调查记录的技术手段和成果提出相关要求。

2005年颁布的《国务院办公厅关于加强我国非物质文化遗产保护工作的意见》指出，"要运用文字、录音、录像、数字化多媒体等各种方式，对非物质文化遗产进行真实、系统和全面的记录，建立档案和数据库"。2010年，当时的文化部提出将"非物质文化遗产数字化保护工程"纳入"十二五"规划。2011年起,中国艺术研究院(中国非物质文化遗产保护中心)陆续开展非遗数字化保护工作。

2020年,文化和旅游部出台《关于推动数字文化产业高质量发展的意见》(以下简称《意见》)。《意见》指出数字文化产业高质量发展亟须夯实数字文化产业发展基础、培育数字文化产业新型业态、构建数字文化产业生态。

(3)非遗文化生态保护区。

国家级文化生态保护区,是指以保护非物质文化遗产为核心,对历史文化积淀丰厚、存续状态良好,具有重要价值和鲜明特色的文化形态进行整体性保护,并经文化和旅游部同意设立的特定区域。设立文化生态保护区,将非遗及其得以孕育的文化和自然生态环境进行整体性保护,是我国在非遗保护领域的重大创举。

2007年,文化部设立了我国首个国家级文化生态保护实验区——闽南文化生态保护实验区。2018年年底,文化和旅游部出台《国家级文化生态保护区管理办法》,提出文化生态保护区建设坚持"见人见物见生活"的保护理念,设定"遗产丰富、氛围浓厚、特色鲜明、民众受益"的建设目标,推出系列措施提高文化生态保护区建设水平。

截至2020年6月,我国共设立国家级文化生态保护区7个(见表4),国家级文化生态保护实验区17个,涉及省份17个。

表4 国家级文化生态保护区

序号	国家级文化生态保护区	地区
1	闽南文化生态保护区	福建省(泉州市)、福建省(漳州市)、福建省(厦门市)
2	徽州文化生态保护区	安徽省(黄山市、绩溪县)、江西省(婺源县)
3	热贡文化生态保护区	青海省(黄南藏族自治州)
4	羌族文化生态保护区	四川省(阿坝藏族羌族自治州、茂县、汶川县、理县、绵阳市、北川羌族自治县、松潘蠚、黑水县、平武县)
5	武陵山区(湘西)土家族苗族文化生态保护区	湖南省(湘西土家族苗族自治州)

续表

序号	国家级文化生态保护区	地区
6	海洋渔文化（象山）生态保护区	浙江省（象山县）
7	齐鲁文化（潍坊）生态保护区	山东省（潍坊市）

制表：非遗与传播。

（4）非遗保护保障体系。

在非遗相关保护机构会议设立方面，2006年，文化部设立了非物质文化遗产司，成立了中国非物质文化遗产保护中心。29个省（区、市）文化和旅游行政部门单独设立了非物质文化遗产处，大部分市（区）设立了专门的非遗保护机构。2008年，文化部牵头建立了中国非物质文化遗产保护工作部际联席会议制度，统一协调解决保护工作中的重大问题，强调发挥专家的作用，建立非物质文化遗产保护的专家咨询机制和检查监督制度。

在财政补贴和税收政策方面，2006~2014年，中央财政累计投入35.14亿元用于非遗保护事业；2015~2020年，中央财政共投入46亿元用于非遗保护事业。从2012年开始，国家相继出台了一系列有利于非物质文化遗产项目保护的税收政策，符合条件的非物质文化遗产企业可享受包含增值税、企业所得税、印花税等相关税费优惠政策。

2. 地方层面

近年来，各地方紧贴国家出台的非遗保护政策，如"非遗+扶贫"、非遗数字化保护、非遗文化生态保护区等，针对当地的实际情况，出台了一系列地方的非遗保护政策。

例如，山东省文化和旅游厅与省扶贫办于2020年出台的《山东省"非遗助力脱贫、推动乡村振兴"工程实施方案》；青海省黄南藏族自治州同仁市税务部门联合扶贫局于2020年建立了"唐卡企业联络员"沟通机制和"一册一账一单一卡"唐卡企业辅导模式，深入唐卡企业"扶贫车间"开展个性化"一对一"纳税服务。

除此之外，各地方也积极推动搭建非遗文化人才发展平台，对国家级、省级非遗文化传承基地，采取不同奖励措施；筹建传统工艺工作机构，为传承人提供观摩、学习、研究等便利条件；在设立博士后工作站等方面给予支持等。

为鼓励扶持非遗的传承和保护工作，国家及各省市地方政府也纷纷出台针对非遗传承人的补贴政策。例如，针对国家级非遗传承人，从最初的每年补贴8000元，逐步提升到1万元，直到现在的2万元；针对省级非遗传人，全国各省每年每人补贴几千元至2万元不等（广东省级非遗传承人补贴2万元）。

三、非遗学术与教育

我国自开展非遗保护工作以来，学术界对非遗的重视也日益显现，非遗研讨会的举办、非遗相关学术著作的发表、非遗进校园、非遗研学等活动的展开，都在有效地促进非遗学术与教育传播工作。

（一）学术研究和成果

1. 研讨会

受新冠肺炎疫情影响，2020年的多场非遗研讨会未能如期举办，部分研讨会则采取"线上+线下"的形式展开，多数研讨会集中在下半年召开。尽管数量不多，但研讨会涉及了目前该行业需要迫切关注的问题。从已召开的研讨会中可以看出，研讨会主要分为以下三种类型：①以全国性非遗保护为主题的研讨会。例如，"2020非物质文化遗产整体性保护论坛""非物质文化遗产教育与学科建设"国际学术论坛等。②对于地方性非遗保护工作的探讨。如在山西省太原市召开的黄河文化保护传承弘扬座谈会、河南省非遗保护中心召开的大运河、黄河非遗保护学习座谈会等。③针对某个具体非遗项目的研讨。如太极拳传承发展大会、"激活·衍生"——木版年画学术研讨会等。

2. 著作

2020年新增相关著作58部。

通过"读秀"网站，以"非物质文化遗产"为关键词，搜索到的2020年出版的高关联度非遗著作有58部。相比前四年出版的非遗著作，数量有所下降。

根据图书的内容可以分为学术和非学术两大类。学术类书籍主要涉及的内容有：非遗理论研究、非遗保护和利用研究、具体非遗项目研究、传承人研究、非遗学术论集等。例如，中国社会科学出版社在2020年12月出版的《非物质文化遗产》一书，以我国非物质文化遗产领域为研究对象，结合联合国教科文组织《公约》以及中国的法律法规和保护实践，从学科体系构建的视角出发，对非遗涉及的核心概念进行了深入辨析，初步构建了非物质文化遗产研究的概念体系。

非学术类书籍主要是各级非遗保护部门以图文形式出版的介绍该地区非遗及其保护状况的成果报告，从文化部到地市，每一级非遗保护部门均有著作出版。社会科学文献出版社于2020年1月出版的《中国非物质文化遗产保护发展报告》，详细对我国非遗与保护的相关情况进行了全面论述和总结，并通过热点分析、案例分析、国外经验等部分内容，围绕我国非遗保护与发展中的前沿、热点话题展开分析和论证，并提出了针对性的建议。

3. 论文

据统计，CNKI数据库2020年共收录非物质文化遗产相关论文10101篇，相较2019年的论文数量有所下降。

主题多数集中于少数民族非物质文化遗产、创业人才、文旅融合、传承与保护等方面，其中少数民族非物质文化遗产的论文数量多达671篇，论文主题也反映了近些年我国非遗保护与传承的重点工作多与少数民族地区发展、文化旅游产业、乡村振兴等密切联系，共同进步。

值得一提的是，由中华人民共和国文化和旅游部主管、中国艺术研究院（中国非物质文化遗产保护中心）主办的专业学术期刊《中国非物质文化遗产》于2020年9月创刊，该刊面向国内外公开发行。中国当代作家冯骥才先生在创刊贺词中写道："《中国非物质文化遗产》的创刊，将为我国推动文化遗产的研究及其交流提供专业平台，并将为推动当代民族民间文化繁荣、健全中国文化遗产保护的科学体系做出贡献。"

（二）非遗进校园

校园是传播优秀民族文化遗产的主要阵地。非遗作为优质的教育资源，将其融入校园教育，对提升学生的综合素养有着积极的实践意义。2020年，"非遗进校园"这一举措依然在非遗保护和传承工作中发挥着重要作用。

2020年十三届全国人大三次会议第9852号建议：推进"非遗进校园"工作常态化，全面加强青少年人文教育和劳动教育。9月21日，教育部联合财政部、文化和旅游部，针对该建议作出以下六方面的答复：①关于"非遗进校园"制度保障和主要实践；②关于认定和挂牌校园非遗传承基地相关工作；③关于培养非遗教学老师队伍相关工作；④关于构建多层次非遗课程教育体系相关工作；⑤关于对推进"非遗进校园"的学校、保护单位和传承人给予多方支持的相关工作；⑥关于鼓励师生实践、传承非遗内容的相关工作。答复中提到，下一步，教育部将会同相关部门，完善中华优秀传统文化教育的顶层设计，丰富中华优秀传统文化的教育形式，加强师资队伍建设，持续推动"非遗进校园"常态化、规范化，以文化人，不断推动中华优秀传统文化在继承中发展，在发展中继承。

2020年10月24日，由文化和旅游部非物质文化遗产司支持、中国青年网主办的第二届"非遗进校园"优秀实践案例在济南发布。本次活动于2020年6月启动，共征集案例近700个，入围初评案例600余个。申报案例涉及传统音乐、传统技艺、传统戏剧、曲艺、传统医药、传统舞蹈、民俗等多个非遗门类。活动最终推选出十大优秀实践案例和十大创新实践案例。

除国家级优秀案例，广东省在2020年评选出"非遗进校园"的十大精品案例及十大优秀案例，并将案例在"南方+"客户端"活力非遗云课堂"栏目进行集中展示，向公众宣传与推广富有岭南特色的非遗技艺、知识与文化。

（三）非遗传承人研培

2015年，文化部、教育部、人力资源和社会保障部推出的"中国非物质文化遗产传承人群研修研习培训计划"（以下简称"研培计划"），是非遗保护事业的一项基础性、战略性工作。自实施以来，研培计划得到社会各界的大力支持和广泛参与。

研培计划旨在为非遗传承提供高校的学术资源和教学资源支持，通过学习专业知识、研究技艺和技术、开展多形式的交流研讨与实践，帮助非遗项目持有者、从业者等传承人群强基础、拓眼界、增学养，提高文化自信和可持续发展能力，在秉承传统、不失其本的基础上，实现为民族传承，为生活创新。同时，推动相关高校加强中华优秀传统文化教育，更好地发挥文化传承创新功能，服务地方经济社会发展。

目前，全国已有121所高校先后参与，涉及纺染织绣、陶瓷烧造、金属工艺、雕刻塑作、漆艺、建筑营造、编织扎制、家具木作、工艺绘画、服饰制作、造纸和笔墨砚制作、印刷等传统工艺项目。

2020年新冠肺炎疫情期间，"非遗传承人群研培计划"公众号特别推出"非遗战'疫'各省在行动"专题报道，各省非遗传承人用丰富的非物质文化遗产表现形式，积极创作，向一线医护人员致敬，向同胞表达祝福，凝聚力量。

同年，北京市文化和旅游局组织清华大学、中央美术学院、中国戏曲学院、北京城市学院、北京市工艺美术高级技工学校实施中国非遗传承人群研培计划，举办涉及玉雕、金石篆刻、雕漆技艺、汝瓷烧制技艺、京剧、评剧等非遗项目的研培班5期，培训来自北京及对口帮扶地区等全国各地非遗传承人100余人。

四、非遗新媒体传播

根据第46次《中国互联网络发展状况统计报告》的数据显示：截至2020年6月，我国网络视频（含短视频）用户规模达8.88亿，占网民整体的94.5%，其中短视频已成为新闻报道的新选择、电商平台的新标配。作为日活跃用户已分别突破3亿和6亿的国民短视频平台，快手、抖音正成为国民级的媒体平台。其他活跃度较高的新媒体平台则为微信公众号和微博。因此，笔者将以上述四个平台为样本，对非遗新媒体传播现状进行阐述。

（一）短视频平台

1. 抖音

根据2020年4月抖音发布的非遗大数据报告，非遗视频数量超过4800万，播放超过2000亿次，获得点赞超过64.8亿次。截至2020年5月31日，1372个国家级非遗项目中，抖音涵盖1318项，涵盖率达96%。2020年，抖音上的非遗话题最高播放量达26.2亿次。抖音4亿用户，平均每个用户看过近500条非遗视频。可见，抖音的非遗发展态势迅猛。

抖音视频播放量最高的非遗项目是相声，累计播放量达到92亿次，视频数量达到15.4万个；其次是刺绣和京剧，播放量分别累计到15.3亿次和13.3亿次（见表5）。

表5　2020年抖音最火的10项非遗项目（按播放数量排名）

排名	非遗类型	累计播放数量	视频数量
1	相声	92亿次	15.4万个
2	刺绣	15.3亿次	6.7万个
3	京剧	13.3亿次	8万个
4	剪纸	5.9亿次	2.6万个
5	竹编	4.4亿次	5670个
6	糖画	1.5亿次	1万个
7	独竹漂	1.5亿次	269个
8	景泰蓝	5700万次	3994个

续表

排名	非遗类型	累计播放数量	视频数量
9	造纸	5488万次	1498个
10	金陵刻金印刷	25.9万次	2.3万个

制表：非遗与传播。

目前，不少地方组织部门、非遗传承人都纷纷开通抖音账号。根据抖音平台数据统计，非遗账号的用户一共分为四类，即非遗传承人、非遗工作人员、地区非遗账号和其他非遗账号，数量共计1317个。

地区非遗账号粉丝数量最多的是"深圳非遗"。2020年7~12月，深圳非遗发布作品30件，平均点赞1.2万次，平均评论20条，平均分享682次。

早在2019年4月，抖音就推出"非遗合伙人"计划，旨在通过短视频和直播帮助非遗更好地传播与传承。该计划提出在一年内帮助10位传承人实现百万元收入或者收获百万粉丝。2020年4月，抖音发布非遗大数据报告称："非遗合伙人"计划超额达成目标。一年来，已有5位传承人年收入超百万元，40多位非遗创作者赢得百万粉丝。

非遗传承人里粉丝数量最多的是瑶浴传承人"远山的阿妹"和竹编传承人"非遗鸿铭阁老李"。根据飞瓜数据显示，2020年10~12月，"非遗鸿铭阁老李"直播带货21次，场均直播时长5小时16分，场均人数峰值1.8万，场均销量9.5万，场均销售额1026.5万元。2021年1月5日发布的《2020抖音数据报告》显示，截至2020年12月，超过5000名手艺人在抖音售卖作品，其中非遗手艺人"铁人小哥哥"曾直播一个月卖出480万元。

2. 快手

快手短视频平台的关注度也在持续升高。据快手2019年3月发布的《非遗长图数据报告》显示，在快手每3秒钟就诞生1条非遗视频，越来越多非遗文化在快手平台上传播。2020年3月，快手发布的《非遗长图数据报告》显示，在1372项国家级非遗项目中，快手涉及的非遗项目989项，比例达72%。

2020年7月，快手联合全国约10所专业非遗定点研培高校、邀请100位国内外各领域专家名人为授课导师，共同打造快手"非遗学院"。

从2020年7月22日起，"非遗学院"就以线上直播的形式进行授课，全年开课100场以上。高校教授、网络红人"泥巴哥"等都曾齐聚快手"非遗学院"直播间，向广大非遗传承人传授非遗相关知识。

同时，快手还开启了"非遗传承人成长计划"，对非遗传承人进行新媒体认知、运营及电商、知识产权认知、品牌营销等方面的培训，更好地帮助非遗传承人的非遗产品变得"更好卖"，实现非遗变现。

目前，快手平台中传承人粉丝数量最高的是非遗鸿铭阁小馆、张黎（非遗传承人）、国家非遗莲花落姬银龙、苏工橄榄核雕（非遗学会）。许多传承人都依托快手平台进行非遗产品的销售。

根据飞瓜数据显示，其中张黎的带货指数最高，达到1270.1，非遗鸿铭阁小馆达到907.9。（带货指数是指在周期时间内，通过对账号粉丝数量、直播峰值、直播销量、直播销售额等客观数据维度进行加权计算，体现账号直播带货的表现。）

（二）微信公众号

在清博大数据上以"非遗"为关键词，共检索到651个与非遗相关的公众号。"非遗与传播"主要分析了国内较具影响力的53个非遗类微信公众号。

从运营主体上来看，我国开设非遗类微信公众号的主体主要是政府部门、高校，以及公司、媒体等其他机构3类。运营主体是政府的公众号数量最多，一共有34个，占据样本数量的64.15%。高校占13.21%，公司以及媒体等其他组织占22.64%。

从运营地区上来看，非遗类微信公众号的运营主体主要集中在我国的中部和沿海地区。开设非遗微信公众号数量较多的地区是江苏省、浙江省、上海市；开设非遗微信公众号数量最少的是东三省、宁夏、西藏等地。

从发布内容上来看，非遗类微信公众号发布的信息内容主要分为新闻资讯、非遗知识与非遗故事三大类。2020年，大部分非遗公众号的发文篇数主要集中在1~50篇。从样本公众号的全年阅读量上来看，阅读量最大的是"陇上非遗"，全年阅读量达"123万+"。其次是"中国非遗美食"和"非遗中华"，分别为"29万+"和"26万+"。

（三）微博

根据新浪舆情通显示，微博目前共有相关非遗类账号3308个，粉丝数最高的是"微博非遗"，有98.56万粉丝；地区非遗类账号粉丝数最多的是"四川非遗"，具有15.72万粉丝。

2020年，与非遗相关微博共计6749条，全年上热搜的次数为8次。其中"非一般非遗"热搜以3690128的最高热度居于非遗类热搜榜首，热度第二和第三高的分别是"沙县小吃制作技艺拟入非遗"和"我国人类非遗数量居世界第一"(见表6)。

表6 2020年微博非遗热搜前5

排名	热搜名称	最高热度	最高热搜排名
1	非一般非遗	3690128	5
2	沙县小吃制作技艺拟入非遗	1106143	12
3	我国人类非遗数量居世界第一	646579	12
4	太极拳列入人类非遗名录	239097	41
5	广州首个非遗街区开市	229019	5

制表：非遗与传播。

在2020年微博非遗话题中，阅读量最高的是"#遇见非遗#"，此话题由"@微博非遗"和"@文旅中国"发布，该话题讨论次数为45.1万，原创人数为2万。在该话题下，新浪地方站联合全国各地非遗保护协会共同发起了微博"非遗公开课"系列活动，主推非遗项目数字化展示、教学和普及，为网友提供一种足不出户学习全国优秀非遗项目的机会（见表7）。

表7 2020年微博非遗话题前5

排名	话题名称	阅读量（人次）
1	#遇见非遗#	18.28亿
2	#非遗在身边#	10.08亿
3	#非遗艺术#	1004.2万
4	#非遗技艺#	350.74万
5	#非遗中国#	212.3万

制表：非遗与传播。

2020年，转载量和评论数最高的一条微博是"#非一般的非遗#"热搜中人民日报所发布的"苗族银饰有多美"。微博内容由人民日报新媒体携手李佳琦走进贵州西江千户苗寨拍摄，并且和美妆品牌花西子联名宣传。该微博居于人文艺术日榜第一名，目前有7.3万次转发及2.8万次评论。

（四）非遗的数字化实践

上文已经从政策层面介绍了非遗数字化的重要性，在具体的实践应用过程中，非遗数字化不仅体现在非遗档案资料的记录上，也体现在对于非遗的传播领域。其中最重要的便是以 VR（虚拟现实）、AR（增强现实）、AI（人工智能）等为代表的数字技术。随着 5G 技术的普及，非遗与上述技术的结合变得更加普遍，非遗的保护方式和消费模式也面临重塑。

5G+4K/8K 技术加持，使得非遗全景直播为受众带来全方位沉浸式观感体验，让非遗曲艺、非遗舞蹈与全国观众"面对面"。此外，5G 也加速阅读方式从线下纸质图书向线上移动端转变。

利用 VR 技术，推出线上数字化非遗馆是目前许多非遗馆正在尝试的项目。自故宫博物院"端门数字馆"开放以来，非遗虚拟博物馆和体验馆成为非遗数字化保护的典型案例。

2020 年，非遗虚拟博物馆和体验馆有几大变化。

其一，新技术由一线城市扩展到其他地区非遗保护机构中，例如云上湖南非遗馆、甘肃掌上非遗平台都纷纷推出了 5G+VR 技术。云上湖南非遗馆运用 VR 全景技术，将线下展会送达云端，打造 24 小时在线、365 天不落幕的多维立体文化空间。游客可通过湖南非遗官网、湖南公共文旅云、移动 WAP 端、微信端、线下一体机 5 大端口进馆参观体验。2020 年 3 月，掌上非遗商城建立，随之上线的还有 VR 场馆定制。借助全景拍摄，将线下传承人工作室、展馆、博物馆，以及基地、园区被 1∶1 搬到了线上。

其二，由 360 度全景拓展到 720 度全景展示，从二维码的平面效果图，开始向 3D、VR、全景转型。

其三，非遗+VR 开始打造线上商城。但目前开通 VR 场馆功能与线上商城融合的，仅有掌上非遗平台一家。

五、非遗产业化

在对非遗产业化概况进行阐述之前，有必要了解什么是产业化。产业化是指在市场经济条件下，以行业需求为导向，通过生产、流通、销售等环节形成的系列化和品牌化的经营方式和组织形式。具体到非遗产业化，即通过以上方式，将非遗的文化价值转化为经济价值，以生产带动保护，以生产带动传承。

（一）非遗产业化概况

2012 年，中共中央办公厅、国务院办公厅印发《国家"十二五"时期文化改革发展规划纲要》，文化部印发《文化部"十二五"时期文化产业倍增计划》，明确提出文化产业要实现跨越式发展，大力培育文化企业，扩大文化消费，推进文化科技创新。学界的研究热潮随即开展。

在CNKI上以"非遗产业化"为主题进行检索，共得出627篇相关文献。通过图5可以看出，在发表年度趋势上呈现逐渐递增趋势，2019年发文数最高，达到114篇。2020年数量有所减少，为59篇。整体而言，我国非遗产业化相关研究逐步受到学界关注。

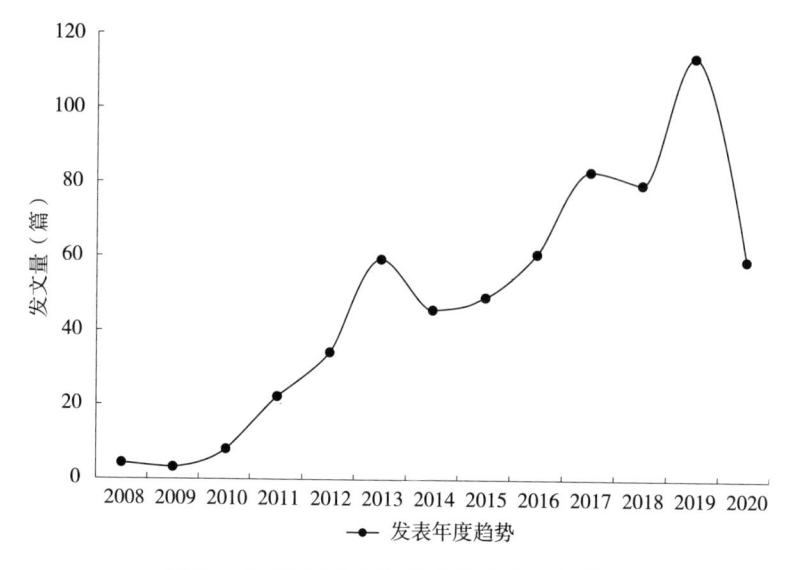

图5 "非遗产业化"相关论文发表趋势图

对2020年新增的59篇文献进行可视化分析发现，期刊大约占总数的90%。在学科分布上，一篇文章存在多学科交叉的情况，但正如"非遗产业化"这一词组显示出的人文性和经济性一样，59篇文献在学科分布上也以哲学与人文科学、经济与管理科学为主。

在研究内容上，2020年的59篇文献和2019年基本保持一致，以个案研究为主，对非遗产业化的模式进行具体阐述和探讨。在个案研究具体的类型上又可分为两种：一是以具体的非遗项目为例，对某类产业化的发展提出对策建议，例如温淑琪的《饮食类非遗项目产业化发展路径探索——以周氏红酸汤丝娃娃制作技艺为例》；二是以行政区域为单位，探讨非遗产业化的保护形式，例如闫昌凤的《试论民族文化产业视域下非遗文化的生产性保护——以广西传统美术为例》。

在非遗产业化的具体实践中，则出现多种跨界融合的新型模式，非遗逐渐融入现代生活和消费场景。早在2019年年底发布的《中国非遗及其产业发展年度研究报告（2018—2019）》中就显示，在中国非遗产业规模结构中，非遗工艺品类产业、非遗医药类产业及非遗餐饮类产业是主导，超过整个中国非遗产品产业规模的70%以上；非遗民俗旅游产业、以版权为中心的衍生非遗产业、非遗家具家居产业等，目前虽然所占的规模不是很大，但其成长发展最为迅速。

中研普华发布的《2020—2025年中国非物质文化遗产行业发展深度调研与投资趋势预测研究报告》预测，非遗产业将是千亿元级大市场，未来将成为地方政府发展特色产业的强大内驱力。业内人士认为，非遗的独特性使其有很强的流量入口，互联网必将为非遗注入新的活力。

截至2020年年底，在天眼查上以"非物质文化遗产"为关键词，检索出的公司总共有7384家，注册时间在1年内的有1270家。在过去一年新增的1270家公司中，有1204家的机构性质为企业，企业名称多以"投资""保护""传播"为后缀。

（二）非遗文旅

在文旅融合政策的推动下，"以文促旅，以旅兴文"已经成为重要的指导思想和发展路径。非遗作为文化中的重要组成部分，也少不了对于旅游及相关衍生项目的尝试。

除了"非遗与传播"2019年报告中提到的景区和文创主题园，目前，国内的非遗文旅开发还有以下几种形式，分别是："非遗+研学""非遗+民宿""非遗+文创""非遗+演艺""非遗+节庆"等。

其中，"非遗+研学""非遗+民宿"和"非遗+文创"是较为新型的尝试。研学旅游将研究性学习和旅游相结合，是继观光旅游、休闲旅游后的一种全新的文化旅游方式。非遗与民宿的结合则既增强了入住旅客的文化体验，也为非遗文化开辟了活化路径。非遗与文创的组合则使传统手工艺融入现代创意，受到许多年轻人的追捧。

2020年12月28日，第八届中国旅游产业发展年会揭晓了2020年度非遗与旅游融合发展优秀案例，涉及13个省份、2个直辖市和1个在线旅游平台。

（三）非遗+电商+直播，助力非遗产业化

2020年，受新冠肺炎疫情影响，物理空间的隔绝进一步激发了互联网空间的活力，带火了直播，也带火了"电商+直播"的购物模式，非遗产业也因此迎来了直播热潮。

2020年6月13日是"文化和自然遗产日"（以下简称"遗产日"）。遗产日前后，全国多个地方首次推出"非遗+购物"活动，用直播带货的方式连接起传统文化与当代品质生活。遗产日当天，文化和旅游部会同商务部、国务院扶贫办支持阿里巴巴、京东、拼多多等电商平台联合举办"非遗购物节"，推动非遗相关企业复工复产，促进社会消费。据统计，6月13日"非遗购物节"当天，在阿里巴巴、京东等电商平台、网络平台，非遗产品下单数超过300万笔，销售非遗产品超过800万件，涉及近4500个各级非遗代表性项目，成交金额近4亿元。

2020年7月22日，央视新闻联合国美零售启动"买遍中国·助力美好生活"全国巡回带货直播，在全国31个省区市各举办一场带货直播。

"非遗+电商+直播"在助力非遗产业化的同时，也是各地脱贫攻坚和乡村振兴的辅助利器。非遗扶贫是文化扶贫的重要载体。而直播的形式有望解决传统扶贫过程中的空间壁垒问题，完成传统手艺的现代转化。

2020年6月12日，贵州省安顺市镇宁自治县与山东青岛胶州市联合举办"文化走亲·助力扶贫"线上非遗交流活动，两地近百名文化工作者通过抖音连线直播的方式，实现同屏展示非遗项目和同屏带货。在一个小时的连线直播中，直播点赞量达到1.5万余次，销售额达15万余元。

2020年9月16日，中国移动通信联合会视频直播委员会共建"非遗电商直播基地暨助农电商服务中心"揭牌仪式在河北省正定县塔元庄村举行揭牌仪式。直播基地和服务中心的建立将以"非遗助农"为核心，以"直播带货"为手段，以"消费扶贫"为目的，利用网络平台和线上销售途径，弘扬中华优秀传统文化，传承非遗工匠精神，加速乡村振兴发展。

此外值得一提的是，"非遗+新媒体"的新模式正不断推动着传统文化元素的市场化运作，助推文化产业发展，实现非遗的商业变现。例如付费非遗教学课程。在快手，唢呐演奏家陈力宝开设了《百鸟朝凤》的吹奏教学课程，据悉，上过这门课的用户已经超过1000人，年龄最大的学员72岁，最小的仅有5岁。在上课的同时，他还在快手卖出超过1万把唢呐。

文/魏丹、孙丽雯、廖梦莹、钟秋月、郭宇
编辑/郭宇

（原文2021年1月13日刊载于"非遗与传播"微信公众号）

29. 2020年国内非遗微信公众号研究报告

中国社会科学院荣誉学部委员、中国民俗学会理事长刘魁立先生曾说过:"文明的推广、文化的赓续,靠传承,但是也靠传播。一种文化事项的传承,更多是传承人群的事,而有了传播,才会使它变成整个社会的事情。"

据中国非物质文化遗产网的数据显示,截至2019年12月31日,我国国家级非物质文化遗产共3145项,国家级代表性传承人共3068人。

非物质文化遗产(以下简称"非遗")是人类文明的一种特殊遗产,凝聚了前人的智慧与经验。然而,随着时代的发展,不少非遗都面临着失传的困境。因此,在新媒体环境下,如何利用互联网提升非遗的活力,扩大非遗的影响力是值得我们关注与思考的问题。

"非遗与传播"分析了国内较具影响力的53个非遗类微信公众号,发现:

(1)我国开设非遗类微信公众号的主体主要是政府部门、高校,以及公司、媒体等其他机构三类。

(2)非遗类微信公众号的运营主体主要集中在我国的中部和沿海地区。

(3)非遗类微信公众号发布的信息内容主要分为新闻资讯、非遗知识与非遗故事三大类。

此外,大部分非遗类微信公众号的运营还存在以下共同的问题:

(1)信息发布时间不规律。有的公众号基本能达到日更或者每周固定时间更新,但有的公众号信息推送时间往往不固定且更新时间慢。这不易于用户形成相应的阅读习惯。

(2)信息阅读量普遍较低。非遗类微信公众号很少有单篇阅读量破万的。这可能是因为相较于其他娱乐化的文章,非遗这个主题本身就比较小众化,不易受大众关注。同时,非遗类微信公众号的传播仅仅局限于微信内的传播,缺乏与如抖音、喜马拉雅等其他新媒体平台或相关领域意见领袖的联动,使得非遗信息的传播更加具有局限性。

(3)不少非遗类微信公众号推送的非遗信息过于乏味,不能很好地起到传播的作用。非遗类公众号若只对非遗资讯类的信息进行大量报道，这在一定程度上固然可以使对非遗感兴趣或与非遗相关的人士了解到非遗的更多讯息。但对更多普通公众而言，这类资讯的报道是否能激发他们对于非遗的兴趣与关注，从而提升非遗的影响力？我们需要在此打上一个问号。

（4）缺乏传播形式的创新。有趣生动的传播形式既可以丰富传播的内涵，也可以增加用户积极参与的能动性。但遗憾的是，在所有的研究样本中，绝大部分公众号在传播方式上还较为单一，大多以文字、静态图片呈现为主，较少使用动态图、视频、音频等形式。因此，如何创新传播渠道和方式，扩大公众号的影响力是非遗类公众号应当思考的问题。

新媒体环境下，内容生产潜能被极大地释放，为用户提供了大体量、全领域、多主题的阅读内容，进而用户会倾向于选择和阅读自己感兴趣的内容。"非遗与传播"公众号若想提升阅读量、扩大影响力及传播力，除了需要继续在内容上深耕，当务之急则是需要努力拓展用户覆盖面。具体来说，一方面，可通过问卷调查等方式调查用户关于非遗方面相关的需求与兴趣；另一方面，还可以逐步开展非遗体验活动，鼓励用户参与到活动中去，拉近用户与非遗的距离，适当的点赞、抽奖活动也可以激发用户的热情，吸引他们的关注。

新媒体不是传统媒体的电子版，不能仅仅是将以前在传统媒体上的报道内容模式照搬到新媒体上。公众看不看、是否喜欢看，是媒体成功与否的核心评判标准。非遗类微信公众号应更多策划和发布具有自己风格和特色的优质原创内容，彰显非遗新媒体传播的意义。

我国非遗类微信公众号想要进一步扩大传播力和影响力，提升非遗的活力，既要对传播的内容和主题有更深入的挖掘，提升传播质量，也要对信息呈现的形式和传播的渠道有所创新，才能更好地吸引用户的兴趣，提高用户的关注度。

一、运营主体

通过观察样本的运营主体发现，我国开设非遗类微信公众号的主体大体可以分为相关政府部门、高校和其他组织三大类（见图1）。

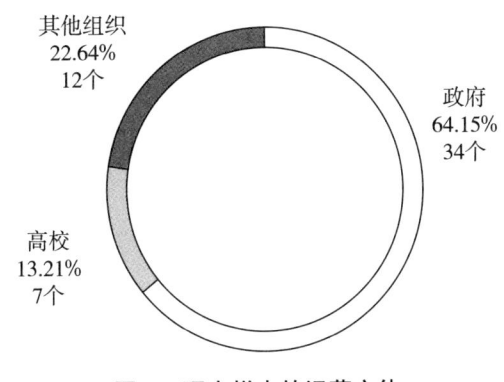

图1 研究样本的运营主体

制图：邓鑫芸。

运营主体是政府的公众号数量最多，一共有34个，占据样本数量的64.15%。其中，又可细分为省级非遗微信公众号、市级非遗微信公众号和区县级非遗微信公众号，分别为7个、16个和12个。

在其余样本中，有7个非遗微信公众号是由高校内的教师、社团或研究中心开设。如"非遗与传播"是由西南政法大学新闻传播学院李韧教授及其团队创办，"非遗所思"是武汉理工大学非遗研究中心创立。其中，开设这些非遗公众号的教师、社团或研究中心分别属于同济大学、清华大学、西南政法大学、武汉理工大学、中央音乐学院、南京大学和山东大学。

还有12个非遗公众号是由政府、高校相关人员或组织以外的机构开设，此处统称它们为其他组织，如"非遗星球""中华非遗美食"，其运营主体分别是鼎坤文化传媒（北京）有限公司、江西广播电视台。

总的来看，目前开设非遗公众号的运营主体大部分还是政府组织，其他组织和高校相关人员或机构开设非遗公众号数量还相对较少。

二、地域分布

据中国非物质文化遗产网的数据，我国各省自治区直辖市和特别行政区都拥有不同数量的国家级非遗项目。其中，浙江省最多，有233项；澳门最少，仅有8项。

与全国各地皆有国家级非遗项目的情况相比，传播指数WCI>100的非遗类微信公众号的运营主体则主要集中在我国的中部和沿海地区。江苏省和浙江省的非遗公众号开设最多，分别为9个和7个。在这两个省开设的公众号中，除了"南大文化与自然遗产研究所非遗网"属于高校开设的公众号，其余的15个微信公众号皆由省市区各级政府相关部门开设创立。

其他开设非遗微信公众号相对较多的地方分别是四川省、北京市和上海市等地。此外，像东三省、宁夏和西藏等地区皆因非遗微信公众号WCI不足100而不在本次研究样本之中。

三、信息发布数量与频率

2020年，公众号信息发布数量大于1000篇的只有2个公众号，即"非遗庭院 赏石文化"和"陇上非遗"，分别发布2062篇和1019篇推文。公众号发布数量在500~1000篇的公众号有3个，即"临朐县文化馆临朐县非遗保护中心""中国非遗美食"和"四川非遗"，分别发布了867篇、809篇和505篇推文。大部分非遗公众号的发文篇数主要集中在100~500篇和1~50篇，分别有20个和22个。

此外，通过对样本公众号进行浏览后发现，只有少数公众号如"陇上非遗""四川非遗""大理非遗""非遗与传播"和"浙江非遗"等推文发布较为规律。例如，"非遗与传播"每周三与周日发布信息，"四川非遗"和"陇上非遗"几乎每天都发布信息。大多数公众号信息的发布时间与频率则不规律。比如，"中国非遗美食"11月7~30日，推文发布数量为0，而在此之前该公众号几乎每天都发布信息。时隔几个月之久，突然又发布信息的非遗公众号也不在少数。"同济非遗"在2020年只发布了3篇文章。它自2020年2月13日发布了一篇以后，时隔9个月之久，才在11月8日和11月9日分别又发布了一篇文章。

四、全年阅读量

从样本公众号的全年阅读量来看，各公众号的阅读总量差异较大。阅读量最大的是"陇上非遗"，全年阅读量达"123万+"。其次是"中国非遗美食"和"非遗中华"，分别为"29万+"和"26万+"。全年阅读量最低的三个公众号是"余杭非遗""镇江非遗"和"山大民俗与非遗学社"，分别只有3071、2580和2618。

相较于全年阅读量排名前三的公众号，大部分非遗公众号的全年阅读量都集中在1万~10万人次，平均下来的单篇阅读量即100~500人次。与其他类型公众号相比，尤其是那些平均阅读量动辄上千或上万的公众号，非遗类微信公众号的总体阅读量都不算高，其传播的影响力和范围还存在一定的局限性。

五、信息内容分析

非遗类微信公众号发布的信息内容主要可分为新闻资讯、非遗知识与非遗故事三大类。新闻资讯主要涉及与非遗相关的演出、展览、培训、讲座、会议、调研等。非遗知识则是对非遗项目、非遗作品、非遗技法及地方风俗、非遗旅游路线等进行介绍和赏析。非遗故事则讲述了非遗传承人背后的故事、非遗作品或非遗项目背后的传说等。就研究样本来看，大部分非遗类微信公众号发布的信息内容都与新闻资讯有关，其次是非遗知识，然后是非遗故事。

此外，在对传播内容进行板块分类方面，公众号"非遗星球""非遗与传播"等进行了这一块的工作。如"非遗星球"将内容分为"十日谈""星球好物""非遗头条""玩转非遗""打卡城市"等栏目（见图2）。但大部分公众号则没有对传播内容进行分类。

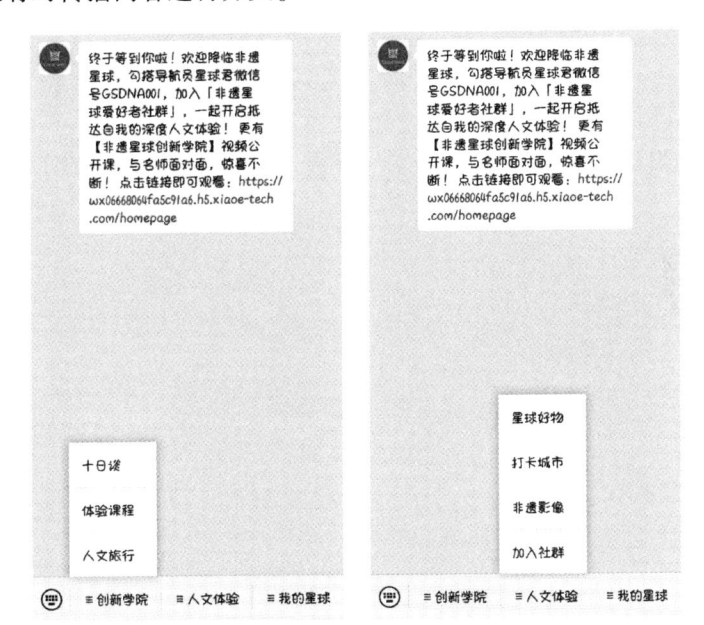

图2 "非遗星球"内容板块分类

制图：邓鑫芸。

六、内容呈现形式

就内容呈现形式来看，整体而言，非遗类微信公众号依旧主要以文字加图片的形式进行信息的发布。只有少数的公众号，如"陇上非遗""中华非遗美食""四川非遗"等，有时会以视频的形式进行内容的呈现。同时，尽管有不少公众号如"非遗星球"等，对文章内容的排版有统一的要求和标志，具有一定美观性，但仍有部分公众号内容的排版显得有些随意，仅仅停留在信息传递的功能上，而不考虑视觉呈现的效果。

值得关注的是，为了提高非遗的传播力和影响力，少数公众号在积极探索新的发展模式。"非遗星球"通过在公众号内开设非遗视频课程讲授与线上报名线下体验非遗活动的方式，拓宽非遗传播的渠道；"四川非遗"在公众号中单独开设了"乡村艺术节""非遗购物节""影像展"等栏目，通过超链接、H5、动画视频、线上购物和直播等方式，增强用户体验感和参与感，为非遗传播助力。

文/邓鑫芸

编辑/魏治朋

（原文2021年1月10日刊载于"非遗与传播"微信公众号）

一 家 谈

30. 非物质文化遗产手工艺

——一个更需要"扶贫"的群体

张明志在工作室作画 | 周传勇

非遗人员的现状

改革开放已40多年，非遗文化也复苏了20多年，这期间，从中央到地方的各级领导部门没少费心思，没少花人力、物力、财力来复苏保护非遗的民间项目和艺人。对这些成绩，大家都是有目共睹的，是值得赞颂的。

而重庆的非遗复苏保护工作也是走在全国前列的。民间对非遗从不知到渐知再到现在的熟知，国家公布出来的非遗项目，远远超出我们的认知能力，这才知道原来我们身边无处无非遗，吃、穿、用、说、吹、拉、弹、唱、舞、武、演、书……

从以上列举的非遗项目中可以看到，非遗是从农耕时期演变而来的，代表的是人类文明的进步和发展；从另一个角度看，也是农耕时代的一种新的谋生形式。这种延续了几千年的谋生职业有的发展了，有的消失了，更多的是处于尴尬的状态。

这种尴尬的表现就是"断不了，走不动"。祖辈留下的技艺，让他们不舍，这是一种坚守的精神，但又不能获得与付出相应的报酬；一些退休了的非遗从业人员还有一些退休金维持生活，退而不休地坚持传承非遗文化。

但不少还未到退休年龄的非遗从业人员就很困难，这些人的孩子都还在读书，家里老人已年迈，自己还要缴纳社保金和医保费，这些都需要经济维持。有不少人还得依靠父母的退休金资助，或靠打工来维持生活。做出的非遗产品没有有效的销售渠道；有不少项目的从业人员甚至连部分体力劳动者的收入都不如，成为社会中的贫困人群。

这对耗尽毕生精力坚守传统文化的从业者来说，是一把辛酸泪。这种现状使后继者望而生畏。有些项目即使有年轻人学艺，也只能把它当成爱好，不敢作为生计而全力以赴。凡此种种，严重阻碍了非遗的继承和发展。

是"授人以鱼"还是"授人以渔"

假如把非遗的复苏保护发展当作一个工程，这个工程还只完成了一半：即复苏保护，属前期工程。这些年，政府对非遗项目的各种补贴、展销活动、旅游景点的安排、非遗进校园、资助大师建工作室等，的确也让部分项目得到了发展，但这种"以鱼"的措施只能解决"燃眉之急"，不可能解决根本问题，要解决根本问题还得"以渔"的发展方式开创市场，这个"后期工程"才能得到有效完善。

人类的生活分物质和精神两种。而精神生活是衡量一个民族素质程度的唯一标准。

在解决温饱等物质问题后，文化精神生活就显得尤为重要，将其做好才能更接近中华民族的伟大复兴这一旷世宏伟目标。非遗项目虽包罗万象，归纳起来也是物质与精神两大类。

吃、穿、用等物质类非遗产品不愁销路，它们占据着城市所有的豪华热闹地段，赚得盆满钵满。而更需要引导的文化精神类产品却被埋没于冷街僻巷里，或逢年过节由有关部门组织摆摊设点秀秀手艺，或远奔他乡参与各种形式的展销会、评奖会之类"赶集跑摊"式活动，以期卖出积压的产品，或缴纳不菲的场租费和评奖费以求销售自己精心制作的产品或获评个奖项撑撑脸面。

非遗从业人员参与的这些社会活动虽然在很大程度上起到了宣传的效果，但个人收益还是差距甚远。

30. 非物质文化遗产手工艺——一个更需要"扶贫"的群体

市场决定发展

目前,大多数非遗从业者都没有自己的专业销售门面,租得起的或免费地段的门面销售不好,地段好的门面又租不起,曾有过委托代销或网售经历的传承人都深知其艰难,这是导致非遗传承发展困难的瓶颈。一方面是有产品无销售门面,另一方面是想买的顾客买不到。

非遗类等文化产品需要一个市场,需要一个集合众多非遗文化艺术品、在城市中最繁华热闹地段的市场,需要一个由政府提供优惠政策的市场。这不仅是保护发展非遗传承文化遗产,更重要的是提高人民素质,提升城市文明形象的长远规划。

如在上述条件下建立西部超大型的非遗文化艺术品市场,重庆将会引领中国西部最有民族特色的非遗产品走出困顿,走向繁荣,从而彻底改变非遗从业人员的生存状况。

扶贫,需要攻坚克难。非遗的扶贫不仅仅是完成一个脱贫的数字,它的重要使命更在于延续五千年的中华文明,丰富人民的精神生活,提升国民的精神境界,提高我们国家在国际上的文明形象。

在重庆建立中国西部最大的集文化旅游、非物质文化遗产手工艺品、书画艺术品市场,需要全社会的关注。

作者/张明志
编辑/陈欢
审稿/李宁

(原文 2019 年 11 月 6 日刊载于"非遗与传播"微信公众号)

31. 铁火丹心
——论远古纹饰木胎漆盘纹的烙画制作

铁笔流韵绘丹青，万物板上溢芳菲

笔者偶然得一友人废弃的木圆桌面，据说使用时间很长了。在过去物资匮乏的年代，这可是老百姓家庭里的一件重要物品，既能当饭桌，又能当书桌；既能让一家老小团聚，又能陪伴孩子成长；还能在重要时刻（如议事、祭拜）发挥庄严神圣的作用。它见证了几代人的生老病死与悲欢离合，仿佛已有自己的生命。

拂去桌面上的灰尘，尽管木质的色泽不一甚至有树疤等残缺，但只要经过巧妙构思和处理，便可使之藏于画中，化腐朽为神奇。木桌存放已有一些时日，也算是老物件，虽然有些破损，可主人对其深有感情，扔掉又于心不忍。友人偶然见到笔者在风化木板上创作烙画，于是灵机一动，决定将闲置多年的老物件变废为宝。

友人是研究中国远古和上古纹饰的著名学者，在学术界成绩卓著，除了已著书八本，研究成果更是不胜枚举，为考古界做出了不可磨灭的贡献。遂将其在 20 世纪 90 年代研究的绵阳出土的西汉木胎漆盘纹图片交付于笔者，让和家人朝夕相伴多年的圆桌面和远古纹饰来一次灵魂碰撞，以期能呈现出别样的意蕴和风姿。

烙有纹饰的圆桌 ｜ 卢文利

31. 铁火丹心——论远古纹饰木胎漆盘纹的烙画制作

笔者从事烙画艺术创作不少年头，许是懒散，许是笔拙，许是无意于此，未曾想过将创作感受和制作过程述诸笔端。今日得余闲，就让笔者唠叨一回做个话痨吧。话不多说，现将干货甩给大家，不妥之处请海涵。

关于烙画的制作手法和步骤其实不一定要遵循固定的章法，传统烙画是以国画技艺为依托，以烙画笔头的温度、力度、速度控制深浅浓淡粗细，注重"意在笔先，落笔有形"。它不仅有中国画的勾、勒、点、擦等手法，还可以烫出丰富的层次和色调，既可以有较强的立体感，也可以有很强烈的装饰感。

而现代烙画则结合了国画和西画的技法和美学原则，有着自己独特的技法和表现方式，形成了一个无可替代的画种，特殊的工具和特殊的技法互相关联。笔者系美术科班出身，接受过严谨而系统的专业训练，所以悉心创作的烙画作品汲取了国画的元素和西画的表现技巧和审美感觉，作品中形成了一种感性而实在的呈现，在对人物刻画和风景叙事等方面都能娴熟地通过画面诠释内心艺术本体审美。

以下是和大家分享制作这个木胎漆盘纹烙画的步骤和方法：

（一）修复、整理、刨平、打磨板面。不管材质新旧都需要处理，破损的材质要花费更多的时间、精力、财力、物力，甚至要放在木材加工厂里面进行初步修复。太破旧的物件就放弃继续打造重生的机会。

（二）构思。结合素材充分利用材质和肌理甚至色泽疤痕等进行画面构思。在笔者看来，友人的圆桌面是有生命的。圆具有一些远古上古纹饰的外在轮廓和内在含义，深浅不一不规则的疤痕仿佛浩渺宇宙中有形无形的物质或超物质。无论是临摹还是创作，让材质和肌理、色泽、疤痕等自然融入纹饰之中，使之相得益彰融为一体。烙画的风格有天然的年代感和沧桑感，正好是记录和传递远古纹饰的最好载体。

（三）草稿。草稿前做好功课，认真拜读友人撰写的关于西汉木胎漆盘纹的分析研究，了解其无穷玄妙之处。用稍硬的铅笔在绘画纸上画出木胎漆盘纹至圆桌面的直径大小。

（四）拓稿。在圆桌面上铺上灰色复写纸，将草稿拓稿在圆桌面上。若有投影仪，第三、第四步骤甚至可以省略，创作草稿例外。

（五）定稿。仔细查看无遗漏后，用一支笔头比较尖细的电烙笔定稿。烙笔头有很多种，各自的笔法和功能不一样，和西画、国画的用笔技巧有异曲同工之处。将木胎漆盘纹的大致轮廓烫烙下来。这个步骤烙烫的线条以较细

261

较淡为佳，如果线条粗了浓了将直接影响后面的画面处理和控制。

（六）罩色。从整体入手，以外一、外二圈为顺序用烙煊笔头将深色部分由浅至深地逐渐煊染出来。用专用烙煊机，风嘴根据罩色的面积由大到小更换。如果要上色彩，则可结合西画和国画的作色方法，用丙烯颜料上色，可晕染，可填色，可套色。颜色不宜杂乱，以烙画自然颜色为主，彩色为辅。所谓七分烙，三分染，不失烙画的本色。

（七）深入刻画。将细节以及精彩之处一一刻画出来，烙画笔头和烙煊风嘴轮流使用，为了追求纵深和悠远效果，用砂纸多次在深色区域（包括板材上的疙瘩和疤痕组织）打磨，再刻画再罩色，再罩色再刻画，反复多次以期达到精妙的程度。

（八）调整统一。突出重点，让细节为整体服务。远距离观察，让画面的视觉再次回到最初的整体效果。刻画不够的地方要深入加强，刻画过多过深入的地方要减弱，有错误或遗漏的在这个步骤一一解决，不留遗憾。

（九）装裱或修饰处理。这个木胎漆盘纹烙画是木质圆桌面，不需要烦琐的装裱。如果用作挂件，可选择钻孔穿绳（钻孔的位置、多少以及绳索粗细要和板材的质地、大小、重量匹配），或者在板材背面钉上铆钉、螺丝之类用挂镜线或墙上打膨胀螺丝挂于墙上。如若用作摆件，则选择托架（托架的材质、色泽、高低、大小也要和板材的质地、大小、重量匹配）；木胎漆盘纹烙画圆桌面尺寸较大，重量较重，建议做挂件，如做摆件则靠墙或者后面须有依靠之处。

（十）防腐防潮处理。用于烙画的材质主要有木材、竹材、芦苇、纸张、布匹、树皮、玉米皮、椰壳、笋壳、麦秸、皮革、毛毡等，时间久了也许会潮湿甚至出现虫蛀以及腐蚀现象。本次制作使用的板材是存放使用了几十年的老木材，可用优质的熟桐油顺着一个方向轻轻刷第一遍，干后观察画面效果，除了整体颜色偏黄略深，尽量和步骤八的整体感觉一样，对于出挑的颜色部位可适当打磨。搽拭干净后刷第二遍，干后将反面刷一至二遍。这样经过防腐防潮处理的木胎漆盘纹烙画就算经历上百年都能保存下来。

在修复后打磨光滑的古旧圆桌面上烙烫出不同的花纹，灼烧形成的深色与木材本身的颜色是自然界最简单的光暗对比，木材上面已有的疤痕和肌理与画面充分融合，成为画面不可缺少的一部分，再刷上经过熬制提炼的熟桐油，一件精美的烙画木器艺术品——木胎漆盘纹就这样产生了。精致的花纹仿佛长在木头上，无须任何颜料和画笔，只有本色与天然。

烙画可以因材施艺，不施任何颜料，也不用任何水墨，却可以展现出绘画中丰富的层次与色调，以深褐色或浅褐色为主色调，表现出强烈的水墨韵味，既保持了传统国画的民族风格，又达到了西洋画严谨的写实效果，清晰秀丽，古朴典雅，这便是烙画的魅力。

然而，无论工具如何变迁，烙画始终是一种化腐朽为神奇的艺术。它不仅有中国画的勾、勒、点、染、擦、白描等手法，还有着丰富的层次与色调，浓淡、轻重、虚实、缓急……都要通过烙笔来实现，这不仅需要烙画人对温度、速度和力度有着严格地把控，还需要烙画人有着过硬的绘画功底和强烈的艺术灵感。

作为国家非物质文化遗产的充满魅力的烙画艺术在新时代要符合大众的审美需求和时代发展，把烙画从民间工艺带进高雅的艺术殿堂，既能作为文创产品满足老百姓的消费和需求，更能为艺术品供爱好者和艺术家所欣赏把玩。

作者/卢文利

编辑/孙丽雯

审稿/李宁

（原文 2019 年 11 月 13 日刊载于"非遗与传播"微信公众号）

非遗要闻

32. 2020年全球非遗大事记

From the climate crisis to armed conflict – there are many challenges to protecting our cultural heritage. But there is a common feature integral to the response: internationalcooperation.

"从气候危机到武装冲突——保护我们的文化遗产面临许多挑战。但这种应对措施有一个共同的特征：国际合作。"

这段话出自于联合国秘书长安东尼奥·古特雷斯（António Guterres）于2020年1月7日在"复原艺术：拯救艺术的艺术"展览开幕式上的讲话。

2020年，新冠肺炎病毒肆虐、黎巴嫩大爆炸、澳大利亚丛林大火、强权政治霸道横行、国际局部冲突等扑面而来，世界非物质文化遗产的保护与传播工作面临新的威胁与挑战。但无论怎样，文化遗产是人类的瑰宝，不被遗忘与制止破坏是世界各国共同发出的声音。

"非遗与传播"团队梳理了2020年全球非遗大事，以此来纪念全球非遗这不平凡的一年。2021年已至，在这些让你或惊喜或惶恐或痛惜的新闻中，我们或许可以释怀，但不能遗忘。学会铭记历史，是保护非遗的第一步。

一、疫情之下，全球非遗工作面临挑战

受新冠肺炎疫情影响，世界各地非物质文化遗产的保护与传播面临新的挑战。联合国教科文组织表示：新冠肺炎疫情向我们表明，我们的遗产比任何时候都更加脆弱。

经联合国教科文组织调查发现：疫情导致许多非物质文化遗产传承者和从业者的收入下降。全世界参与调查的手工业者都表示，由于他们在获取订单和原材料方面面临挑战，他们的生计受到了影响。

此外，疫情之下，世界非物质文化遗产的保护与申报工作也受到限制。据每日新闻等媒体报道，2020年秋季联合国教科文组织的世界文化遗产调研

与审查工作虽然在推进，但是调研与登记等活动也因相关设施的闭馆和相关政策而停滞不前。

（资料来源：每日新闻、"联合国教科文组织"微信公众号）

二、联合国教科文组织启动"非遗与新冠"平台

2020年5月，联合国教科文组织发布在线调查，并组织启动"非遗与新冠"平台，挖掘在疫情之下，人类是如何与非遗进行互动的，并探索在困难时期，非遗可以发挥什么力量。

初步调查显示，居家隔离增加了在家庭环境中传承非物质文化遗产的机会。从牙买加到黎巴嫩，烹饪传统和手工艺等诸多传统文化习俗都在隔离之下重获重视。疫情背景下非物质文化遗产的许多要素正在发生变化，以支持和强化公共卫生措施。

例如，秘鲁和中国的艺术家正在使用传统设计和工艺制作口罩；摩洛哥阿特拉斯山脉的柏柏尔人社区在传唱关于抗击疫情的诗句；斯里兰卡的传统木偶戏在讲述隔离和社会疏离的故事；而塞内加尔模仿守护秩序与正义的神话人物堪库朗的人则从晚上8点到黎明一直在街道上游行，监督各村庄实施宵禁。非遗带给人类新的精神力量。

（资料来源："联合国教科文组织"微信公众号）

三、非洲所有国家加入世界遗产公约

2020年7月23日，索马里驻巴黎大使馆临时代办艾哈迈德·哈吉·阿里向教科文组织总干事奥黛丽·阿祖莱提交了《教科文组织保护世界文化和自然遗产公约》（1972年）的原始批准书，使之成为该公约第194个缔约国及《保护非物质文化遗产公约》（2003年）第180个缔约国。这标志着，非洲所有国家都加入了世界遗产公约。

作为《教科文组织保护世界文化和自然遗产公约》的最新缔约国，索马里将有能力提名遗址列入联合国教科文组织的《世界遗产名录》，而弥补非洲在该名录中的代表性不足。作为《保护非物质文化遗产公约》的缔约国，索马里还将编制其非物质文化遗产清单，并制订保护计划，以确保将其传给后代。

（资料来源："联合国教科文组织"官方推特）

四、联合国教科文组织拨款支持《公约》缔约国非物质文化遗产保护活动

联合国教科文组织非物质文化遗产基金用于为《公约》（《保护非物质文

化遗产公约》）缔约国保护其活态遗产提供支持和援助。

（1）针对安提瓜和巴布达的能力建设项目旨在创建第一个国家级活态遗产清单，以加强技术方面的能力，例如数据信息的获取和转换，同时改进公共和个人以及民间社团之间的信息交换能力。

（2）布隆迪的能力建设项目主要由社区参与，由文化和艺术总局以及布隆迪全委会共同实施开展。

（3）开罗的能力建设项目以"开罗核心历史地区的传统手工艺清单制定"为主题，旨在对开罗历史地区的20种工艺制品开展以社区为基础的清单制定工作，由埃及民间传统协会负责实施开展。

（4）南苏丹的能力建设项目也是以清单制定为主，之后将继续开展保护非遗的意识提升相关的活动，这些活动包括"青年"和"性别"的相关内容，以及各社区参与的清单制定，以达到提升保护不同种族后代的活态遗产的能力。

（5）在乌拉圭开展的项目题为"班多钮：探戈之声"，旨在保护班多钮，探戈的一种传统乐器，即手风琴。

（资料来源：联合国教科文组织亚太地区非物质文化遗产国际培训中心）

五、泰国"青年非物质文化遗产能力建设培训班"在线举办

2020年11月1～22日，亚太地区非物质文化遗产国际培训中心与联合国教科文组织曼谷办事处合作举办"青年非物质文化遗产能力建设培训班"。

本次培训采用与传统培训模式不同的授课方式。在二十多天的培训中，学员们被分为17个小组，在培训师和本地专家的引导下深入17个社区，进行技艺学习。其中包括香蕉杆手工制作技艺、泰耶族服饰文化、桑甘烹纺织、卡伦纺织、漆器、孔舞剧、饮食文化、马塔巴、泰国甜点、辣咖喱的制作、卡伦民俗、击鼓、泰式酸辣汤、木偶制作14个非遗项目。此外，学员还会进行非物质文化遗产的清单制定与记录、在当地社区实地调研并发放问卷、练习制订保护计划优先事项等实地调研活动。

本次线上学习内容包括非物质文化遗产概念、保护非物质文化遗产实用技能、基于社区的清单制订、保护计划制订、教科文组织非物质文化遗产名录和名册、文化遗产与可持续发展对话、不同社会文化背景下的性别平等。

（资料来源：联合国教科文组织亚太地区非物质文化遗产国际培训中心）

六、2020国际非物质文化遗产保护经验大会虚拟会议在线召开

2020年10月20~24日，国际非物质文化遗产保护经验大会组委会在线举办"2020年国际非物质文化遗产保护经验大会虚拟会议"。本会由联合国教科文组织墨西哥办事处、秘鲁二类中心和联合国教科文组织非物质文化遗产和文化多样性研究教席以及墨西哥政府各部委共同举办。

本次活动旨在为非物质文化遗产保护实践、研究经验和项目的交流、分析及讨论创造一个国际学术空间。另一个活动的主题为"北欧博物馆和非物质文化遗产"，于2020年10月20日在线上举办，此次活动主要介绍博物馆如何作为加强社区参与的工具，由芬兰遗产局与非物质文化遗产合作项目、冰岛教育、科学和文化部以及其他相关机构共同参与。

（资料来源：联合国教科文组织亚太地区非物质文化遗产国际培训中心）

七、第15届保护非遗政府间委员会"云"开会

40项非遗申请列入《人类非物质文化遗产代表作名录》。

2020年12月14~19日，联合国教科文组织保护非物质文化遗产政府间委员会第15届常会通过在线方式召开。联合国教科文组织总干事奥黛丽·阿祖莱（AudreyAzoulay）出席在牙买加首都金斯敦举行的开幕式。

保护非物质文化遗产政府间委员会2020年共收到40项列入《人类非物质文化遗产代表作名录》申请，以及4项《急需保护的非物质文化遗产名录》提名。此外，有4个项目被提议列入《保护非物质文化遗产优秀实践名录》，该名录中目前已有22个项目。委员会还将审议马拉维和中非共和国提交的国际援助申请，两国申请的领域分别为非物质遗产保护和能力建设。

40项申请列入《人类非物质文化遗产代表作名录》的非遗项目，包括柬埔寨的高棉武术、中国的太极拳、韩国的韩国燃灯会、朝鲜的朝鲜服饰习俗、罗马尼亚的罗马尼亚传统乐队、西班牙的葡萄酒奔马节、芬兰的桑拿文化等项目。

本次申报成功的新加坡小贩文化是新加坡人生活的一部分。在新加坡城市化发展进程中，小贩文化为世代新加坡人提供了身份认同感和延续性。这也成为新加坡首个列入联合国教科文组织《人类非物质文化遗产代表作名录》的项目。

中国的太极拳亦列入名录，至此，中国共有42个非物质文化遗产项目列

入联合国教科文组织《人类非物质文化遗产代表作名录》，居世界第一。

北非主食古斯米本次也正式加入联合国世界非物质文化遗产名录，这还使得阿尔及利亚和摩洛哥搁置分歧，一同庆祝古斯米申遗成功。

项目名单（汉英对照）

2020年申报列入《急需保护的非物质文化遗产名录》的项目

哥伦比亚——与普图马约和纳里尼奥的帕斯托莫帕-莫帕清漆有关的传统知识和技术

Colombia——Traditional knowledge and techniques associated with Pasto Varnishmopa-mopa of Putumayo and Nariño

埃及——上埃及手织品萨伊德

Egypt——Handmade weaving in Upper Egypt (Sa'eed)

格鲁吉亚——格鲁吉亚小麦文化，格鲁吉亚特色小麦品种的种植和使用

Georgia——Georgian wheat culture, the cultivation and use of wheat varieties with Georgian characteristics

纳米比亚——艾克桑/嘎纳/欧班希/卡希顾祖传音乐知识和技艺

Namibia——Aixan/Gana/Ob#ANS TSI //Khasigu, ancestral musical sound knowledge and skills

2020年申报列入《人类非物质文化遗产代表作名录》的项目

阿尔及利亚、毛里塔尼亚、摩洛哥、突尼斯——与古斯米的生产和消费有关的知识、技术和实践

Algeria-Mauritania-Morocco-Tunisia——Knowledge, know-how and practices pertaining to the production and consumption of couscous

阿根廷——恰马梅

Argentina——Chamamé

沙特阿拉伯——与考拉尼咖啡种植有关的知识和实践

Saudi Arabia——Knowledge and practices related to the cultivation of Koolani coffee

沙特阿拉伯、科威特——传统萨杜编织

Saudi Arabia-Kuwait——Traditional weaving of AlSadu

阿塞拜疆——传统石榴节庆典及文化

Azerbaijan——NarBayrami, traditional pomegranate festivity and culture

阿塞拜疆、伊朗、乌兹别克斯坦、土耳其——细密画艺术

Azerbaijan-Iran (Islamic Republic of) -Uzbekistan-Turkey——Art of miniature

孟加拉国——纳克西坎塔传统刺绣艺术

Bangladesh ——Traditional embroidery art of Naxicanta

波斯尼亚和黑塞哥维那——库普雷斯的割草比赛传统

Bosnia and Herzegovina——Grass mowing competition custom in Kupres

柬埔寨——高棉武术

Cambodia——Khmer martial arts

中国——太极拳

China——Taijiquan

中国、马来西亚——送王船——有关人与海洋可持续联系的仪式及相关实践

China-Malaysia——Ong Chun/Wangchuan/Wangkang ceremony, rituals and related practices for maintaining the sustainable connection between man and the ocean

克罗地亚——圣特里芬节庆和圆圈舞,来自科托尔湾的克罗地亚族人的传统

Croatia——The Saint Triffin Festival and the Circle Dance, a tradition from the Croats people of Bay of Kotor

阿联酋——阿联酋传统阿夫拉贾灌溉体系及与其建设、维护和公平配水有关的口头传统、知识和技艺

United Arab Emirates——AlAflaj, traditional irrigation network system in the UAE, oral traditions, knowledge and skills of construction, maintenance and equitable water distribution

阿联酋、阿曼——赛骆驼,与骆驼有关的社会习俗和节庆遗产

United Arab Emirates-Oman——Camel racing, a social practice and a festive heritage associated with camels

西班牙——葡萄酒奔马节

Spain——Wine Horses

芬兰——芬兰桑拿文化

Finland——Sauna culture in Finland

法国、比利时、卢森堡、意大利——号手音乐艺术,一种与歌唱、气息控制、颤音、场地及氛围共鸣有关的乐器技巧

France-Belgium-Luxembourg-Italy——Musical art of horn players, an instrumental technique linked to singing, breath control, vibrato, resonance of place and conviviality

匈牙利——匈牙利制陶传统

Hungary——Hungarian ceramic tradition

印度尼西亚、马来西亚——班顿

Indonesia-Malaysia——Pantun

伊朗、亚美尼亚——圣达太修道院朝圣之旅

Iran (Islamic Republic of) -Armenia——Pilgrimage to the St. Thaddeus Apostle Monastery

伊朗、叙利亚——乌德琴的制造和演奏

Iran-Syria——Oud's making and playing

伊朗、塔吉克斯坦——迈赫尔甘庆祝仪式

Iran-Tajikistan——Mehregan celebration

意大利、法国——玻璃珠艺术

Italy-France——The art of glass beadsItaly

日本——与日本木构建筑的保护和传承有关的传统技艺、技术和知识

Japan——Traditional skills, techniques and knowledge for the conservation and transmission of wooden architecture in Japan

哈萨克斯坦——沃尔铁克,哈萨克传统木偶音乐表演艺术

Kazakhstan——The performing art of traditional Kazakh puppet music

哈萨克斯坦、吉尔吉斯斯坦、土耳其——传统的智力和战略游戏:播棋

Kazakhstan-Kyrgyzstan-Turkey——Traditional intelligence and strategy game: Togyzqumalaq, ToguzKorgool, Mangala/Göçürme

马拉维、津巴布韦——制作和演奏拇指琴的艺术

Malawi-Zimbabwe——Art of crafting and playing Mbira/Sansi, the finger-plucking traditional musical instrument in Malawi and Zimbabwe

马耳他——伊阿弗提亚,马耳他扁平酵母面包的烹饪艺术和文化

Malta——Il-Ftira, culinary art and culture of flattened sourdough bread in Malta

阿曼——阿曼弯刀，文化和社会习俗知识

Oman——Omani Scimitar, cultural and social lore

巴拉圭——药草文化中的凉马黛茶习俗和传统知识，巴拉圭瓜拉尼传统饮料

Paraguay——Practices and traditional knowledge of Terere in the culture of PohãÑana, Guaraní ancestral drink in Paraguay

波兰、白俄罗斯——树林养蜂文化

Poland-Belarus——Tree beekeeping culture

韩国——韩国燃灯会

Republic of Korea——Yeondeunghoe, lantern lighting festival in the Republic of Korea

朝鲜——朝鲜服饰习俗

North Korea——Dress customs in Korea

罗马尼亚——罗马尼亚传统乐队

Romania——Romanian heritage

塞尔维亚——兹拉库萨陶器制作，兹拉库萨村的手工陶轮制陶

Serbia——Zlakusa pottery making, hand-wheel pottery making in the village of Zlakusa

新加坡——新加坡的小贩文化，多元文化城市背景下的社区餐饮习俗

Singapore——Hawker culture in Singapore, community dining and culinary practices in a multicultural urban context

瑞士、法国——钟表机械和艺术机械技艺

Switzerland-France——Craftsmanship of mechanical watchmaking and art mechanics

捷克——圣诞树装饰玻璃珠的手工吹制

Czechia——Handmade production of Christmas tree decorations from blown glass beads

突尼斯——克肯纳群岛的夏尔非亚捕鱼法

Tunisia——Charfia fishing in the Kerkennah Islands

赞比亚——布迪马舞

Zambia——Budima dance

2020 年申报列入《保护非物质文化遗产优秀实践名录》的项目

德国、奥地利、法国、挪威、瑞士——欧洲大教堂作坊的手工艺技术和惯常习俗、技艺、传承、知识发展以及创新

Germany-Austria-France-Norway-Switzerland——Crafttechniques and customary practices of cathedral workshops, or Bauhütten, in Europe, know-how, transmission, development of knowledge and innovation

阿尔巴尼亚——吉罗卡斯特拉民俗节,保护阿尔巴尼亚非物质遗产 50 年优秀实践

Albania——Intangible Cultural Heritage, 50 years of good practice in the preservation of Albania

法国——马提尼克岛多桨帆艇,建造与航行实践遗产保护典范

France——The Martiniqueyole, from construction to sailing practices, a model for heritage safeguarding

希腊——伊庇鲁斯多声部大篷车,研究、保存和推广伊庇鲁斯的多声部唱法

Greece——Polyphonic Caravan, researching, safeguarding and promoting the Epirus polyphonic song

(原文 2021 年 1 月 6 日刊载于"非遗与传播"微信公众号)

33. 2020年中国非遗十大新闻

新年伊始,"非遗与传播"团队在大家的陪伴下又度过了一年。

这一年,是不平凡的一年,疫情不期而至,非遗传承人积极行动,加入疫情防控之中,贡献自己的力量。

这一年,是可喜的一年,"太极拳""送王船"申遗成功;国家级文化生态保护实验区再添两处。

这一年,非遗工作成效显著,非遗迈入全民数字化传播时代,首部地方文化保护专项法规出台。

……

回首过去,展望未来,非遗与传播团队对这一年的非遗新闻进行梳理总结,推出2020年中国非遗十大新闻。期待2021年与您继续共话非遗!

一、抗击疫情 非遗传承人不缺席

2020年春节期间,新冠病毒肆虐。为打好疫情防控的这场"硬仗",全国各地文化和旅游市场主体和公共文化服务机构采取了闭馆或暂停服务等措施;春节期间的社火、庙会、文艺会演、营业性演出等各类群众聚集型文化娱乐活动也均采取取消或延期举办等措施。当全国各地的医务工作者正争分夺秒地奋战在抗击疫情的一线时,各地的非遗传承人们也积极地行动起来。在2020年这一年里,科尔沁潮尔史诗传承人金刚,以防控疫情为题材,为蒙古族牧民创作录制了好来宝;湖北大鼓传承人吴健,为抗击新型冠状病毒肺炎疫情发声,创作了两段湖北大鼓;湖南常德的鼓书和丝弦传承人创作鼓盆歌《天佑中华万万年》、常德丝弦《打好疫情阻击战》,为大家加油鼓劲……他们用各自不同的方式加入宣传疫情防控的队伍之中,贡献自己的力量。

二、非遗传承 实施新规

3月1日,《国家级非物质文化遗产代表性传承人认定与管理办法》(以下简称《管理办法》)开始施行,原文化部发布的《国家级非物质文化遗产项目代表性传承人认定与管理暂行办法》同时废止。在完善认定条件和程序上，《管理办法》在原有基础上细化了认定条件；完善了国家级非物质文化遗产代表性传承人退出机制，明确了取消国家级非物质文化遗产代表性传承人资格的具体情形等。

三、首部地方文化保护专项法规出台

4月22日，厦门市十五届人大常委会第33次会议，表决全票通过《厦门经济特区闽南文化保护发展办法》（以下简称《办法》），《办法》于2020年6月1日起施行。此举将推进闽南文化保护、传承与发展法治化。这也是我国首部地方文化保护专项法规。

四、国家级文化生态保护实验区再添两处

6月9日，文化和旅游部发布《文化和旅游部关于同意设立景德镇陶瓷文化生态保护实验区的批复》《文化和旅游部关于同意设立河洛文化生态保护实验区的批复》，批复同意在江西省景德镇市设立"景德镇陶瓷文化生态保护实验区"，在河南省洛阳市设立"河洛文化生态保护实验区"。至此，国家级文化生态保护实验区增至23处。

最新国家级文化生态保护实验区名单
（1）闽南文化生态保护实验区
批复设立时间：2007年6月
涉及区域：福建省厦门市、漳州市、泉州市
（2）徽州文化生态保护实验区
批复设立时间：2008年1月
涉及区域：安徽省黄山市、宣城市绩溪县、江西省婺源县
（3）热贡文化生态保护实验区
批复设立时间：2008年8月
涉及区域：青海省黄南藏族自治州同仁县、泽库县、尖扎县
（4）羌族文化生态保护实验区
批复设立时间：2008年10月
涉及区域：四川省阿坝藏族羌族自治州茂县、汶川县、理县、松潘县、黑水县，绵阳市北川羌族自治县、平武县，陕西省宁强县、略阳县
（5）客家文化（梅州）生态保护实验区

批复设立时间：2010年5月

涉及区域：广东省梅州市，包括梅江区、兴宁市、平远县、梅县、蕉岭县、大埔县、丰顺县、五华县

（6）武陵山区（湘西）土家族苗族文化生态保护实验区

批复设立时间：2010年5月

涉及区域：湖南省湘西土家族苗族自治州

（7）海洋渔文化（象山）生态保护实验区

批复设立时间：2010年6月

涉及区域：浙江省象山县

（8）晋中文化生态保护实验区

批复设立时间：2010年6月

涉及区域：山西省晋中市，太原市阳曲县、清徐县、晋源区、小店区，吕梁市汾阳市、孝义市、交城县、文水县

（9）潍水文化生态保护实验区

批复设立时间：2010年11月

涉及区域：山东省潍坊市

（10）迪庆民族文化生态保护实验区

批复设立时间：2010年11月

涉及区域：云南省迪庆藏族自治州

（11）大理文化生态保护实验区

批复设立时间：2011年1月

涉及区域：云南省大理白族自治州

（12）陕北文化生态保护实验区

批复设立时间：2012年4月

涉及区域：陕西省延安市、榆林市

（13）铜鼓文化（河池）生态保护实验区

批复设立时间：2012年12月

涉及区域：广西壮族自治区河池市

（14）黔东南民族文化生态保护实验区

批复设立时间：2012年12月

涉及区域：贵州省黔东南苗族侗族自治州

（15）客家文化（赣南）生态保护实验区

批复设立时间：2013年1月

涉及区域：江西省赣州市

（16）格萨尔文化（果洛）生态保护实验区

批复设立时间：2014年8月

涉及区域：青海省果洛藏族自治州

（17）武陵山区（鄂西南）土家族苗族文化生态保护实验区

批复设立时间：2014年8月

涉及区域：湖北省恩施土家族苗族自治州，宜昌市长阳土家族自治县、五峰土家族自治县

（18）武陵山区（渝东南）土家族苗族文化生态保护实验区

批复设立时间：2014年8月

涉及区域：重庆市黔江区、石柱土家族自治县、彭水苗族土家族自治县、秀山土家族苗族自治县、酉阳土家族苗族自治县、武隆县

（19）客家文化（闽西）生态保护实验区

批复设立时间：2017年1月

涉及区域：福建省龙岩市长汀县、上杭县、武平县、连城县、永定区，三明市宁化县、清流县、明溪县

（20）说唱文化（宝丰）生态保护实验区

批复设立时间：2017年1月

涉及区域：河南省宝丰县

（21）藏族文化（玉树）生态保护实验区

批复设立时间：2017年1月

涉及区域：青海省玉树藏族自治州

（22）景德镇陶瓷文化生态保护实验区

批复设立时间：2020年6月

涉及区域：江西省景德镇市

（23）河洛文化生态保护实验区

批复设立时间：2020年6月

涉及区域：河南省洛阳市

五、"文化和自然遗产日"主题活动启动

6月13日是"文化和自然遗产日"。本次遗产日非遗活动主题为"非遗传承 健康生活"，重点围绕传统体育、传统医药和餐饮非遗项目，开展非遗

宣传传播等活动。

本次遗产日非遗全国主会场活动"云游非遗·影像展"由中国演出行业协会联合腾讯视频、爱奇艺、优酷、抖音、快手、哔哩哔哩、酷狗音乐、新浪微博等网络平台共同承办，全网联动，线上呈现，1000余部非遗传承纪录影像、非遗题材纪录片在线进行公益性展播。在此期间，阿里巴巴、京东、苏宁、拼多多、美团、快手、东家等网络平台联合举办首届"非遗购物节"。

六、中国非物质文化遗产保护协会中医药委员会成立

7月25日，文化和旅游部、国家中医药管理局联合发布：中国非物质文化遗产保护协会中医药委员会成立，同时成立中医药非遗协调委员会，加强对中医药非遗工作指导与支持。该委员会旨在加强中医药非遗事业的保护、传承和创新发展，将开展中医药非遗调查研究，探索非遗保护制度建设，以及中医药非遗知识产权保护与标准化建设等。

七、第六届中国非物质文化遗产博览会成功举办

10月23~27日，由文化和旅游部、山东省人民政府共同主办，山东省文化和旅游厅、济南市人民政府共同承办，以"全面小康 非遗同行"为主题的第六届中国非物质文化遗产博览会在山东济南成功举办。博览会共邀请全国各地84个有代表性的非遗项目、46个重点非遗扶贫就业工坊、447位传承人集中参展参演，现场观众近10万人次。为适应疫情防控和现代人民生活方式的双重需求，本届博览会首次举办"云展会"，设"云展厅""非遗好物"云销售、"云赏非遗"展播厅、"匠人匠心"云竞技、"网红非遗"直播带货等内容，731项非遗代表性项目参与线上展示，416部非遗题材相关纪录片、专题片在线展播，对507家入驻京东、淘宝等电商平台的非遗传承人店铺进行公益性引流和推介。

八、非遗迈入全民数字化传播时代

11月3日，中国传媒大学与腾讯微信联合主办的"非遗数字化传播论坛"在北京举行。论坛上，中国传媒大学与腾讯微信联合全国十余个省级非遗保护部门共同启动"非遗薪火计划"。据了解，"非遗薪火计划"邀请全国各级非遗传承人入驻微信视频号，开展非遗短视频传播力提升公益项目，推动非遗相关视频号与公众号、小程序、直播等数字化工具结合，助力非遗市

场价值孵化与开发。由此，作为中华优秀传统文化的非物质文化遗产，通过与微信生态内的各个产品深度融合，大大提升了人们数字化生活的文化内涵，加快非遗产品开发与市场培育。这标志着非遗真正迈入了全民数字化传播时代。

九、首届中国非物质文化遗产论坛大会在黄山召开

11月19~20日，"2020首届中国非物质文化遗产论坛"大会在安徽省黄山市召开。此次会议的召开是为深入贯彻落实习近平总书记关于弘扬中国优秀传统文化的指示精神，挖掘中国优秀传统文化，展现中华文化的魅力和时代风采，讲好新时代的中国非遗故事，探讨新时代非遗文化的传承利用和创新路径。

十、"太极拳""送王船"申遗成功

12月17日，中国单独申报的"太极拳"、中国与马来西亚联合申报的"送王船——有关人与海洋可持续联系的仪式及相关实践"两个项目，经联合国教科文组织保护非物质文化遗产政府间委员会评审通过，列入联合国教科文组织人类非物质文化遗产代表作名录。至此，中国共有42个非物质文化遗产项目列入联合国教科文组织非物质文化遗产名录（册），居世界第一。

参考资料：

[1] 人民网：抗击疫情 非遗传承人不缺席，2020年1月31日。

[2] 人民日报：非遗传承，迎来新规，2020年3月9日。

[3] 央广网：传承与消亡赛跑 厦门出台我国首部地方文化保护专项法规，2020年4月30日。

[4] 中国经济网：国家级文化生态保护实验区新添两处，2020年6月3日。

[5] 中国新闻网：2020年文化和自然遗产日"云游非遗·影像展""非遗购物节"正式启动，2020年6月12日。

[6] 新华网：中国非物质文化遗产保护协会中医药委员会成立，2020年7月25日。

[7] 澎湃新闻：第六届中国非物质文化遗产博览会圆满落幕，2020年10月29日。

[8] 光明网：非遗迈入全民数字化传播时代 中国传媒大学与腾讯微信共同启

动"非遗薪火计划",2020年11月4日。
［9］央广网:点亮非遗之光——2020首届中国非物质文化遗产论坛大会在黄山胜利召开,2020年11月23日。
［10］人民网:"太极拳""送王船"申遗成功,2020年12月18日。

(原文2021年1月3日刊载于"非遗与传播"微信公众号)

34. 2020年成渝双城经济圈非遗十大新闻

庚子已过，辛丑刚至。

回首2020年，对于中国来说是不平凡的一年；于非遗，也是特殊的一年。

2020年上半年，一场突如其来的新冠肺炎疫情让许多非遗活动被迫取消，但这也从客观上促进了非遗和新媒体的融合。过去一年，许多非遗活动从线下转移到了线上，例如非遗云聚会让群众足不出户欣赏各种非遗作品；非遗云课堂让群众在家也能学习非遗知识和技艺；"非遗+直播"的售卖方式，解决了不少非遗人在疫情期间的销售问题，也可以成为未来非遗产品展销的新思路。

2020年，成渝地区双城经济圈成为年度热词。1月3日，中央财经委员会便把推动成渝地区双城经济圈建设正式上升为国家战略。四川省委在第十一届七次全会提出，要携手重庆共建巴渝文化旅游走廊。这一年里，成渝两地合作，共同打造了数场精妙绝伦的非遗活动，从文化层面上验证成渝本一家，成渝双城必将携手共进。

2020年，非遗嘉年华、非遗大赛等线下活动顺利举办。非遗走进校园、扬名海外的脚步也未曾停止。这些活动既传扬了非遗文化，又丰富了百姓生活。

2021年的第一天，非遗与传播团队推出2020年成渝非遗十大新闻，与您共同回顾有关成渝非遗的点点滴滴。

一、成渝非遗云聚会

2020年文化和自然遗产日期间，为响应成渝地区双城经济圈战略部署，建设巴蜀文化旅游走廊，重庆和四川联合推出"成渝双城记 非遗云聚会"系列活动。

这场精彩绝伦的非遗云聚会主要在线上开展，观众扫描二维码即可观看非遗短视频。此次展会共挑选了8个川渝地区共有的代表性非遗项目，分别是土陶、川江号子、龙舞、皮影、漆艺、蜀绣、微雕、竹编。从文化上就能看出"巴蜀一家亲，川渝一盘棋"，"双城记"精彩上演。

二、非遗嘉年华

2020年1月10日，第三届重庆非物质文化遗产"嘉年华"暨鲁渝非遗扶贫成果展在沙坪坝区磁器口沙磁文化广场隆重开幕。

此次展会以"巴风渝韵·非遗过大年·文化进万家"为主题，由重庆市文化和旅游发展委员会联合山东省文化和旅游厅等主办。

嘉年华共展示3天，有160余项重庆非遗项目参与此次活动。展会上既有丰都麻辣鸡、磁器口陈麻花等非遗美食，也有刘氏根雕书法、漆器髹饰等传统技艺，为市民呈现出一场集美食、表演、手工艺品展示、趣味互动于一体的文化盛宴。市民们亲身体验非遗文化，过了一个充满文化味的非遗大年。

三、非遗公开课

新冠肺炎疫情期间，文化和旅游部非物质文化遗产司联合全国各地非遗大师，通过新浪微博平台推出线上"非遗公开课"，传承人们对非遗项目进行数字化展示、教学和普及。

征集通知发出后，成都一批优秀的非遗传承人以实际行动响应号召。他们第一时间录制视频、开展直播活动，将流传千年的成都传统制作技艺带到广大群众网友的身边。邀请广大群众一起了解非遗、学习非遗，以"技"抗"疫"！据了解，非遗公开课推出的优秀非遗项目有青城武术、蜀绣、道明竹编等，为网友提供足不出户就能学习优秀非遗技艺的机会。

四、非遗国际化

重庆市自2020年5月13日起，正式启动"老外@Chongqing·体验非遗暨老外游乡村活动"，邀请在渝的外国友人学习非遗技艺，感受中国传统文化。本次活动由市委宣传部、巴南区委区政府联合主办。

巴南区曾连续两年成功举办了"老外@Chongqing·体验非遗"系列对外文化交流活动。与往年不同，本次活动还加入了乡村旅游元素，结合端午、七夕、中秋等中国传统节日，采取"非遗文化+传统节日+乡村旅游"的方式，举办体验、展示活动，让外国青年全方位感受地道的"中国味"。

五、非遗购物节

2020年6月13日是"文化和自然遗产日",四川省文化和旅游厅、四川省委网信办、四川省商务厅、四川省扶贫开发局等单位,以"非遗传承健康生活"为主题,采取线上线下相结合的方式,举办了多个非遗宣传展示系列活动。

其间,四川省联合阿里、京东、拼多多、东家、快手、美团等10余家电商平台,举办了首届"四川非遗购物节"。据统计,四川省百余位非遗传承人、500余家非遗店铺及相关企业、5000余款四川非遗特色产品汇聚各大电商平台,共同参与"四川非遗购物节"活动。

六、非遗展览

2020年11月3日,"魅力顺庆 多彩非遗"非物质文化遗产展览在南充市顺庆区政协书画院举办。该区28个非遗项目在此集中亮相,吸引了众多市民前来观看。展览现场,有刻画细腻的川北大木偶、做工精美的棕编、惟妙惟肖的面塑、美味可口的杨鸭子和弋麻饼等非遗产品。

此次非遗展的举办,让广大市民零距离感受非遗魅力,了解非遗、走进非遗、参与非遗。推动非遗在保护中得到传承与发展,是本次非遗展想要达到的效果,同时为顺庆争创天府旅游名县贡献力量。

七、非遗赛事

第二届"黄炎培杯"中华职业教育非遗创新大赛暨非遗职业教育成果展示会,于2020年11月15日在重庆开赛。本次大赛以"传承"为出发点,以"创新"为着力点,新设"云上非遗"数字展馆,作为参赛院校宣传、展示、推广非遗成果的平台。

大赛现场,参赛者展示了剪纸、苏绣、楚香等成百上千种非遗作品。在湖北展区,"武汉加油,感恩有你"的主题展引人驻足。来自山西、陕西、辽宁等地的参赛代表团,也用葫芦画、剪纸、捏面人等非遗作品致敬抗疫精神。用非遗作品集体致敬抗疫精神,成为本次大赛一大亮点。

八、非遗进校园

四川阿坝州松潘县城关小学开设"非物质文化遗产"文化课程,将非遗带入校园。学校把民族"非物质文化遗产"文化传承人聘请到学校,开设"非物质文化遗产"文化课程,培养孩子们对优秀民族文化的认知、兴趣和爱好。

其中,"回族土琵琶""回族花灯""羌族多声部演唱""藏羌锅庄"等项目受到家长和学生的喜爱及社会各界的关注。

九、国家非遗名录公示

2020年12月18日,文化和旅游部发布关于第五批国家级非物质文化遗产代表性项目名录推荐项目名单的公示。据统计,重庆共有9个项目上榜,分别是蹬技(重庆蹬技)、秀山苗族羊马节、酉阳土家面具阳戏、挑花(巫溪嫁花)等。四川省共有14项上榜,分别是端公戏、藏棋、青城武术、滑竿、藤编、彝族刺绣、川菜烹饪技艺等。

四川国家级非遗项目名单

1. 端公戏
2. 藏棋
3. 青城武术
4. 滑竿
5. 藤编
6. 彝族刺绣
7. 川菜烹饪技艺
8. 彝族传统建筑营造技艺
9. 龙舞
10. 藏族唐卡
11. 酿醋技艺
12. 手工制鞋技艺
13. 绿茶制作技艺
14. 中医诊疗法

重庆市国家级非遗项目名单

1. 重庆蹬技
2. 秀山苗族羊马节

3. 酉阳土家面具阳戏
4. 巫溪嫁花
5. 大足石雕
6. 奉节木雕
7. 铜梁龙灯彩扎
8. 赵氏雷火灸
9. 燕青门正骨疗法

十、非遗融合

2020年12月29日，中国国际名酒博览会·五粮液第二十四届共商共建共享大会在宜宾举行。名酒博览会期间，11组自贡彩灯亮相本次名酒博览会，着重围绕五粮液品牌，用技艺精湛、独具一格的灯组与园区内现有景观相结合，在展示酒都文化的同时展现企业风采，让与会嘉宾领略别样的视觉盛宴。

五粮液酿造技艺和自贡灯会同属国家级非物质文化遗产，文化内涵相通，有天然的合作基础。本次博览会成为自贡市"彩灯+五粮液"跨界融合的集中体现，助推成渝地区双城经济圈巴蜀文化旅游走廊建设。

参考资料：

[1] 上游新闻："成渝双城记 非遗云聚会，8大非遗作品邀您共赏！"，2020年6月19日。

[2] 重庆市文化研究院："非遗过大年 文化进万家 第三届重庆非物质文化遗产'嘉年华'举行"，2020年1月16日。

[3] 文旅成都："非遗公开课上线！成都非遗邀你一起以'技'抗'疫'"，2020年2月18日。

[4] 重庆日报："邀外国友人来渝'游乡村、学非遗'"，2020年5月14日。

[5] 封面新闻："首届'四川非遗购物节'上线5000款非遗特产任你选购"，2020年6月8日。

[6] 南充文旅："28个非遗项目集中亮相 市民'零距离'感受南充魅力"，2020年11月3日。

[7] 华龙网："非遗致敬抗疫！中华职业教育非遗创新大赛重庆开赛"，2020年11月16日。

[8] 中新网："四川松潘一小学开设'非物质文化遗产'文化课程"，2020年

6月20日。
[9] 文化和旅游部:"文化和旅游部关于第五批国家级非物质文化遗产代表性项目名录推荐项目名单的公示",2020年12月18日。
[10] 四川省人民政府网:"自贡彩灯点亮酒都 两大非遗文化碰撞出璀璨火花",2020年12月29日。

(原文2021年1月1日刊载于"非遗与传播"微信公众号)

附录：作者简介
（按姓名拼音字母顺序排列）

陈欢（CHEN Huan），重庆涪陵人，西南政法大学新闻传播学院2019级新闻与传播专业硕士，现就职于凤凰网重庆站。

陈雨（CHEN Yu），笔名"黑山老幺"，四川营山人，西南政法大学新闻传播学院2013级新闻学硕士，现任新华网股份有限公司重庆分公司责任编辑。

褚启明（CHU Qiming），笔名"燎原"，安徽芜湖人，西南政法大学新闻传播学院2016级新闻与传播专业硕士，现任江苏省广播电视总台融媒体新闻中心评论部编辑、记者。

邓鑫芸（DENG Xinyun），四川成都人，西南政法大学新闻传播学院2020级新闻与传播专业硕士，希望能与更多的人一起传播文化，共话非遗。

冯雨晨（FENG Yuchen），重庆市垫江人，西南政法大学新闻传播学院2020级新闻与传播专业硕士。

郭宇（GUO Yu），河南周口人，西南政法大学新闻传播学院2018级新闻学硕士，现任《财经》杂志社记者。

蹇卿兰（JIAN Qinglan），重庆江津人，西南政法大学新闻传播学院2014级新闻学本科生，上海财经大学2018级经济新闻学硕士，现任上海千守营销策划有限公司财经文案经理及重庆文案中心负责人。

李宁（LI Ning），四川广元人，西南政法大学新闻传播学院2017级新闻学硕士，现任《佛山日报》区域新闻中心记者。

李韧（LI Ren），重庆万州人，西南政法大学新闻传播学院党委常务副书记、副院长，西南政法大学媒介素养科普基地主任，微信公众号"非遗与传播"创始人。

附录：作者简介

廖梦莹（LIAO Mengying），重庆长寿人，西南政法大学新闻传播学院 2020 级新闻学硕士。

林源（LIN Yuan），笔名"林川"，河南商丘人，西南政法大学新闻传播学院 2017 级新闻与传播专业硕士，现就职于广东工业大学华立学院传媒与艺术设计学院。

刘思明（LIU Siming），四川南充人，西南政法大学新闻传播学院 2018 级新闻与传播专业硕士，现就职于中共成都市委网信办。

卢文利（LU Wenli），重庆渝北区人，毕业于四川美术学院，结业于清华大学，工作于四川。师从国家高级工艺美术师、重庆工艺美术大师、重庆市级非物质遗产烙画传承人张明志。现为重庆市级非物质遗产烙画第六代传人，四川省农村手工艺大师，高级美术教师。

宋倩茹（SONG Qianru），四川泸州人，西南政法大学新闻传播学院 2017 级新闻学硕士，现就职于中共泸州市江阳区委组织部。

孙丽雯（SUN Liwen），新疆乌鲁木齐人，西南政法大学新闻传播学院2019级新闻学硕士，现就职于西南财经大学天府学院创新创业培训中心。

魏丹（WEI Dan），四川绵阳人，西南政法大学新闻传播学院2019级新闻与传播专业硕士，现就职于四川法治报社。

魏治朋（WEI Zhipeng），重庆城口人，西南政法大学新闻传播学院2018级新闻学硕士，现就职于重庆市长寿区人民医院党委办。

吴长飞（WU Changfei），笔名"翩鸿"，江西鄱阳人，西南政法大学新闻传播学院2016级新闻与传播专业硕士，文字深度爱好者，现就职于重庆市綦江区政协办公室。

武江民（WU Jiangmin），山西长治人，西南政法大学新闻传播学院2019级新闻与传播专业硕士，现任新华社辽宁分社对外记者。

附录：作者简介

徐硕（XU Shuo），笔名"硕枫"，江苏徐州人，西南政法大学新闻传播学院 2015 级新闻学硕士，现就职于湖北铁道运输职业学院（武汉铁路技师学院）党政办。

许然（XU Ran），笔名"栩然"，四川乐山人，西南政法大学新闻传播学院 2015 级新闻学硕士，现任四川廉政瞭望杂志社记者。

杨圣（YANG Sheng），安徽合肥人，西南政法大学新闻传播学院 2017 级新闻与传播专业硕士，现就职于江苏省泰州市泰兴市委党校办公室。

张明志（ZHANG Mingzhi），重庆渝中区人，国家高级工艺美术师，重庆工艺美术大师，重庆市级非物质遗产烙画传承人。

郑明鸿（ZHENG Minghong），笔名"尘沙"，重庆武隆人，西南政法大学新闻传播学院 2016 级新闻学硕士，现任新华社贵州分社对外记者。

钟秋月（ZHONG Qiuyue），重庆丰都人，西南政法大学新闻传播学院2020级新闻学硕士，致力于成为一名有心的非遗保护者。

周传勇（ZHOU Chuanyong），重庆梁平人，西南政法大学新闻传播学院2018级新闻与传播专业硕士，现任《佛山日报》记者。

朱丽颖（ZHU Liying），笔名"荔萤"，重庆云阳人，西南政法大学新闻传播学院2016级新闻学硕士，现就职于忠县融媒体中心传媒创意部。

张永燕（ZHANG Yongyan），山西忻州人，西南政法大学新闻传播学院2020级新闻与传播专业硕士，做有温度的非遗传播者。

张志颖（ZHANG Zhiying），湖北十堰人，西南政法大学新闻传播学院2020级新闻与传播专业硕士，在非遗路上不断摸索学习的实践者。

约稿函

为进一步丰富《非遗观察》系列丛书的内容,弘扬中华优秀传统文化,传承非物质文化遗产,现诚邀各位非遗传承人、非遗研究者、非遗爱好者和非遗传播人不吝赐稿,加入讲述非遗故事的队伍。

一、投稿要求

1. 投稿方式

本编辑部仅接受 word 文档电子版,稿件请以 word 附件形式发至邮箱 feiyiyuchuanbo@swupl.edu.cn

2. 投稿栏目及要求

(1)【非遗深度报道】

深入了解某个非遗项目后撰写的关于该项目或者非遗传承人的深度报道。字数要求 3000 字以上。需配图 2~3 张,并标注图片说明。

(2)【非遗研究】

对非遗相关理论、实践、前沿问题等进行探讨的论文或调研报告。来稿应注重学术性和理论性,内容充实、论证严谨。论文与调研报告字数要求在 1 万字以上,不超过 2 万字。

(3)【非遗一家谈】

对非遗的现状、发展等问题发表见解,有自己思考,言之有理即可。字数要求在 2000 字以内。需配图 2~3 张,并标注图片说明。

(4)【其他主题】

围绕非遗项目、传统文化等抒发真情实意,文字能够打动人心,内容不落俗套。字数要求 800 字左右。需配图 2~3 张,并标注图片来源。

3. 格式要求

(1) word 文件命名及邮件备注为:投稿栏目+标题+作者+单位。

(2) word 文档内格式:标题居中,其余两端对齐,标题字体为宋体小二,正文宋体小四，段落之间空一行，文字都顶格写，不用首行缩进两字符。

（3）请随稿件附上作者姓名、100字以内作者简介、作者照片、联系电话、邮寄地址等信息。

二、注释体例

注释以必要为原则，文中注释一律采用脚注，每页单独编码，样式为①②③等。具体体例如下：

1. 著作：著者（编者）、书名、出版社和年代、页码。

示例：

仲富兰：《民俗传播学》，上海文化出版社2007年版，第451页。

2. 译著：作者、译者、书名、出版社和年代、页码。

示例：

[美]比尔·科瓦奇、汤姆·罗森斯蒂尔：《真相：信息超载时代如何知道该相信什么》，陆佳怡、孙志刚、刘海龙译，中国人民大学出版社2013年版，第7页。

3. 析出文献：作者、篇名、所引文献作者（编者）、书名、出版社和年代、页码。

示例：

张镇海：《波泛麻辣　香袭日月》，重庆市火锅协会主编：《重庆火锅》，重庆出版社2003年版，第6页。

4. 期刊论文：作者、篇名、期刊名称期数、页码。

示例：

李鲤："网络电视节目满意度评估：基于'媒介使用行为'的考量"，《当代传播》，2016年第6期，第86页。

5. 学位论文：作者、篇名、单位名称论文性质、完成时间、页码。

示例：

朱银霞：《非物质遗产短视频传播效果研究》，南昌大学新闻与传播系硕士学位论文，2020年，第67页。

6. 报纸：作者、篇名、报纸名称和日期。

示例：

聂晶、赵欣：《古老的山歌代代传，木洞山歌唱出数百年的民间记忆》，《重庆晨报》2019年6月16日。

7. 网络文献：作者、篇名、网址、访问日期。

示例：

董素芝：《泥泥狗》，https://mp.weixin.qq.com/s/N_uiG6oDOiefJFHrwfaNsg，2021年11月3日。

8. 辞书类：

《新英汉法律词典》，法律出版社1998年1月版，第24页。

9. 古籍：(朝代)作者、书名

示例：

(清)褚人获：《坚瓠补集（卷之一）》。

三、录用须知

1. 所有投稿需符合党的路线、方针、政策，符合党的宣传工作方针，符合国家法律、法规。

2. 本书编辑对来稿实行多级审核制度，编辑可对来稿进行必要的删改，不接受删改的作者请在投稿时注明。

3. 凡在本书发表的作品，本书拥有其使用权、传播权及第三方使用权等权力。

4. 稿件必须是原创，严禁抄袭洗稿。一经发现，永不录用。

5. 本书审稿期限为两个月。谢绝一稿多投。

6. 因本书为非盈利性图书，入选稿件无稿费。稿件一经刊用出版，即寄送《非遗观察》图书一本。

7. 本约稿函长期有效，欢迎参与，期盼来稿！

《非遗观察》编辑部
2022年7月1日